한 권으로 보는 백엔드 로드맵과 커리어 가이드

# 아는 만큼 보이는

## 개발

FRONT

BACK →

KB078115

컴공선배 정우현, 이인, 김보인 지음

길벗

# 추천사

'나무만 보지 말고 숲을 보라'는 말이 있듯이 어떤 분야든 처음 공부할 때는 전체적인 그림을 봐야 학습 방향을 제대로 잡을 수 있습니다. 그런데 입문자는 공부를 하다 개별 기술에 매몰돼 방향을 잃고 헤매기 십상입니다. 그래서 이 책은 로드맵을 통해 전체적인 학습 방향을 제시합니다. 단순히 기술을 나열하는 것이 아니라 개념을 체계적으로 정리하고 예시를 통해 실질적인 지식을 전달하므로 백엔드 개발의 전체 구조를 파악할 수 있습니다. 백엔드 개발자의 여정을 시작하는 독자에게 좋은 길잡이가 될 것입니다.

**조코딩(IT 유튜버)**

백엔드는 눈에 잘 띄지 않지만 대부분의 핵심적인 동작이 이뤄지는 웹 애플리케이션의 '심장'과 같습니다. 이 책은 CS 기초부터 시작해 백엔드와 소통하는 핵심 모듈과 클라우드, CI/CD 기술까지 다룹니다. 빵을 만들 때 밀가루를 반죽해 굽고 생크림을 얹은 후 매장에 진열해 손님에게 판매하는 것과 마찬가지로, 백엔드 기술로 웹 애플리케이션을 개발한 후 서버에 올려 사용자에게 제공하기까지의 전 과정을 총망라합니다. 백엔드의 동작원리를 깊이 있게 이해하고 싶은 입문자에게 이 책을 추천합니다.

**코딩하는거니(IT 유튜버)**

이 책은 백엔드 개발에 입문하는 독자에게 나침반 역할을 합니다. 다양한 그림과 예시를 통해 백엔드 개발의 주요 기술을 설명하고, 전공자든 비전공자든 백엔드 개발에 관심이 있다면 누구나 도전할 수 있도록 독려합니다. 특히 각 장의 도입부에 로드맵을 제시해 전체적인 학습 방향과 현재 위치를 확인할 수 있도록 한 것이 인상 깊습니다. 백엔드 개발자가 되고자 하는 모든 독자가 이 책을 통해 원하는 목적지에 다다르기를 바랍니다.

**엄재웅(겟스트림 안드로이드 개발자)**

웹 개발은 다루는 범위가 방대하고 기술 변화가 잦습니다. 뛰어난 개발자로 거듭나려면 자신의 무지를 두려워하지 않고 모든 것에 의문을 제기하며 새로운 지식을 늘 습득하려는 자세를 가져야 합니다. 그런데 새로운 지식을 터득하기 위해 자신이 무엇을 모르는지 정확히 파악하고 어떤 순서로 학습해야 할지 알지 못한다면 갈피를 못 잡고 헤매기 쉽습니다. 그래서 이 책은 누군가가 옆에서 멘토링하듯이 백엔드 개발의 필수 지식과 커리어 패

# 독자의 1초를
# 아껴주는 정성을
# 만나보세요!

세상이 아무리 바쁘게 돌아가더라도 책까지 아무렇게나 빨리 만들 수는 없습니다.

인스턴트 식품 같은 책보다 오래 익힌 술이나 장맛이 밴 책을 만들고 싶습니다.

땀 흘리며 일하는 당신을 위해 한 권 한 권 마음을 다해 만들겠습니다.

마지막 페이지에서 만날 새로운 당신을 위해 더 나은 길을 준비하겠습니다.

## 길벗 IT 도서 열람 서비스

도서 일부 또는 전체 콘텐츠를 확인하고 읽어볼 수 있습니다.
길벗만의 차별화된 독자 서비스를 만나보세요.

더북(TheBook) ▶ https://thebook.io

더북은 (주)도서출판 길벗에서 제공하는 IT 도서 열람 서비스입니다.

# 아는 만큼 보이는 백엔드 개발

Explore the Back-End Roadmap and Career Guide

**초판 발행** • 2024년 1월 19일

**지은이** • 정우현, 이인, 김보인
**발행인** • 이종원
**발행처** • (주)도서출판 길벗
**출판사 등록일** • 1990년 12월 24일
**주소** • 서울시 마포구 월드컵로 10길 56(서교동)
**대표 전화** • 02)332-0931 │ **팩스** • 02)323-0586
**홈페이지** • www.gilbut.co.kr │ **이메일** • gilbut@gilbut.co.kr

**기획 및 책임 편집** • 변소현(sohyun@gilbut.co.kr) │ **디자인** • 장기춘 │ **제작** • 이준호, 손일순, 이진혁, 김우식
**마케팅** • 임태호, 전선하, 차명환, 박민영, 지운집, 박성용 │ **영업관리** • 김명자 │ **독자지원** • 윤정아

**교정교열** • 박민정 │ **전산편집** • 이상화 │ **출력 및 인쇄** • 금강인쇄 │ **제본** • 경문제책

**ISBN** 979-11-407-0811-6  93000
(길벗 도서번호 080370)

정가 24,000원

---

**독자의 1초를 아껴주는 정성 길벗출판사**

**㈜도서출판 길벗** │ IT교육서, IT단행본, 경제경영서, 어학&실용서, 인문교양서, 자녀교육서
www.gilbut.co.kr

**길벗스쿨** │ 국어학습, 수학학습, 어린이교양, 주니어 어학학습, 학습단행본
www.gilbutschool.co.kr

**페이스북** • www.facebook.com/gbitbook

스를 체계적으로 알려줍니다. 이제 막 백엔드 개발에 입문한 독자뿐만 아니라 경험이 풍부한 독자도 자신의 지식을 점검하고 나아가야 할 방향을 잡는 데 도움이 될 것입니다.

**허석환(구글 백엔드 개발자)**

이 책은 백엔드 개발이 처음이라 전체적으로 어떤 식으로 동작하는지, 그래서 어떤 기술을 배워야 할지 몰라 막막한 독자에게 길잡이가 됩니다. 분량이 방대하지 않지만 꼭 알아야 할, 아니 무조건 알아야 할 지식이 담겨 있습니다. 백엔드 개발에 관한 전문 지식이 없어도 이해할 수 있도록 개괄적인 개념을 설명한 후 그림과 코드로 세부 동작 원리를 알려줍니다. 백엔드 개발자가 되기 위해 어떤 가이드라인을 따라 공부해야 할지 알고 싶다면 이 책에서 답을 찾아보세요.

**이민규(네이버 백엔드 개발자)**

저는 업계 선배로서 대학 후배들에게 자주 도움을 주는 편입니다. 그런데 학교에서 배우는 과목이 실무에 어떻게 활용되는지 잘 이해하지 못해 혼란스러워하는 후배가 많습니다. 이 책은 입문자가 백엔드라는 큰 그림을 마음속에 그리고 빠르게 성장할 수 있도록 이끌어줍니다. 입문자의 눈높이에 맞춰 백엔드 개발의 주요 개념을 정리하고, 끝부분에서 백엔드 개발자와 관련된 직업을 소개합니다. 이 책을 통해 전체 숲을 보고 어떻게 공부해야 할지 학습 방향을 잡는다면 백엔드 개발자라는 목표에 가까이 다가갈 수 있을 것입니다.

**구영민(하이퍼커넥트 백엔드 개발자)**

개발자가 되기로 마음먹었는데 어디서부터 어떻게 시작해야 할지 막막하다면 이 책을 통해 백엔드 개발을 전체적으로 조망하고 각 주제별 핵심 개념을 익힐 수 있습니다. 책의 후반부로 갈수록 입문자 수준에서는 어려운 심화 기술을 이해하기 쉽게 설명합니다. 예를 들어 어려운 가상화의 개념도 입문자가 잘 이해할 수 있도록 해당 기술이 어떤 원리로 동작하는지 쉽게 알려줍니다. 추후에 가상화 기술을 이용해야 하는 상황이 닥치면 이 책에서 익힌 개념을 바탕으로 보다 수월하게 가상화 기술을 적용할 수 있을 것입니다. 앞으로 개발자의 길을 걷게 될 독자의 배움과 성장 과정을 응원합니다.

**강대성(스팬딧 CTO)**

# 지은이의 말

컴퓨터 공학은 처음 접할 때 가장 어렵습니다. 아무리 IT적인 사고방식을 가지려고 해도 생각처럼 쉽지 않습니다. 그러니 '나만 어려워하는 것은 아닐까?', '나는 개발 역량이 없는 걸까?'라는 고민이 있다면 모두 내려놓고 이 책을 통해 길을 찾아보기 바랍니다.

이 책을 집필하면서 가장 중요하게 생각한 것은 실제 경험을 바탕으로 로드맵을 구성하는 것이었습니다. 그래서 백엔드 개발의 구조가 어떻게 이뤄졌고, 어떤 내용을 어떤 순서로 공부해야 하며, 자신이 현재 부족한 부분이 무엇인지 파악할 수 있도록 로드맵을 구성하고 설명하는 데 집중했습니다. 또한 이론적으로 익힌 내용을 확실히 자기 것으로 만들 수 있도록 〈추천 프로젝트〉를 수록했습니다. 어떤 지식을 자기 것으로 만들려면 해당 지식을 어떤 식으로 익히면 좋을지 그 접근법을 알아야 합니다. 그래야 새로운 지식을 익히는 노하우가 생기고 레벨업을 할 수 있습니다. 〈추천 프로젝트〉는 그러한 의도로 구성됐습니다. 각 장에서 백엔드 로드맵의 주요 기술을 익혔다면 꼭 〈추천 프로젝트〉의 실습을 해보기 바랍니다.

**컴공선배 정우현(제리)**

개발을 '학문'으로 마주하면 어렵습니다. 필자에게도 첫 번째 고비였습니다. 그러나 개발 직군의 매력을 여러 매체를 통해 접하며 관심을 갖고 공부하다 보니 어느새 개발의 매력에 푹 빠지게 됐습니다.

두 번째 고비는 처음 개발 프로젝트를 맡았던 때였습니다. 그 당시를 떠올려보면 안개 속을 걷는 것과 같았습니다. 한 치 앞도 보이지 않는 상황에서 내 감각과 판단을 믿고 뚝심 있게 앞으로 나아가야 했습니다. 이제 와 돌이켜보면 그러한 힘든 과정을 통해 어떤 어려운 상황에서도 개발을 개발로서 받아들이는 방법을 잊지 않는 교훈을 얻을 수 있었습니다. 그리고 그 교훈을 입문자와 나누고 싶어 이 책을 집필하게 됐습니다. 이 책을 읽는 독자도 개발의 즐거움과 보람을 느끼고 즐기면서 학습하는 태도를 지녔으면 좋겠습니다.

**컴공선배 이인(인직)**

이 책을 보는 독자는 아마도 개발자라는 직업에 관심을 갖고 이제 막 학습을 시작하는 분일 겁니다. 필자 역시 그런 때가 있었습니다. 참 막막했었죠. 대학이라는 목표를 향해 정해진 내용을 열심히 공부하면 됐던 고등학생 때와 달리, 개발자가 되는 것은 그리 간단한 문제가 아니었습니다. 어떤 직무가 있는지, 해당 직무의 개발자가 되려면 무엇을 공부하고 어떤 과정을 거쳐야 하는지 정해져 있는 것이 거의 없는 느낌이었습니다.

감사하게도 요즘에는 개발자라는 직업이 많은 관심을 받고, 개발자가 되기 위해 알아야 할 정보 또한 많이 알려져 있습니다. 그러나 여전히 방대한 정보를 모으고 정리하는 것은 찾는 사람의 몫입니다. 이 책은 백엔드 개발에 이제 막 발을 들여놓아 방향을 잡기 어려워하는 이들을 위해 집필됐습니다. 어떤 내용을 어떻게 공부하면 좋을지 소개하는 과정에서 백엔드 개발의 기초 지식을 자연스럽게 설명합니다. 물론 이 책을 다 읽었다고 해서 개발자가 되는 데 필요한 역량을 모두 쌓을 수 있는 것은 아닙니다. 하지만 무엇을 공부하면 될지 알려주는 이정표 역할을 하는 책이니, 백엔드 개발의 전체 구조를 이해하고 미래의 계획을 세우는 데 도움을 얻기 바랍니다.

마지막으로 책을 펴내는 데 도움을 주신 분들에게 감사 인사를 드립니다. 2년간 함께 집필한 컴공선배 제리, 인직 그리고 길벗의 변소현 에디터님에게 감사의 말을 전하고 싶습니다. 또한 집필 기간 동안 늘 응원해준 아내, 박세인에게도 고마운 마음을 전합니다.

**컴공선배 김보인(찰스)**

# 베타 리더의 한마디

보통 개발자가 되기로 결정하고 나서 이것저것 알아보면 관련 정보는 많지만 그것을 자기 것으로 받아들이기가 어렵습니다. 저 또한 그랬습니다. 이 책은 그런 사람들에게 길잡이 역할을 합니다. CS 기초 지식부터 개발 프레임워크, 최신 트렌드인 클라우드 및 개발 방법론까지 가볍지만 빠짐없이 모두 짚고 넘어갑니다. 이 책을 읽으면 백엔드 개발자가 되기 위한 첫걸음을 뗄 수 있습니다.

김재민

이 책은 백엔드에 관한 지식이 전무한 상태에서도 읽을 수 있을 만큼 기초부터 차근차근 설명합니다. 단순히 기술을 나열하는 것이 아니라 기술 간의 관계를 구조적으로 이해할 수 있도록 배치한 후 그에 따라 단계적으로 설명합니다. 백엔드 기술을 한 권으로 정리해 놓았기 때문에 다 읽고 나면 백엔드 개발의 전반적인 지식을 얻을 수 있습니다. 저는 백엔드 개발에 입문하려는 전공생으로서 이 책을 통해 많은 도움을 받았습니다.

최경진

인터넷에서 백엔드 로드맵을 검색해보면 방대한 정보가 눈앞에 펼쳐집니다. 하지만 같은 정보도 알고 보는 것과 모르고 보는 것은 전혀 다릅니다. 이 책은 백엔드 로드맵을 한눈에 살펴볼 수 있도록 제시하고, 관련 기술 및 해당 기술이 필요한 이유, 실제 작동 과정 등을 설명합니다. 백엔드 개발을 위해 알아야 할 최소한의 지식을 담고 있는 이 책을 읽으면서 백엔드 로드맵을 검색할 당시 느꼈던 낯섦과 막막함을 해소할 수 있었습니다.

한석현

현직 개발자로서 처음 개발을 시작했을 때를 되돌아보니, '길잡이가 되는 책이 있었더라면 어땠을까?'라는 생각이 듭니다. 이 책은 그때의 저처럼 백엔드 개발에 입문하는 사람에게 좋은 길잡이가 되고, 개발자로서 일하고 있는 사람에게도 백엔드와 관련된 다양한 주제에 대해 가이드 역할을 합니다. 어려운 주제를 최대한 이해하기 쉽게 풀어내고, 더 깊이 공부할 수 있도록 키워드를 제시한 점에서 저자의 정성이 느껴졌습니다.

박수환

저는 앱 개발자가 되려다가 백엔드 개발자로 방향을 틀었습니다. 많은 고민 끝에 결정을 내렸지만, 백엔드에 대한 체계적인 이해가 부족하고 어떻게 실력을 향상할 수 있을지 몰라 고민하던 차에 이 책을 접하게 됐습니다. 이 책은 이런 저에게 큰 도움이 됐습니다. 복잡한 개념을 쉽게 설명할 뿐만 아니라 기초부터 최신 트렌드까지 다룹니다. 특히 〈추천 프로젝트〉를 통해 이론적인 내용을 실제 프로젝트에 적용하는 방법을 알려줘 매우 유익했습니다.

모경현

백엔드 개발자를 희망하지만 어디서부터 시작해야 할지, 무엇을 중점적으로 공부해야 할지 막막한 이들에게 이 책을 추천합니다. 기본적인 CS 지식부터 백엔드 개발자로서 알아야 할 다양한 분야의 핵심 개념, 백엔드 직무에 이르는 전반적인 내용을 한 권에 요약해 담았고, 단순히 이론적인 지식을 전달하는 것이 아니라 실습에 필요한 내용과 최신 트렌드도 알려줍니다. 또한 공부해야 할 주제를 구체적이고 명확하게 제시해 독자 스스로 학습 계획을 체계적으로 세우는 데 많은 도움이 됩니다.

이유종

대학에 입학해 백엔드 개발자가 되고 싶다고 생각했습니다. 하지만 백엔드 개발자가 정확히 어떤 일을 하는지, 백엔드 개발자가 되려면 무엇을 공부해야 하는지 몰라 막막하기만 했습니다. 이 책은 백엔드 개발자가 되기 위해 알아야 할 필수 지식을 다루며, 백엔드 분야의 모든 기술을 훑어보고 세부 직무를 소개해 백엔드 개발자가 실제로 어떤 일을 하는지 알 수 있습니다. 백엔드 개발자가 되기로 결심하고 본격적인 학습을 시작하기 전이라면 이 책을 읽어보세요. 전체적인 흐름을 파악한 뒤 필요한 내용을 공부한다면 백엔드 개발자로 나아가는 길이 좀 더 뚜렷하게 보일 것입니다.

최승연

# 이 책의 구성

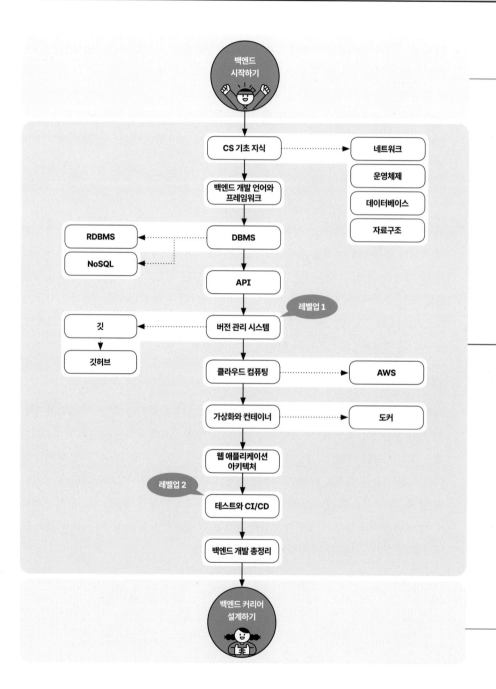

## PART 1 · 처음 만나는 백엔드

전체적인 웹 개발의 구조 속에서 백엔드 개발이 무엇인지 이해하고, 백엔드 개발자가 되면 무슨 일을 하는지 알아봅니다. 또한 2부에서 살펴볼 백엔드 로드맵을 개괄적으로 훑어봅니다.

## PART 2 · 백엔드 로드맵 따라가기

백엔드 로드맵을 따라가며 주요 기술의 정의와 동작 원리를 설명하고, 〈추천 프로젝트〉를 통해 어떤 실습을 하면 좋을지 안내합니다. 다양한 도식, 예시 코드, 캡처 화면 등을 제시하면서 설명해 해당 기술을 간접적으로 체험하고 이해할 수 있습니다.

로드맵에는 두 번의 레벨업 구간이 있는데, 여기서 누구나 고비를 맞습니다. 하지만 분명히 이겨낼 수 있으니 미리 걱정하지 마세요.

- **레벨업 1**: API를 공부하고 버전 관리 시스템을 배우는 시기입니다. 혼자 개발하다가 다른 사람들과 함께 개발하면서 고비가 찾아옵니다. 한 번은 겪어야 할 과정이니 이 구간을 넘어서면 한층 더 성장할 수 있습니다.
- **레벨업 2**: 웹 애플리케이션 아키텍처를 이해하고 테스트와 CI/CD를 배우는 시기입니다. 개발-빌드-테스트-배포를 자동화하는 방법을 배우는 이 과정을 넘어서면 실무에 투입 가능한 수준으로 성장하게 됩니다.

\* 백엔드 로드맵 요약본은 길벗 홈페이지(**https://www.gilbut.co.kr**)의 검색창에 도서명을 입력해 도서를 선택한 후 **자료실**의 **학습자료**에서 내려받을 수 있습니다.

## PART 3 · 백엔드 전문가로 성장하기

백엔드 개발 지식을 바탕으로 특정 분야를 발전시켰을 때 맡을 수 있는 일곱 가지 직무에 대해 알아봅니다. 백엔드 개발자로서 경력을 쌓는 과정에서 도전 가능한 직무를 살펴봄으로써 자신의 성장 방향을 설정하는 데 참고할 수 있습니다.

# 목차

**PART**

# 1

# 처음 만나는
## 백엔드

# 백엔드
# 시작하기

이 장에서는 웹 개발의 전체적인 구조와 서버의 동작 원리를 살펴봅니다. 그리고 백엔드 개발자가 하는 일과 백엔드 개발자에게 필요한 기술을 훑어봄으로써 백엔드 로드맵을 따라가는 데 필요한 큰 줄기를 짚어봅니다.

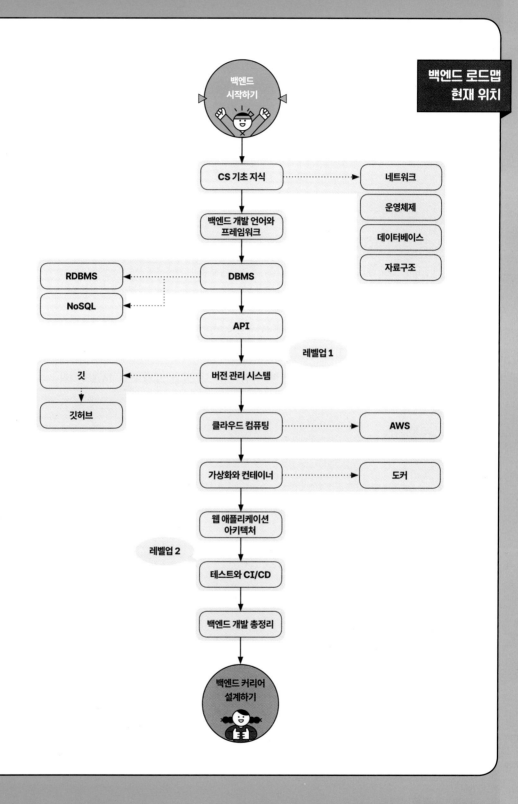

백엔드
시작하기

CS 기초 지식

네트워크

운영체제

데이터베이스

자료구조

백엔드 개발 언어와
프레임워크

RDBMS

DBMS

NoSQL

API

레벨업 1

깃

버전 관리 시스템

깃허브

클라우드 컴퓨팅

AWS

가상화와 컨테이너

도커

웹 애플리케이션
아키텍처

레벨업 2

테스트와 CI/CD

백엔드 개발 총정리

백엔드 커리어
설계하기

# 1.1 웹 개발의 구조

웹(WWW, World Wide Web)은 전 세계의 컴퓨터 사용자들이 인터넷으로 연결돼 서로 정보를 공유하는 공간입니다. 웹에서 이용할 수 있는 서비스는 **웹 사이트**(web site) 또는 **웹 애플리케이션**(web application)이며, 인터넷 쇼핑몰, 온라인 서점, 여행 사이트 등은 모두 웹 애플리케이션입니다.

웹 애플리케이션을 만드는 일을 **웹 개발**(web development)이라고 합니다. 웹 개발은 웹 애플리케이션이 사용자와 직접적으로 상호작용하는 부분을 개발하는 **프론트엔드 개발**(front-end development), 웹 애플리케이션의 핵심 처리 로직을 개발하는 **백엔드 개발**(back-end development)로 나뉩니다.

그림 1-1 **웹 개발의 구조**

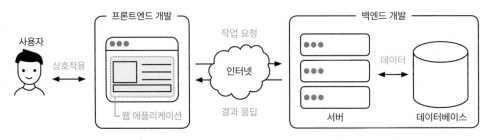

## 1.1.1 프론트엔드 개발

프론트엔드 개발에서는 사용자가 보는 화면, 즉 사용자 인터페이스(UI, User Interface)를 만듭니다. 프론트엔드 개발에 사용하는 언어는 **HTML**, **CSS**, **자바스크립트**입니다. HTML로 웹 애플리케이션의 전체적인 구조를 만들고, 여기에 CSS로 디자인을 입힙니다. 그리고 버튼을 클릭하면 다음 페이지로 넘어가거나 특정 검색어를 입력하면 결과 페이지가 나오는 등 사용자가 웹 애플리케이션과 상호작용할 수 있도록 자바스크립트로 동적인 기능을 넣습니다.

그림 1-2 **프론트엔드 개발 언어**

웹 구조 설계            웹 페이지 디자인            웹 동작 구현

다른 외부 라이브러리나 프레임워크를 사용하지 않는 순수한 자바스크립트를 가리켜 바닐라JS(vanillaJS)라고 합니다. 자바스크립트로 개발할 때는 바닐라JS를 이용할 수도 있고, 리액트(React)와 같은 자바스크립트 라이브러리 또는 뷰(Vue), 앵귤러(Angular)와 같은 자바스크립트 프레임워크를 활용할 수도 있습니다.

프론트엔드 개발자는 백엔드로부터 전달받은 데이터를 화면에 보여줍니다. 프론트엔드 개발자가 하는 일은 크게 두 가지입니다. 사용자 인터페이스 부분을 개발하는 것과 네트워크 통신망을 통해 데이터를 송수신하는 것입니다. 이 중에서 데이터 송수신은 백엔드 개발자와의 협업이 필요한 영역입니다.

## 1.1.2 백엔드 개발

백엔드 개발의 경우 웹 애플리케이션에서 사용자가 보지 못하는 영역, 즉 서버와 데이터베이스를 관리하는 일을 합니다. 프론트엔드 개발이 사용자가 보는 웹 애플리케이션의 겉모습, 사용자와의 상호작용을 다룬다면, 백엔드 개발은 사용자가 요청한 작업을 처리할 수 있도록 웹 애플리케이션의 내부 기능을 맡습니다.

예를 들어 기상청 사이트에서 현재 기온을 조회하면 기상청 서버에서 실시간으로 변하는 기온을 가져와 보여주는 경우를 생각해봅시다. 기온 정보를 화면에 보여주기 위해 조회를 요청하는 작업은 프론트엔드에서 처리하고, 요청에 대한 응답으로 프론트엔드에 결과를 반환하는 것은 백엔드에서 처리합니다. 백엔드 개발자는 서버를 운영할 뿐만 아니라 **DBMS**를 통해 데이터를 관리하고 **API**를 작성하는 등 사용자에게는 보이지 않는 수많은 작업을 담당합니다.

**NOTE** DBMS와 API

DBMS는 'DataBase Management System(데이터베이스 관리 시스템)'의 약자로, 데이터를 효율적으로 저장·관리·조회하는 프로그램을 말합니다. 그리고 API는 'Application Programming Interface(애플리케이션 프로그래밍 인터페이스)'의 약자로, 응용 프로그램들이 서로 소통하기 위한 인터페이스입니다. 이는 각각 **4장 DBMS, 5장 API**에서 자세히 설명하겠습니다.

### 1.1.3 프론트엔드와 백엔드를 구분하는 이유

웹 산업이 지금처럼 성장하기 전에는 프론트엔드와 백엔드를 구분하지 않고 자바, C#과 같은 프로그래밍 언어로 웹 개발을 했습니다. 하지만 사용자가 많아지고 트래픽이 몰리면서 웹 서비스를 보다 안정적으로 처리할 수 있는 시스템이 필요하게 됐습니다.

이러한 요구 사항에 직면한 대표적인 예로 페이스북(Facebook)이 있습니다. SNS 기반의 페이스북은 2004년 문을 연 이래 엄청난 수의 사용자가 몰려들어 대용량 데이터를 쏟아내는 웹 서비스로 성장했습니다. 그러나 규모가 커지자 기존 방식으로 서비스를 유지·보수하기가 어려워졌습니다. 페이스북은 이를 해결하기 위해 리액트라는 자바스크립트 라이브러리를 만들었는데, 이를 기점으로 페이스북의 개발과 운영이 프론트엔드 개발과 백엔드 개발로 나뉘었습니다.

- **프론트엔드 개발:** 더 나은 사용자 경험을 제공하고 최신 상태의 데이터를 제공하는 일에 집중합니다.
- **백엔드 개발:** 대규모 데이터와 트래픽을 처리하는 서버 개발 및 운영에 집중합니다.

이처럼 웹 개발은 거대한 웹 서비스를 안정적으로 운영하기 위한 흐름 속에서 프론트엔드 개발과 백엔드 개발로 나뉘어 계속 발전하고 있습니다.

**NOTE** 사용자 경험

사용자 경험(UX, User eXperience)은 사용자가 웹 애플리케이션을 사용하는 동안 느끼는 전반적인 만족도와 편의성을 말합니다. 전체적인 디자인, 기능, 속도, 접근성 등을 비롯해 사용자가 웹 애플리케이션과 상호작용하는 과정에서 느끼는 감정과 인상을 포괄하는 개념입니다.

# 1.2 서버의 동작 원리

## 1.2.1 클라이언트-서버 모델

일반적으로 백엔드 개발을 서버 개발이라고도 합니다. **서버**(server)는 '제공하다'라는 뜻의 동사 'serve'와 '~하는 존재'라는 뜻의 접미사 '-er'이 합쳐진 명사로, 말 그대로 '무언가를 제공하는 존재'를 의미합니다.

무언가를 제공하려면 누군가의 요청이 있어야겠죠? 웹 개발에서 요청을 보내고 서버의 응답을 받는 존재를 **클라이언트**(client)라고 합니다. 다음 그림과 같이 클라이언트와 서버는 데이터를 주고받으면서 통신합니다.

그림 1-3 **클라이언트-서버 모델**

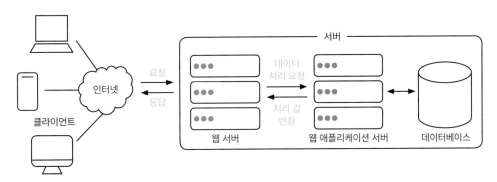

**그림 1-3**에서 클라이언트는 서버에 작업을 요청하는 기기(데스크톱, 노트북, 스마트폰 등)또는 응용 프로그램을 말하고, 서버는 클라이언트의 요청을 받아 처리하는 기기 또는 응용 프로그램을 말합니다. 이렇게 클라이언트와 서버가 통신하는 구조를 **클라이언트-서버 모델**(client-server model)이라고 합니다.

서버는 역할에 따라 **웹 서버**(web server)와 **웹 애플리케이션 서버**(WAS, Web Application Server)로

나뉩니다.

- **웹 서버:** 클라이언트와 웹 애플리케이션 서버 사이에서 클라이언트의 요청을 받고 응답하는 역할을 합니다. 클라이언트의 요청이 들어오면 정적인 콘텐츠(HTML, CSS, 이미지 등)는 그대로 클라이언트에 제공하고, 동적인 요청은 웹 애플리케이션 서버로 보내 웹 애플리케이션 서버에서 처리한 결과를 받아 클라이언트에 보내줍니다.

- **웹 애플리케이션 서버:** 웹 서버를 통해 들어온 요청에 맞게 데이터를 추출 및 가공해 결과를 웹 서버에 반환합니다.

## 1.2.2 웹 애플리케이션의 동작 원리

클라이언트–서버 모델에서 웹 애플리케이션의 동작은 식당에서 손님이 주문을 하고 요리를 받는 과정과 유사합니다. 메뉴를 주문하는 손님은 클라이언트, 메뉴를 주문받아 주방에 전달하는 종업원은 웹 서버, 주문받은 메뉴를 조리하는 주방장은 웹 애플리케이션 서버, 요리 재료를 보관하는 냉장고는 데이터베이스에 비유할 수 있습니다. 이때 냉장고는 재료마다 남은 수를 파악해 표시하는 스마트 냉장고라고 가정하겠습니다.

손님이 스테이크를 주문하는 경우를 예로 살펴봅시다.

❶ 손님이 종업원에게 스테이크를 주문합니다.

❷ 종업원은 주방장에게 주문서를 전달합니다.

❸ 주방장은 미리 작성해둔 조리법에 따라 냉장고에서 재료를 꺼내 조리합니다.

❹ 냉장고는 남은 재료의 수를 실시간으로 표시합니다.

❺ 주방장은 조리를 완료한 후 스테이크를 종업원에게 전달합니다.

❻ 종업원은 손님에게 스테이크를 가져다 줍니다.

❼ 손님은 스테이크를 맛있게 먹습니다.

이를 클라이언트–서버 모델에서 이뤄지는 웹 애플리케이션의 동작으로 나타내면 다음과 같습니다.

❶ 클라이언트(손님)가 웹 서버(종업원)에 데이터를 요청합니다.

❷ 웹 서버(종업원)는 웹 애플리케이션 서버(주방장)에 클라이언트의 요청 사항(주문서)을 전달합니다.

❸ 웹 애플리케이션 서버(주방장)는 미리 작성해둔 코드에 따라 데이터베이스(냉장고)에서 데이터를 생성·조회·수정·삭제하는 작업을 합니다.

❹ 데이터베이스(냉장고)는 작업에 따른 데이터의 상태를 항상 최신으로 유지합니다.

❺ 웹 애플리케이션 서버(주방장)는 데이터를 처리한 후 결과를 웹 서버(종업원)에 전달합니다.

❻ 웹 서버(종업원)는 결과 데이터를 클라이언트(손님)에 반환합니다.

❼ 클라이언트(손님)는 반환받은 데이터를 화면에 보여줍니다.

앞의 예시에 사용된 기술과 프로그램을 다음 표에 정리했습니다.

표 1-1 웹 애플리케이션 동작과 관련된 기술과 프로그램

| 구분 | 기술 | 프로그램 |
| --- | --- | --- |
| 손님 | 클라이언트 | 웹 브라우저(크롬, 사파리 등), 모바일 앱 |
| 종업원 | 웹 서버 | 아파치, 엔진엑스, IIS |
| 주방장 | 웹 애플리케이션 서버 | 아파치 톰캣, 제이보스, IBM 웹스피어, 오라클 웹로직 |
| 스마트 냉장고 | DBMS | MySQL, 오라클, 몽고DB |

대표적인 클라이언트 프로그램으로는 PC에서 사용하는 웹 브라우저와 스마트폰에서 사용하는 모바일 앱이 있습니다. 웹 서버 프로그램은 아파치(Apache), 엔진엑스(Nginx), IIS(Internet Information Services) 등이고, 웹 애플리케이션 서버 프로그램은 아파치 톰캣(Apache Tomcat), 제이보스(JBoss), IBM 웹스피어(IBM WebSphere), 오라클 웹로직(Oracle WebLogic) 등입니다. 그리고 많이 사용하는 DBMS는 MySQL, 오라클(Oracle), 몽고DB(MongoDB) 등입니다.

# 1.3 백엔드 개발자가 하는 일

백엔드 개발자가 하는 일은 다양합니다. 프론트엔드 개발자가 사용자와의 상호작용을 다룬다면, 백엔드 개발자는 그러한 상호작용을 하는 데 필요한 데이터를 처리하고 저장하는 역할을 수행합니다. 백엔드 개발자가 하는 일은 크게 다섯 가지로 구분할 수 있습니다.

그림 1-4 백엔드 개발자가 하는 일

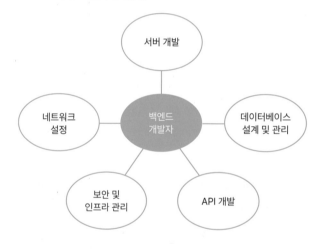

● **서버 개발**

백엔드 개발자는 기본적으로 클라이언트의 요청을 접수하고 이를 처리한 후 적절한 응답을 보내는 서버를 개발합니다. 다시 말해 백엔드 개발 언어와 프레임워크를 사용해 웹 애플리케이션의 핵심 로직을 구현합니다.

● **데이터베이스 설계 및 관리**

백엔드 개발자는 웹 애플리케이션의 데이터를 효율적으로 저장 및 관리하기 위한 데이터베이스를 설계하고 관리합니다. 즉 웹 애플리케이션을 운영할 적절한 DBMS를 선택하고, 데이터베이스의 성능과 확장성을 고려해 데이터 모델을 설계 및 운영합니다.

● **API 개발**

API는 프론트엔드와 백엔드가 데이터를 효율적으로 주고받을 수 있는 인터페이스입니다. 백엔드 개발자는 이러한 API를 개발해 프론트엔드에서 특정 데이터나 기능에 접근할 수 있게 합니다. API는 다른 서비스나 플랫폼과 통합할 때도 중요한 역할을 합니다.

● **보안 및 인프라 관리**

백엔드 개발자는 외부 공격으로부터 서버와 데이터를 지키기 위해 보안 정책을 수립하고 관련 기술을 적용합니다. 또한 안정적인 서비스를 제공하기 위해 서버 구성 및 모니터링 등의 **인프라**(infra) 관리 업무를 수행합니다. 인프라란 서버를 구성하는 하드웨어 기기(서버 장비, 스토리지, 네트워크 장비 등), 미들웨어, 운영체제를 말합니다.

● **네트워크 설정**

백엔드 개발자는 네트워크 설정을 통해 서버와 클라이언트 간의 효율적인 통신을 보장합니다. 즉 로드 밸런싱(load balancing, 작업을 나눠 부하를 분산하는 것), 캐싱(caching, 자주 사용하는 데이터의 복사본을 고속 저장소에 저장하는 것), 네트워크 보안 설정 등을 통해 사용자 경험과 서버의 성능을 향상합니다.

# 1.4 백엔드 로드맵 소개

백엔드 개발자가 되려면 어떤 기술을 배워야 할까요? 이 책에서 다루는 백엔드 로드맵은 **그림 1-5**와 같습니다. 먼저 주요 개념을 살펴보고 11장에서 백엔드 개발을 총정리함으로써 개별 기술이 어떻게 연계돼 동작하는지 이해하게 됩니다. 로드맵에는 두 번의 레벨업 구간 이 있는데, 이에 대한 자세한 설명은 11쪽을 참고하세요.

● **CS 기초 지식(2장)**

백엔드 개발자가 되려면 CS(Computer Science, 컴퓨터 과학)의 기초 지식을 알아야 합니다. 처음 백엔드 개발을 배운다면 이러한 지식이 왜 필요한지 의문을 가질 수도 있습니다. 그러나 CS 관련 지식은 웹 애플리케이션의 동작 원리와 성능을 결정하는 이론적 토대이므로 개발자가 되려면 반드시 공부해야 합니다. 이에 2장에서는 네트워크, 운영체제, 데이터베이스, 자료구조의 기초 지식을 살펴봅니다.

● **백엔드 개발 언어와 프레임워크(3장)**

백엔드 개발에 사용하는 대표적인 언어는 자바스크립트, 타입스크립트, 자바 등입니다. 이러한 언어를 사용해 더 쉽고 편리하게 백엔드 개발을 할 수 있도록 도와주는 프레임워크도 있는데, 대표적으로 자바스크립트 기반의 Express.js(익스프레스), 타입스크립트를 우선적으로 지원하고 자바스크립트도 사용 가능한 NestJS(네스트), 자바 기반의 스프링과 스프링 부트를 꼽을 수 있습니다. 3장에서는 대표적인 백엔드 개발 언어와 프레임워크의 종류 및 특징을 알아봅니다.

● **DBMS(4장)**

백엔드 개발자라면 DBMS에 대해 잘 알고 있어야 합니다. DBMS의 종류는 크게 RDBMS와 NoSQL로 나뉩니다. RDBMS는 데이터를 행과 열로 이뤄진 테이블에 저장하

그림 1-5 백엔드 로드맵

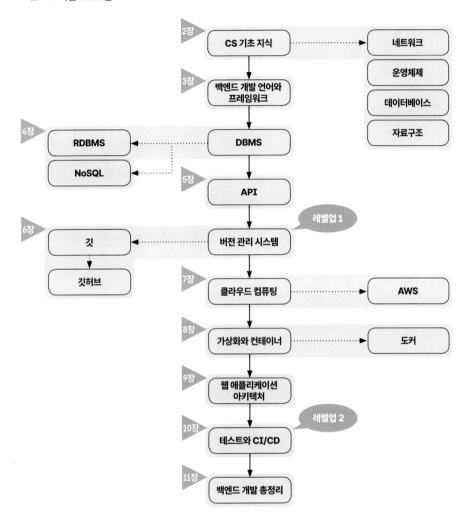

는 관계형 데이터베이스이고, NoSQL은 데이터를 연결되지 않은 개별 파일로 저장하는 비관계형 데이터베이스입니다. 4장에서는 이러한 DBMS의 특징과 쿼리(query, 데이터베이스에 필요한 정보를 요청하는 일) 작성 방법을 살펴봅니다.

## ● API(5장)

백엔드 개발의 핵심은 API 개발이라고 해도 과언이 아닙니다. 대표적인 API의 유형은 REST API와 GraphQL입니다. API를 개발했다면 API 명세서를 작성해 동료 개발자들과 공유하는 것도 중요합니다. 5장에서는 이러한 API의 개념과 종류, API 명세서 작성 방법 등을 살펴봅니다.

## ● 버전 관리 시스템(6장)

버전 관리 시스템은 소스 코드의 변경 사항을 확인하고, 언제 어떤 사용자가 작업했는지 추적해 소스 코드의 과거 이력을 체계적으로 관리하는 프로그램입니다. 혼자가 아닌 여러 개발자가 협업할 때는 버전 관리 시스템이 필수입니다. 6장에서는 대표적인 분산 버전 관리 시스템인 깃(Git) 그리고 이를 활용한 웹 기반 외부 저장소인 깃허브(GitHub)의 주요 개념과 동작 방식을 알아봅니다.

## ● 클라우드 컴퓨팅(7장)

많은 기업이 인프라를 클라우드 환경으로 옮기면서 관련 지식과 기술이 중요해졌습니다. 예전에는 개인이나 기업이 자체적으로 서버를 구축하고 운영해야 했지만, 클라우드가 등장함에 따라 자체 서버를 보유할 필요 없이 컴퓨팅 자원을 대여받아 사용할 수 있게 됐습니다. 이에 7장에서는 클라우드 컴퓨팅을 소개하고, 대표적인 클라우드 서비스인 AWS를 기준으로 클라우드에 서버를 구축하는 방법을 살펴봅니다.

## ● 가상화와 컨테이너(8장)

하나의 물리적 서버를 여러 서버로 나눠 운영하는 기술인 가상화는 크게 개발 환경 가상화, 머신 가상화, 운영체제 수준 가상화로 나뉩니다. 그중에서 운영체제 가상화 기술인 컨테이너가 주목받고 있습니다. 8장에서는 이러한 컨테이너의 개념과 대표적인 컨테이너 플랫폼인 도커(Docker)에 대해 알아봅니다.

## ● 웹 애플리케이션 아키텍처(9장)

웹 애플리케이션 아키텍처는 애플리케이션을 설계하고 구현하는 방법론입니다. 다시 말해 애플리케이션의 주요 기능을 분해하고, 각 기능을 수행하는 모듈을 정의하며, 그것들 간의 상호작용 방법을 결정합니다. 온라인 쇼핑몰을 개발하는 경우를 예로 들자면 상품 정보를 보여주는 기능, 장바구니에 상품을 추가하는 기능, 결제를 진행하는 기능 등을 각각 모듈로 분리해 정의합니다. 그리고 이러한 모듈 간의 상호작용 방법을 결정하는데, 이 모든 과정이 웹 애플리케이션 아키텍처를 기반으로 이뤄집니다. 이에 9장에서는 웹 애플리케이션 아키텍처의 개념과 종류를 알아봅니다.

## ● 테스트와 CI/CD(10장)

웹 애플리케이션을 개발할 때는 비즈니스 핵심 로직뿐만 아니라 테스트 코드도 같이 작성합니다. 개발이 끝난 다음의 유지·보수 과정에서 코드를 수정하거나 추가하는 경우 다른 코드에 영향을 주는지 개발자가 일일이 확인하기가 어렵기 때문입니다. 또한 웹 애플리케이션을 배포한 후 재배포할 때 코드를 안정적으로 빌드하고 배포하기 위한 자동화 방법을 CI/CD라고 합니다. 10장에서는 테스트의 개념과 중요성, 종류, CI/CD의 개념과 주요 도구를 알아봅니다.

## ● 백엔드 개발 총정리(11장)

2~10장에서 다룬 주요 개념이 어떻게 연계돼 동작하는지 알아봅니다. 자신의 컴퓨터에서 개발한 웹 애플리케이션을 외부 저장소에 올리고 이를 클라우드 서버에 배포하는 과정을 배우면서 백엔드 개발의 큰 그림을 그릴 수 있습니다.

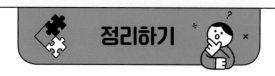

1장에서는 웹 개발의 구조, 서버의 동작 원리, 백엔드 개발자가 하는 일, 백엔드 로드맵을 살펴봤습니다. 이를 바탕으로 2장부터는 백엔드 로드맵을 따라가면서 해당 기술을 본격적으로 공부합니다. 앞으로 배울 개념이 생소하고 어렵게 느껴지더라도 걱정하지 마세요. 로드맵을 차근차근 따라가다 보면 자연스레 이해될 것입니다.

# 백엔드 로드맵 따라가기

# CS
# 기초 지식

이 장에서는 백엔드 개발자라면 알아야 할 CS(컴퓨터 과학)의 기초 지식을 알아봅니다. 크게 네트워크, 운영체제, 데이터베이스, 자료구조로 나눠 살펴보는데, 각각의 주제는 책 한 권 분량으로 다뤄야 할 만큼 내용이 방대합니다. 이에 각 분야에서 기초가 되는 키워드와 내용 위주로 설명할 테니 'CS 지식에는 이런 것들이 있구나', '앞으로 이러한 개념을 공부해야 하는구나' 정도로 이해하기 바랍니다.

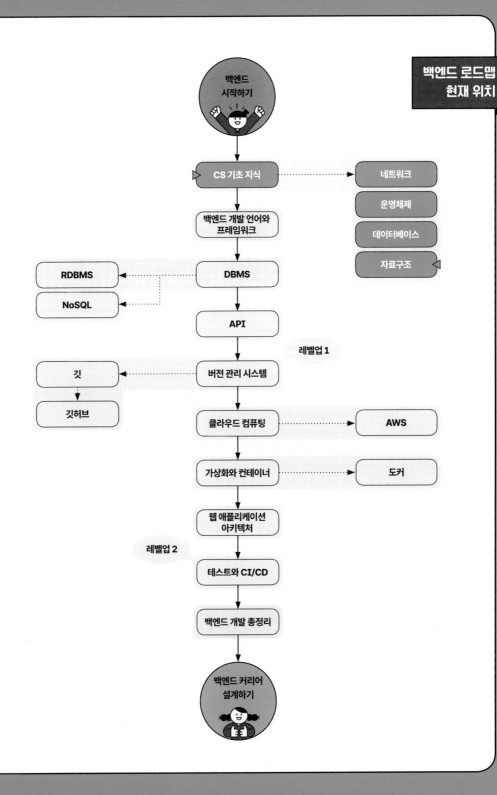

백엔드
시작하기

CS 기초 지식 ··········▶ 네트워크

운영체제

데이터베이스

백엔드 개발 언어와
프레임워크

자료구조

RDBMS ◀········· DBMS

NoSQL ◀·········

API

레벨업 1

깃 ◀·········· 버전 관리 시스템

깃허브

클라우드 컴퓨팅 ··········▶ AWS

가상화와 컨테이너 ··········▶ 도커

웹 애플리케이션
아키텍처

레벨업 2

테스트와 CI/CD

백엔드 개발 총정리

백엔드 커리어
설계하기

# 2.1

# 네트워크

**네트워크**(network)는 컴퓨터들이 통신망을 통해 서로 그물처럼 연결돼 있는 것이고, **인터넷**(Internet)은 네트워크가 전 세계적으로 연결된 통신망입니다. 웹 애플리케이션에서 일어나는 많은 일이 네트워크를 통해 이뤄지므로 백엔드 개발자는 네트워크를 필수로 공부해야 합니다.

## 2.1.1 IP 주소

클라이언트가 요청하고 서버가 응답하려면 주소가 필요합니다. 서로의 위치를 알아야 통신할 수 있기 때문입니다. 네트워크에 연결된 각 컴퓨터를 구분하는 유일한 주소를 **IP 주소**(Internet Protocol adress)라고 합니다. IP 주소는 4바이트로 이뤄진 고유한 값으로, 사람이 알아보기 쉽게 1바이트씩 10진수로 나타낸 총 10진수 4개의 숫자로 구성됩니다.

다음 그림은 터미널에서 nslookup 명령어로 구글 웹 사이트의 IP 주소를 검색한 결과입니다. 검색 결과인 '172.217.174.100'을 웹 브라우저의 주소 표시줄에 입력하면 IP 주소가 **www.google.com**으로 바뀌면서 구글 웹 사이트로 이동합니다.

그림 2-1 **구글의 IP 주소 조회**

```
> nslookup www.google.com
Server:          203.253.159.250
Address:         203.253.159.250#53

Non-authoritative answer:
Name:   www.google.com
Address: 172.217.174.100
```

IP 주소에는 IPv4(Internet Protocol Version 4)와 IPv6(Internet Protocol Version 6)가 있으며, 본문에서는 기본 버전인 IPv4를 기준으로 설명했습니다. IPv6는 네트워크에 연결된 컴퓨터가 증가함에 따라 IPv4로 구분할 수 있는 주소의 수가 부족해져서 기존 4바이트의 주소 체계를 16바이트로 확장한 주소 체계입니다.

터미널은 컴퓨터를 직접 제어하기 위한 소프트웨어이며, 주로 명령어를 입력해 컴퓨터를 조작하는 CLI(Command Line Interface) 방식으로 사용합니다. nslookup은 IP 주소를 조회하는 명령어로, **그림 2-1**과 같이 nslookup www.google.com 명령을 실행하면 **www.google.com**의 IP 주소를 알려줍니다. 참고로 구글과 같이 현존하는 일반적인 웹 사이트의 IP 주소는 고정되지 않고 변하는 유동 IP 주소이므로 조회할 때마다 결과가 다르게 나올 수 있습니다.

## 2.1.2 도메인 네임

대부분의 사용자는 IP 주소보다 **도메인 네임**(domain name)으로 웹 사이트에 접속합니다. 도메인 네임은 사용자가 쉽게 기억할 수 있도록 IP 주소를 문자열로 변환한 것입니다. 휴대폰에 전화번호와 이름을 저장해놓고 이름으로 검색해 전화를 거는 것처럼, IP 주소와 도메인 네임을 매핑해놓고 도메인 네임을 입력해 웹 사이트에 접속합니다.

그림 2-2 **도메인 네임과 IP 주소**

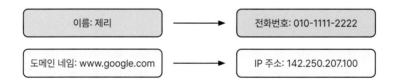

지금부터는 편의상 도메인 네임을 '도메인'이라고 부르겠습니다.

## 2.1.3 DNS

**DNS**(Domain Name System)는 도메인과 IP 주소의 매핑 정보를 가지고 있는 시스템입니다. DNS의 동작 방식은 다음과 같습니다.

❶ 사용자가 웹 브라우저의 주소 표시줄에 도메인을 입력합니다.

❷ 웹 브라우저는 입력받은 도메인에 해당하는 IP 주소를 DNS 서버(DNS를 운영하는 서버로, 네임 서버라고도 함)에 문의합니다.

❸ DNS 서버는 도메인에 해당하는 IP 주소를 찾아 반환합니다.

❹ 웹 브라우저는 IP 주소를 받아 해당 IP 주소의 컴퓨터에 접속합니다.

그림 2-3 **DNS의 동작 방식**

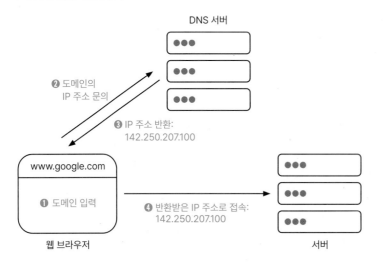

일반 사용자는 DNS를 따로 설정하지 않고 인터넷 서비스 제공 업체(ISP, Internet Service Provider)가 제공하는 정보(IP 주소와 도메인 매핑 정보)를 받아서 사용합니다.

## DNS 서버의 계층 구조

DNS 서버는 도메인을 체계적으로 관리하기 위해 도메인과 IP 주소의 매핑 정보를 계층 구조로 분산해 저장합니다. 이는 도메인을 계층화하고 각 계층마다 DNS 서버를 따로 둬 운영한다는 뜻입니다. 도메인의 각 계층은 '.(닷, dot)'을 기준으로 구분합니다. **www.google.com**과 같은 도메인에 '.(닷)'이 포함돼 있는 이유가 바로 이것입니다.

**www.google.com(.)**의 계층 구조를 살펴봅시다. 마지막에 생략된 닷(.)이 루트 도메인이고, com은 최상위 레벨 도메인, google은 2레벨 도메인, www는 3레벨 도메인입니다. 이 중에서 3레벨 도메인은 서브도메인(sub-domain)이라고도 부릅니다.

각 계층마다 해당 도메인을 관리하는 DNS 서버가 있습니다. 상위 계층 DNS 서버는 하위 계층의 도메인에 대한 정보를 관리하며, 하위 계층 DNS 서버의 IP 주소를 저장하고 있습니다.

그림 2-4 **www.google.com(.)의 계층 구조**

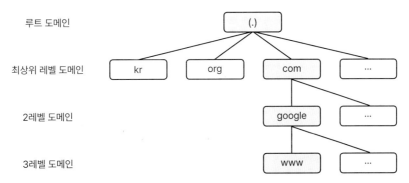

다음 그림은 계층별 DNS 서버의 IP 주소를 조회해 **www.google.com**의 IP 주소를 찾는 과정을 보여줍니다. 상위 계층 DNS 서버가 알고 있는 하위 계층 DNS 서버의 IP 주소를 반환받는 과정을 반복적으로 거치면 최종적으로 원하는 IP 주소를 얻을 수 있습니다.

그림 2-5 **DNS 서버의 IP 주소 조회 과정**

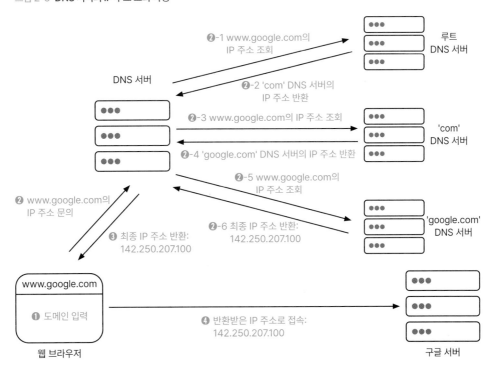

### 2.1.4 포트와 포트 번호

IP 주소로 특정 컴퓨터에 요청을 보냈다고 합시다. 해당 컴퓨터에서 여러 프로그램이 실행되고 있다면 필요한 프로그램을 어떻게 찾아 접속할 수 있을까요? 바로 포트(port)를 통해 찾을 수 있습니다. 포트의 원래 뜻은 '항구'인데, 그 용도에 따라 군함은 군항에 정박하고 상선은 무역항에 정박합니다. 이와 마찬가지로 컴퓨터에서도 포트를 이용하면 구동 중인 프로그램을 구분할 수 있습니다.

세 프로그램이 구동 중인 서버를 예로 살펴봅시다. 이 서버는 HTTP 프로토콜을 기반으로 웹 서비스 프로그램을, SSH 프로토콜을 기반으로 외부 접속 프로그램을, FTP 프로토콜을 기반으로 파일 전송 프로그램을 구동 중입니다. 이 상태에서 클라이언트가 웹 서비스 프로그램에 접속하려면 해당 서버의 IP 주소로 가서 80번 포트에 접속하면 됩니다.

그림 2-6  **서버의 웹 서비스 프로그램에 접속하는 모습**

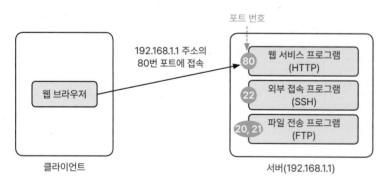

이처럼 한 컴퓨터에서 구동 중인 프로그램은 포트 번호로 구분합니다. 포트 번호는 0~65,535번까지이며, 그중 첫 번째인 0번과 마지막의 65,535번은 사용하지 않습니다. 1~1,023번은 '잘 알려진 포트(well-known port)' 번호로, 이는 잘 알려진 프로그램의 용도에 따라 이미 할당돼 있습니다. 잘 알려진 포트 번호의 대표적인 예를 **표 2-1**에 정리했습니다.

표 2-1 잘 알려진 포트 번호

| 포트 번호 | 프로그램 | 프로토콜 | 설명 |
|---|---|---|---|
| 80 | 웹 서비스 | HTTP | 웹 페이지의 데이터를 주고받음 |
| 443 | 보안이 강화된 웹 서비스 | HTTPS | 보안을 위해 웹 페이지에서 데이터를 주고받는 과정을 암호화 |
| 22 | 외부 접속 서비스 | SSH | 보안을 위해 컴퓨터를 원격에서 제어하는 과정을 암호화 |
| 53 | DNS 서비스 | DNS | 도메인 네임과 IP 주소를 서로 변환 |
| 20, 21 | 파일 전송 서비스 | FTP | 파일 전송 |
| 25 | 메일 전송 서비스 | SMTP | 메일 전송 |

## 2.1.5 프로토콜

컴퓨터와 컴퓨터가 통신할 때 상대방의 요청과 응답을 이해할 수 없다면 어떨까요? 알아듣지 못하는 언어로 말하는 외국인과 대화하는 것처럼 소통이 되지 않아 요청받은 작업을 처리하지 못할 것입니다.

**프로토콜**(protocol)은 컴퓨터 네트워크에서 컴퓨터 간에 통신할 수 있도록 정해놓은 규칙과 절차를 말합니다. 언어가 제각각일 때 영어를 공용어로 사용하듯이 컴퓨터 간에 통신할 때도 미리 정한 약속인 프로토콜을 사용합니다.

백엔드 개발과 관련된 주요 프로토콜은 TCP, IP, HTTP, HTTPS 등입니다. 이러한 프로토콜의 역할을 자세히 알아봅시다.

### TCP와 IP

**TCP**(Transmission Control Protocol)와 **IP**(Internet Protocol)는 인터넷으로 연결된 컴퓨터들이 서로 정보를 주고받는 데 사용하는 프로토콜입니다. 인터넷에서 데이터 통신은 대부분 이 두 프로토콜을 기반으로 이뤄지기 때문에 둘을 합쳐서 **TCP/IP**라고 합니다.

TCP/IP에서는 데이터를 **패킷**(packet)이라는 작은 단위로 나눠 전송합니다. 이때 IP는 목적지 주소로 패킷을 빠르게 전달하는 역할을 합니다. 그런데 패킷이 목적지에 잘 전달되는지, 패킷의 순서가 맞게 도착하는지 등을 신경 쓰지 않고 전송합니다. 그래서 IP로 전송된 패킷은 순서가 뒤섞이거나 중간에 유실될 수도 있습니다.

TCP는 이러한 문제를 해결한 신뢰성 있는 프로토콜입니다. TCP는 목적지에 도착한 패킷을 순서에 맞게 정렬하고, 통신 중 유실된 패킷이 있으면 송신 측에 다시 보내달라고 요청합니다. 요컨대 인터넷에서 통신할 때는 TCP와 IP 프로토콜을 사용해 데이터를 빠르게 전달하면서도 데이터 전송의 신뢰성을 보장합니다.

다음 그림은 TCP/IP 4계층 모델을 나타낸 것입니다. 인터넷에 연결된 모든 컴퓨터는 이 계층 모델을 이용해 통신합니다. 송신 측의 상위 계층에서 데이터를 보내면 하위 계층에 전달되고, 인터넷 통신망을 거쳐 수신 측으로 전송됩니다.

그림 2-7 **TCP/IP 4계층**

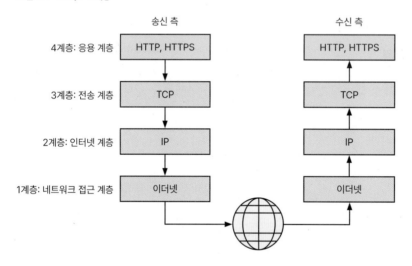

## HTTP

**HTTP**(HyperText Transfer Protocol)는 인터넷에서 클라이언트와 서버 간에 데이터를 주고받기 위해 사용하는 프로토콜입니다. **그림 2-7**에서 보듯이 HTTP로 처리한 데이터는 TCP와 IP를 거쳐 인터넷 통신망으로 전송됩니다.

HTTP는 '요청–응답 프로토콜'이라고도 합니다. 예를 들어 구글 웹 사이트에 접속하는 경우를 생각해봅시다. 사용자가 웹 브라우저의 주소 표시줄에 'www.google.com'을 입력하면 웹 브라우저(클라이언트)는 구글 서버에 '구글 웹 사이트를 사용자에게 보여주기 위한 데이터를 전송해달라'는 HTTP 요청을 합니다. 요청을 받은 구글 서버는 웹 사이트를 띄우는 데 필요한 데이터, 즉 HTML, CSS, 이미지 파일 등을 HTTP 응답으로 보냅니다. 데이터를 전달받은 웹 브라우저는 각 요소를 적절히 조합해 구글 웹 사이트를 사용자의 화면에 출력합니다.

그림 2-8 **클라이언트-서버 간 HTTP 통신**

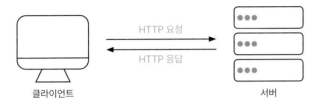

HTTP 요청과 HTTP 응답은 메시지 형태로 주고받는데, 이를 **HTTP 메시지**(HTTP message)라고 합니다. HTTP 메시지는 클라이언트가 서버로 요청을 보낼 때 사용하는 **요청 메시지**(request message)와 서버가 클라이언트에 응답할 때 사용하는 **응답 메시지**(response message)로 나뉩니다. 두 메시지는 모두 시작 행(start line), 헤더(header), 빈 행(empty line), 본문(body)으로 구성됩니다.

그림 2-9 **HTTP 메시지를 이용한 통신**

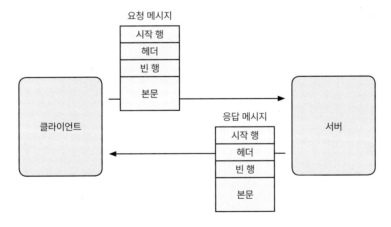

- **시작 행:** 요청 혹은 응답과 관련된 주요 정보가 들어 있습니다.

- **헤더:** 요청 혹은 응답과 관련된 부가 정보가 들어 있습니다.

- **빈 행:** 헤더의 끝을 표시하기 위해 빈 행을 넣어 구분합니다.

- **본문:** 통신을 통해 실제로 주고받는 데이터가 들어 있습니다. 요청 메시지의 본문에는 요

청 시 전달할 데이터가, 응답 메시지의 본문에는 응답으로 보내는 데이터가 담깁니다. 전달할 데이터나 응답 데이터가 없으면 생략할 수 있습니다.

요청 메시지와 응답 메시지의 세부 내용은 다음 그림과 같습니다.

그림 2-10 **HTTP 요청 메시지와 응답 메시지**

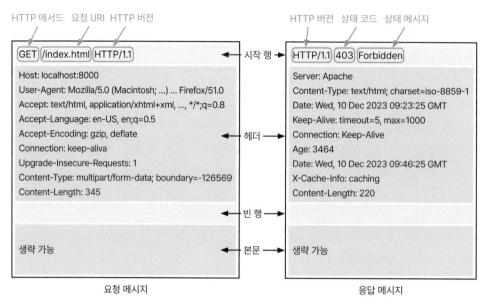

요청 메시지                                     응답 메시지

HTTP 메시지의 구성 요소 중에서 특히 시작 행이 매우 중요합니다. 무엇을 요청했고, 요청에 대한 응답이 성공적으로 이뤄졌는지 여부 등의 정보가 들어 있기 때문입니다.

요청 메시지와 응답 메시지의 시작 행에 대해 자세히 알아봅시다.

● **요청 메시지의 시작 행**

요청 메시지의 시작 행에는 HTTP 메서드(HTTP method), 요청 URI(Uniform Resource Identifier), HTTP 버전 정보가 들어갑니다.

• **HTTP 메서드:** 클라이언트가 서버로 보내는 요청의 종류를 나타냅니다. 메서드는 총 아홉 가지이며, 주로 사용하는 메서드는 **표 2-2**와 같습니다.

• **요청 URI:** URI는 웹상의 고유한 자원을 식별하는 통합 자원 식별자로, 클라이언트로부터 요청을 받아 처리할 서버의 자원을 가리킵니다.

표 2-2 주요 HTTP 메서드

| 메서드 | 설명 |
| --- | --- |
| GET | 데이터 조회를 요청할 때 사용합니다. |
| POST | 새 데이터 등록을 요청할 때 사용합니다. |
| PUT | 전체 데이터 수정을 요청할 때 사용합니다. |
| PATCH | 일부 데이터 수정을 요청할 때 사용합니다. |
| DELETE | 데이터 삭제를 요청할 때 사용합니다. |

- **HTTP 버전:** 해당 메시지에서 사용하는 HTTP 버전을 나타냅니다. HTTP 버전은 초기 버전인 HTTP/0.9를 시작으로 HTTP/1.0, HTTP/1.1, HTTP/2를 거쳐 HTTP/3까지 나왔으며, 기존 버전의 문제점을 해결하기 위해 더 높은 버전이 개발되고 있습니다.

## ● 응답 메시지의 시작 행

응답 메시지의 시작 행에는 HTTP 버전 정보, 상태 코드, 상태 메시지가 들어갑니다. HTTP 버전 정보는 앞에서 살펴봤으니 상태 코드와 상태 메시지만 설명하겠습니다.

- **상태 코드:** HTTP 요청이 성공적으로 완료됐는지 여부를 총 5개 그룹으로 나타냅니다. 1××번대는 정보를 제공하는 응답, 2××번대는 요청을 성공적으로 처리했다는 응답,

표 2-3 주요 상태 코드와 상태 메시지

| 상태 코드 | 상태 메시지 | 설명 |
| --- | --- | --- |
| 200 | OK | 요청이 성공적으로 완료됐음을 나타냅니다. |
| 201 | Created | 요청이 성공적으로 완료돼 새로운 자원이 생성됐음을 나타냅니다. |
| 204 | No Content | 요청이 성공적으로 완료됐지만 반환할 콘텐츠가 없음을 나타냅니다. |
| 301 | Moved Permanently | 요청한 자원의 URI가 변경됐음을 나타내며, 새로운 URI를 반환합니다. |
| 400 | Bad Request | 클라이언트 측의 잘못된 요청을 나타내며, 서버가 요청을 이해할 수 없음을 의미합니다. |
| 401 | Unauthorized | 클라이언트가 인증되지 않은 상태에서 보호된 자원에 접근하려고 시도한 경우를 나타냅니다. |
| 404 | Not Found | 클라이언트가 요청한 자원을 찾을 수 없음을 나타냅니다. |
| 500 | Internal Server Error | 서버에서 예상치 못한 에러가 발생했음을 나타냅니다. |

3××번대는 리다이렉션(redirection) 응답입니다. 리다이렉션은 새 URI로 재요청하라는 의미입니다. 4××번대는 클라이언트 에러 응답, 5××번대는 서버 에러 응답을 의미합니다. 개발자는 이러한 상태 코드의 앞 자리만 보고도 대략 어떤 에러인지 유추할 수 있습니다.

- **상태 메시지:** 상태 코드 뒤에 붙는 간략한 문구로, 상태 코드에 대한 해설을 제공합니다.

### HTTPS

**HTTPS**(HyperText Transfer Protocol over Secure Socket Layer)는 보안 요소가 강화된 HTTP 프로토콜입니다. HTTP는 데이터를 암호화하지 않고 전송하기 때문에 중간에서 데이터를 탈취당할 위험이 큽니다. 반면에 HTTPS는 SSL(Secure Socket Layer) 또는 TLS(Transport Layer Security) 암호화 프로토콜을 사용해 데이터를 암호화하기 때문에 HTTP보다 데이터를 안전하게 전송할 수 있습니다.

그림 2-11 **HTTP와 HTTPS의 데이터 전송**

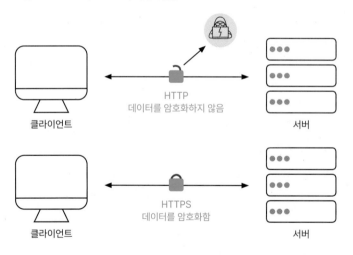

HTTPS를 사용하면 클라이언트와 서버 간의 통신 내용이 제삼자에 의해 변경되거나 변조될 위험이 줄어들어 데이터의 무결성과 인증이 보장됩니다. HTTPS는 SSL 인증서를 사용해 서버의 신원을 확인하기 때문에 클라이언트는 접속하는 웹 사이트의 신뢰성을 판단할 수 있습니다.

## 2.1.6 네트워크 정리

네트워크는 웹 애플리케이션 개발과 배포 시 적용되는 핵심 기술이므로 웹 개발자라면 반드시 공부해야 합니다. 특히 백엔드 개발자는 네트워크의 구성이나 서버 배포 방법을 고민하는 경우가 많아서 네트워크 관련 지식을 갖춰야 합니다. 예컨대 웹 브라우저와 DNS의 동작 방식을 이해하면 클라이언트와 서버의 통신 시간을 단축해 웹 페이지의 로딩 시간을 줄이고, 사용자에게 더 빠른 인터넷 경험을 제공할 수 있습니다.

이 절에서는 기초적인 네트워크 지식을 살펴봤는데, 좀 더 깊이 있게 공부하고 싶다면 다음 키워드를 검색해보기 바랍니다.

- 내부 IP, 외부 IP

- 유동 IP, 고정 IP

- DNS, hosts 파일

- 레지스트리(registry), 레지스트라(registrar)

- well-known port, registered port, dynamic port

- 포트 포워딩(port forwarding)

- OSI 7계층, TCP/IP 4계층

# 2.2

# 운영체제

윈도우(Windows), 맥OS(macOS), 리눅스(Linux)와 같은 프로그램을 **운영체제**(OS, Operating System)라고 합니다. 운영체제는 사용자가 컴퓨터를 쉽게 다룰 수 있도록 사용자와 컴퓨터 사이에서 인터페이스를 제공하고, 컴퓨터 시스템의 자원을 효율적으로 관리 및 분배하는 역할을 합니다.

운영체제의 주요 기능은 프로세스 관리, 메모리 관리, 파일 시스템 관리, 네트워크 관리이며, 백엔드 개발자는 이러한 기능을 반드시 알아야 합니다. 서버를 보다 안정적·효율적으로 운영하고 사용자에게 더 나은 서비스를 제공하는 데 필요한 지식이기 때문입니다. 이 절에서는 운영체제의 주요 기능 중 하나인 프로세스 관리에 대해 알아보겠습니다.

## 2.2.1 프로세스와 스레드

**그림 2-12**는 컴퓨터의 성능과 실행 상태를 보여주는 맥OS의 작업 관리자 화면으로, Finder 아이콘을 클릭한 뒤 [애플리케이션]-[유틸리티]에서 Activity Monitor를 열면 확인할 수 있습니다. CPU의 상태를 보니 521개의 프로세스와 2,755개의 스레드가 실행 중입니다. '프로세스 이름'에 구글 크롬, 제어 센터 등이 보이고, 각 프로세스마다 여러 개의 '스레드'를 사용 중입니다. 이러한 프로세스와 스레드에 대해 자세히 알아봅시다.

### 프로세스

**프로세스**(process)란 컴퓨터에서 현재 실행 중인 프로그램을 말합니다. 프로그램은 어떤 작업을 처리하기 위한 일련의 명령어 모음으로, 평소에는 보조 기억 장치인 디스크에 저장돼 있습니다. 그러다가 사용자가 실행하면 디스크에 있던 프로그램이 메모리(RAM)에 올라오고(로드), 메모리에 저장된 명령어가 CPU를 차지함으로써 실행할 수 있게 됩니다. 이렇게 메

| 프로세스 이름 | % CPU ∨ | CPU 시간 | 스레드 | PID | 대기 상태 깨움 | 종류 | % GPU |
|---|---|---|---|---|---|---|---|
| WindowS... | 15.6 | 19:46:36.51 | 22 | 167 | 146 | Apple | 21.3 |
| kernel_ta... | 8.4 | 17:00:41.66 | 579 | 0 | 901 | Apple | 0.0 |
| 활성 상태... | 3.5 | 17.12 | 5 | 24115 | 5 | Apple | 0.0 |
| launchd | 3.1 | 1:48:18.19 | 4 | 1 | 0 | Apple | 0.0 |
| bluetoothd | 2.7 | 4:07:00.16 | 16 | 159 | 1 | Apple | 0.0 |
| Finder | 2.7 | 26:55.55 | 12 | 524 | 4 | Apple | 0.0 |
| Google C... | 2.2 | 8:42:41.17 | 40 | 503 | 7 | Apple | 0.0 |
| 제어 센터 | 1.6 | 33:03.83 | 11 | 521 | 2 | Apple | 0.0 |
| coreaudiod | 1.5 | 6:50:24.88 | 14 | 211 | 0 | Apple | 0.0 |

| 활성 상태 보기 | CPU 메모리 에너지 디스크 네트워크 |
|---|---|
| 모든 프로세스 | |

| 시스템: | 1.31% | | CPU 로드 | 스레드: | 2,755 |
|---|---|---|---|---|---|
| 사용자: | 1.42% | | | 프로세스: | 521 |
| 대기: | 97.27% | | | | |

모리에 올라와 CPU를 점유하며 실행 중인 프로그램을 프로세스라고 합니다.

그림 2-13 **프로그램이 프로세스가 되는 과정**

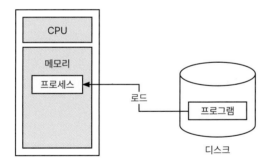

여기서 주목할 점은, 프로그램은 하나이지만 프로세스는 여러 개일 수 있다는 것입니다. 예를 들어 구글 크롬의 경우 프로그램은 하나이지만 크롬 창을 여러 개 띄우고 동시에 작업할 수 있습니다. 이는 크롬 프로그램이 메모리에 여러 번 올라와 여러 개의 프로세스로 존재하기 때문입니다.

## 스레드

**스레드**(thread)는 프로세스 내에서 작업을 처리하는 실행 단위로, 프로세스가 할당받은 자원(CPU, 메모리 등)을 이용해 작업을 처리합니다. 프로세스는 최소 하나 이상의 스레드를 가지는데, 이를 메인 스레드(main thread)라고 합니다.

스레드가 프로세스의 자원을 어떻게 이용하는지 이해하기 위해 프로세스의 메모리 구조를 살펴봅시다. 각각의 프로세스는 코드 영역, 데이터 영역, 힙 영역, 스택 영역으로 나뉘어 저장됩니다.

그림 2-14 **프로세스의 메모리 구조**

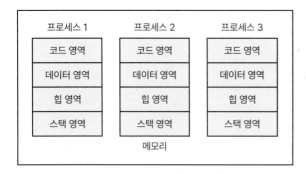

만약 하나의 프로세스 내에 여러 개의 스레드가 있다면 각 스레드는 스택 영역만 따로 할당받고 나머지 영역을 공유합니다. 즉 프로세스 내 코드 영역, 데이터 영역, 힙 영역을 서로 공유하면서 실행됩니다.

그림 2-15 **스레드가 여러 개일 때 프로세스의 메모리 구조**

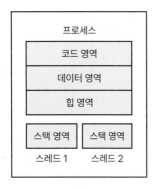

이처럼 하나의 프로세스를 여러 개의 스레드로 구성하고 둘 이상의 스레드가 동시에 작업을 처리하는 방식을 **멀티스레드**(multi-thread)라고 합니다. 멀티스레드는 작업을 분할해 동시에 처리함으로써 성능을 향상하고 자원을 효율적으로 사용할 수 있게 합니다. 하지만 여러 스레드가 자원을 공유하기 때문에 동기화 등의 문제가 발생할 수 있으므로 적절한 스레드

동기화 기술이 필요합니다. 이에 대해서는 **2.2.3절 공유 자원과 동기화 문제**에서 자세히 설명하겠습니다.

## 2.2.2 콘텍스트 스위칭

컴퓨터에서 동시에 처리할 수 있는 최대 작업 수는 CPU의 코어(core) 수와 같습니다. 다음 그림처럼 코어가 4개인 쿼드코어 CPU는 최대 4개의 작업을 동시에 처리할 수 있습니다.

그림 2-16 **CPU 코어 확인**

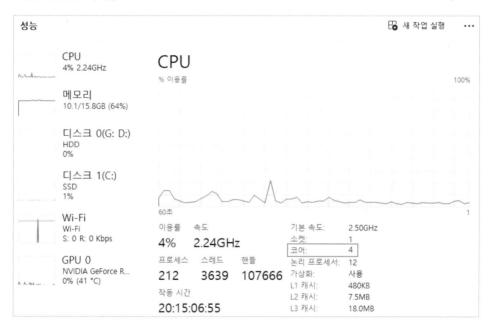

하지만 실제로 컴퓨터를 사용할 때를 생각해보면 CPU의 코어 수보다 훨씬 많은 작업을 동시에 처리합니다. 유튜브로 동영상을 보면서 워드 프로그램으로 문서 작업을 하는 동시에 포토샵으로 사진을 편집해 웹에 올리면서 메신저로 메시지도 주고받습니다. 어떻게 CPU의 코어 수보다 많은 작업을 한꺼번에 처리할 수 있을까요? 그 답은 바로 **콘텍스트 스위칭**(context switching)에 있습니다.

보통 컴퓨터에서 CPU의 코어 수보다 더 많은 작업이 실행되면 각 코어는 정해진 시간 동안 여러 작업을 번갈아가며 수행합니다. 굉장히 빠른 속도로 작업을 수행하기 때문에 여러 작업이 동시에 실행되는 것처럼 느껴지는데, 이를 멀티태스킹(multi-tasking)이라고 합니다. 멀티태스킹을 할 때는 여러 작업을 번갈아가며 할 수 있도록 실행 중인 작업을 교체하는데, 이를 콘텍스트 스위칭이라고 합니다. 콘텍스트 스위칭이 일어나면 프로세스나 스레드가 번갈아가며 CPU를 할당받아 실행됩니다.

그림 2-17 **콘텍스트 스위칭**

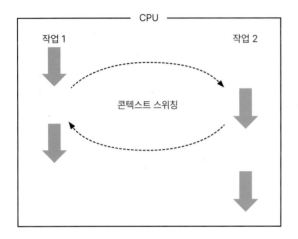

### 2.2.3 공유 자원과 동기화 문제

앞에서 프로세스 내에 스레드가 여러 개 있으면 코드 영역, 데이터 영역, 힙 영역 등의 프로세스 자원을 공유하면서 실행된다고 했습니다. 이때 여러 스레드가 프로세스의 변수나 메모리 등의 자원을 함께 사용하기 때문에 **공유 자원**(shared resource) 문제가 발생하기도 하는데, 대표적으로 **경쟁 조건**(race condition)을 들 수 있습니다.

경쟁 조건은 2개 이상의 스레드가 동시에 같은 자원에 접근해 읽기나 쓰기 작업을 수행했을 때 발생합니다. 예를 들어 한 계좌에 두 사람이 동시에 송금하는 경우를 생각해봅시다. A와 B라는 사람이 K 계좌에 동시에 10,000원을 송금했다면 K 계좌에는 총 20,000원이 입금돼야 합니다. 하지만 경쟁 조건 문제가 발생하면 10,000원만 입금될 수도 있습니다. 하나의 자원에 둘 이상의 작업이 동시에 이뤄져 예측할 수 없는 결과가 나타난 것입니다.

그림 2-18 동시에 송금했을 때 경쟁 조건 문제가 발생한 경우

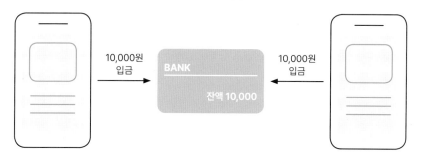

이렇게 경쟁 조건 문제가 발생할 수 있는 코드상의 특정 부분을 **임계 영역**(critical section)이라고 합니다. 임계 영역에서 경쟁 조건 문제가 발생하지 않으려면 다음 세 가지를 만족해야 합니다.

- **상호 배제(mutual exclusive):** 하나의 스레드가 임계 영역에서 실행 중일 때는 다른 스레드가 임계 영역에 들어갈 수 없습니다.

- **진행(progress):** 임계 영역에서 실행 중인 스레드가 없을 때만 다른 스레드가 임계 영역에 들어갈 수 있습니다.

- **한정 대기(bounded waiting):** 특정 스레드가 임계 영역을 무한히 기다리지 않습니다. 어떤 스레드이든 유한한 시간이 지나면 임계 영역에 들어갈 수 있습니다.

## 2.2.4 운영체제 정리

운영체제는 원론적인 내용이 많아 입문자가 공부하기에는 학습 난도가 상당히 높습니다. 그러나 운영체제를 깊이 이해할수록 시장에서 인정받는 개발자로 성장할 수 있습니다. 예를 들어 백엔드 프레임워크 기술인 Node.js(노드)는 싱글스레드를 사용하고, 스프링 부트는 멀티스레드를 사용합니다. 따라서 스레드의 개념을 이해하고 싱글스레드와 멀티스레드의 차이를 알면 백엔드 개발 시 동시성 프로그래밍을 효과적으로 할 수 있습니다.

이 절에서는 운영체제의 프로세스 관리 기능을 살펴봤는데, 좀 더 깊이 있게 공부하고 싶다면 다음 키워드를 검색해보기 바랍니다.

- 뮤텍스(mutex)

- 세마포어(semaphore)

- 데드록(deadlock)

- 기아 현상(starvation)

- 식사하는 철학자 문제(dining-philosopher problem)

- 피터슨 알고리즘(Peterson's algorithm)

- CPU 스케줄링 알고리즘: FCFS, SJF, SRF, RR

# 2.3 데이터베이스

클라이언트와 서버가 네트워크 통신을 통해 주고받는 것은 데이터이고, 이 데이터는 데이터베이스에 저장해 관리합니다. 백엔드 개발을 위해 알아야 할 데이터베이스의 기본 개념을 살펴봅시다.

## 2.3.1 데이터베이스와 DBMS

데이터의 사전상 의미는 '현실 세계에서 관찰하거나 측정해 얻은, 가공되지 않은 사실이나 값'입니다. 일상에서 보고 느끼고 만지는 모든 것을 어딘가에 기록한다면 무엇이든 데이터가 될 수 있습니다.

처음에는 데이터를 **파일 시스템**(file system) 방식으로 관리했습니다. 파일 시스템의 경우 데이터를 개별 파일에 저장해 관리하는데, 이는 데이터의 양이 늘어날수록 관리하기가 어렵고 비용 부담이 크다는 것이 단점입니다. 그래서 파일 시스템의 단점을 극복하고 데이터를 보다 체계적으로 관리하기 위해 데이터베이스가 만들어졌습니다. 'data(자료)'와 'base(기반)'가 합쳐진 말이라는 것에서도 알 수 있듯이 데이터베이스는 데이터를 저장하는 일종의 거대한 창고입니다.

창고를 만들었다면 창고를 관리하는 시스템도 있어야 합니다. 데이터베이스에 있는 데이터를 효율적으로 관리하기 위해 사용하는 시스템을 **DBMS**(DataBase Management System)라고 합니다. 데이터베이스는 그 자체로 조직화된 데이터의 집합일 뿐, 데이터베이스에 접근해 데이터를 생성·조회·수정·삭제하려면 DBMS라는 소프트웨어를 사용해야 합니다.

다음 그림은 데이터베이스, DBMS, 응용 프로그램의 관계를 보여줍니다. DBMS는 데이터베이스에 저장된 데이터를 여러 응용 프로그램이 사용할 수 있도록 통합 저장 및 관리하는 역할을 합니다.

그림 2-19 **DBMS의 역할**

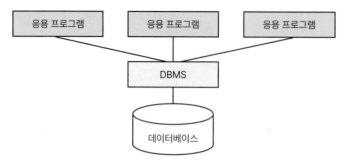

DBMS에서 데이터를 생성·조회·수정·삭제하는 과정은 **4장 DBMS**에서 자세히 설명하겠습니다.

## 2.3.2 데이터 저장 방식

데이터는 데이터베이스에 어떤 형태로 저장될까요? 이를 이해하는 데 필요한 기본 개념을 먼저 짚고넘어갑시다.

### 엔티티와 속성

**엔티티**(entity)는 데이터베이스에서 표현하려는 유·무형의 객체를 뜻합니다. 일반적으로 사람, 장소, 물건, 사건, 개념 등과 같은 명사가 엔티티에 해당합니다.

**속성**(attribute)은 엔티티의 성질을 나타내는 엔티티의 구성 요소로, 어떤 사물의 성질이나 특징을 말합니다. 예를 들어 어느 쇼핑몰에서 회원 정보를 관리하는 경우에 '회원'이 엔티티라면 회원의 '회원번호', '이름', '나이', '주소' 등은 속성에 해당합니다.

그림 2-20 **엔티티와 속성**

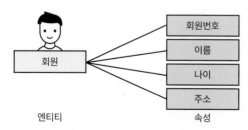

### 릴레이션

**릴레이션**(relation)은 데이터베이스에서 데이터를 저장하는 기본 단위입니다. 일반적으로 엔티티에 관한 데이터를 릴레이션 하나에 담아 관리합니다. 예를 들어 '회원' 엔티티는 '회원' 릴레이션으로 관리합니다.

데이터를 행과 열로 이뤄진 표 형태로 저장하는 관계형 데이터베이스에서는 릴레이션을 **테이블**(table)이라고 합니다. 다음 그림은 '회원' 엔티티를 테이블로 표현한 것입니다. 회원 테이블은 '회원번호', '이름', '나이', '주소'라는 속성으로 구성되는데, 이렇게 테이블에 쌓이는 행 단위의 데이터를 **튜플**(tuple)이라고 합니다.

그림 2-21 **회원 테이블**

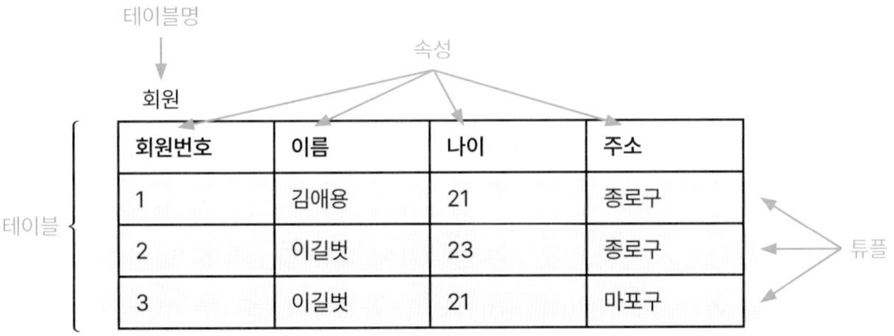


| 회원번호 | 이름 | 나이 | 주소 |
|---|---|---|---|
| 1 | 김애용 | 21 | 종로구 |
| 2 | 이길벗 | 23 | 종로구 |
| 3 | 이길벗 | 21 | 마포구 |

### 도메인

**도메인**(domain)은 릴레이션 내의 각 속성이 가질 수 있는 값의 집합을 말합니다. 회원 테이블의 이름 속성은 도메인이 {2~10글자 문자열} 형태의 집합이고, 나이 속성의 도메인은 {×~×××} 형태의 숫자 집합입니다.

### 키

테이블 내 속성 간의 관계와 테이블 간의 관계를 좀 더 명확하게 하기 위해 지정된 특별한 속성을 **키**(key)라고 합니다. 키에는 슈퍼키, 후보키, 대체키, 기본키, 외래키 등이 있는데, 이 중에서 기본키와 외래키에 대해 알아보겠습니다.

- **기본키**

  기본적으로 키는 테이블을 구성하는 여러 속성 중 단일 속성 혹은 여러 속성의 집합으로 설정할 수 있습니다. 이는 곧 하나의 속성이 키가 될 수도 있고, 여러 속성이 합쳐져서 키가 될 수도 있다는 뜻입니다.

**기본키**(PK, Primary Key)는 유일성과 최소성을 충족하는 키를 말합니다. **유일성**(uniqueness)이란 속성 값이 중복되면 안 된다는 것이고, **최소성**(minimality)이란 키가 최소한의 속성으로 구성돼야 한다는 것입니다. 즉 기본키는 최소한의 속성으로 구성되며 중복되는 속성 값이 없습니다.

**그림 2-21**의 회원 테이블에서 회원번호 속성은 각 튜플마다 중복되지 않고 고유한 값을 가집니다. 반면에 이름 속성은 '이길벗'과 같이 중복되는 값(동명이인)을 허용하고, 나이 속성도 '21'과 같이 중복되는 값을 허용하며, 주소 속성도 '종로구'와 같이 중복되는 값을 허용합니다. 따라서 유일성과 최소성을 충족하는 회원번호 속성을 기본키로 지정할 수 있습니다. 테이블의 각 튜플이 구별돼야 하므로 반드시 기본키가 있어야 합니다.

● **외래키**

**외래키**(FK, Foreign Key)는 다른 테이블의 기본키를 참조하는 키로, 두 테이블 간의 관계를 나타내기 위해 사용합니다. 예를 들어 회원 테이블과 주문 테이블이 있다고 합시다. 주문 테이블에는 어떤 회원이 어떤 상품을 주문했는지에 대한 정보가 담겨 있습니다. 따라서 주문 테이블에는 회원 테이블의 기본키인 회원번호가 필요해 이를 회원 테이블에서 참조해 저장하는데, 이를 외래키라고 합니다.

그림 2-22 **외래키의 개념**

회원 ┌─ 기본키

| 회원번호 | 이름 | 나이 | 주소 |
|---|---|---|---|
| 1 | 김애용 | 21 | 종로구 |
| 2 | 이길벗 | 23 | 종로구 |
| 3 | 이길벗 | 21 | 마포구 |

참조

주문 ┌─ 외래키

| 주문번호 | 주문자 회원번호 | 상품 |
|---|---|---|
| A_01 | 1 | 김 |
| A_02 | 1 | 귤 |
| A_03 | 3 | 쇠고기 |

### 2.3.3 데이터베이스 설계

데이터베이스 설계는 사용자의 요구 사항을 기반으로 현실 세계를 반영한 데이터베이스의 구조를 만드는 과정을 말합니다. 예를 들어 **그림 2-22**의 주문 목록과 회원 정보를 같은 테이블에 보관한다면 회원 정보를 조회할 때마다 필요하지도 않는 주문 목록이 같이 조회될 것입니다. 이렇게 비효율적이고 불필요한 상황을 방지하기 위해 데이터베이스 구축 단계에서 데이터베이스 구조를 설계합니다.

데이터베이스 설계는 요구 사항 분석, 개념적 설계, 논리적 설계, 물리적 설계 순으로 진행됩니다.

#### 요구 사항 분석

최적의 데이터베이스 구조를 설계하려면 필요한 요구 사항을 파악하고 분석해야 합니다. 예를 들어 '쇼핑몰 사이트의 회원 가입 기능을 구현하려면 회원번호, 이메일, 비밀번호, 이름, 나이가 필요하다'고 사전에 분석할 수 있습니다.

#### 개념적 설계

개념적 설계는 크게 엔티티와 속성 추출, 관계 추출로 나뉩니다.

● **엔티티와 속성 추출**

요구 사항 분석으로 얻은 의미 있는 명사와 그 성질을 추출하는 작업입니다. 따라서 해당 서비스의 요구 사항을 충족하기 위해 무엇을 엔티티로 정할지 고민해야 합니다. 예를 들어 '쇼핑몰 사이트에 회원 가입을 하려면 회원번호, 이메일, 비밀번호, 이름, 나이가 필요하다'라는 요구 사항에서 '회원'을 엔티티로 정하고 '회원번호', '이메일', '비밀번호', '이름', '나이'를 속성으로 추출할 수 있습니다.

그림 2-23 **엔티티와 속성 추출**

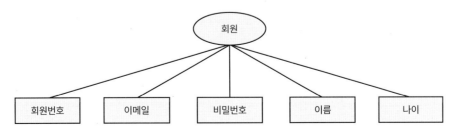

● **관계 추출**

엔티티와 엔티티의 관계를 표현하는 동사를 추출하는 과정입니다. 예를 들어 다음과 같은 요구 사항을 구현하는 경우를 생각해봅시다.

- 회원은 여러 상품을 주문할 수 있고, 하나의 상품을 여러 회원이 주문할 수 있다.

- 회원이 상품을 주문하면 주문에 대한 주문번호, 주문자 회원번호, 주문 상품번호, 주문량, 배송지, 주문일 정보를 유지해야 한다.

위의 요구 사항에서 '회원'과 '상품'을 엔티티로 추출하고 두 엔티티를 '주문'이라는 관계로 엮을 수 있습니다. 또한 한 회원이 여러 상품을 주문하기도 하고 한 상품을 여러 회원이 주문하기도 하므로 두 엔티티를 N:M(다대다) 관계로 지정할 수 있습니다.

다음 그림은 회원, 상품 엔티티와 주문 관계를 **ERD**(Entity Relationship Diagram)로 나타낸 것입니다. ERD는 엔티티와 엔티티의 관계를 나타내는 다이어그램입니다.

그림 2-24 **관계 추출**

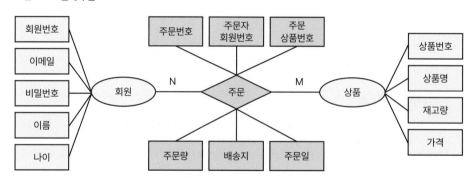

논리적 설계

개념적 설계 단계에서 만든 ERD를 바탕으로 각 속성의 도메인과 제약 조건 등을 결정하고 문서화합니다. 예를 들어 다음과 같은 세부 사항을 결정하는 작업이 이 단계에서 이뤄집니다.

- 회원 엔티티의 이름 속성은 문자열의 길이가 2~10이고, 반드시 String 타입이어야 하며, 빈 값이 존재해서는 안 된다.

- 회원 엔티티 하나는 여러 개의 상품을 구매할 수 있어야 한다.

**물리적 설계**

개념적 설계와 논리적 설계를 통해 구성한 데이터베이스 구조를 실제로 우리가 사용하는 컴퓨터 안에서 구현할 수 있도록 설계하는 단계입니다. 데이터베이스의 데이터를 하드디스크 등의 물리적 저장 장치에 담을 수 있도록 데이터의 저장 방식, 접근 경로, 탐색 기법 등을 설계합니다.

## 2.3.4 데이터베이스 정규화

데이터베이스 설계 과정을 통해 여러 엔티티와 관계를 추출했더라도 완벽을 보장할 수는 없습니다. **이상 현상**(anomaly)이 발생할 수 있기 때문입니다. 앞에서 예로 든 쇼핑몰의 경우 데이터베이스 설계를 하는 이유가, 주문 목록과 회원 정보를 같은 테이블에 보관하면 회원 정보를 조회할 때마다 필요하지 않은 주문 목록이 같이 조회되는 부작용을 피하기 위함인데, 이러한 부작용을 이상 현상이라고 합니다.

이상 현상은 다음과 같이 세 가지로 구분됩니다.

- **삽입 이상(insertion anomaly):** 새로운 데이터를 삽입할 때 불필요한 데이터가 함께 삽입되는 현상입니다. 예를 들어 주문 목록과 회원 정보가 한 테이블에 저장돼 있는데 신규 회원이 가입하면, 회원 정보와 함께 있지도 않은 주문 목록을 함께 삽입해야 하는 경우입니다.

- **갱신 이상(update anomaly):** 중복된 데이터 값 중 일부 값만 변경함으로써 데이터가 불일치되는 현상입니다. 예를 들어 종로구의 행정 명칭이 신종로구로 바뀌었는데 테이블의 일부 주소만 신종로구로 바뀌고 나머지는 종로구인 경우입니다.

- **삭제 이상(delete anomaly):** 특정 데이터를 삭제할 때 다른 데이터까지 삭제되는 현상입니다. 예를 들어 주문 목록과 회원 정보가 한 테이블에 저장돼 있는데, 김애용이 주문을 취소했을 때 김애용의 주문 목록만 삭제되는 것이 아니라 김애용의 회원 정보까지 삭제되는 경우입니다.

이러한 이상 현상을 방지하려면 **정규화**(normalization)를 수행해야 합니다. 한 테이블에 필요 없는 속성이 저장되는 것을 최대한 막아 저장 공간을 효율적으로 사용하고, 각종 수정으로 인해 데이터가 불일치되는 위험을 줄임으로써 데이터가 항상 일관된 값을 유지할 수 있도록 정규화를 수행합니다.

## 정규화 방법

정규화는 제1정규화(1NF), 제2정규화(2NF), 제3정규화(3NF), BCNF, 제4정규화(4NF), 제5정규화(5NF)와 같이 여러 단계를 거치며 하나의 테이블을 분해해 이상 현상이 발생하지 않게 합니다. 정규화 과정을 거치며 더 이상 이상 현상이 발생하지 않으면 테이블 분해를 멈춥니다. 여기서는 제1정규화와 제2정규화에 대해 설명하겠습니다. 나머지 정규화 방법은 데이터베이스를 본격적으로 공부할 때 배우기 바랍니다.

제1정규화는 테이블 한 칸, 즉 속성 값 하나에 2개 이상의 값이 들어가면 안 된다는 것입니다. 다음 그림의 학생 테이블에서는 김애용의 전공 속성 값이 2개이므로 제1정규화 원칙에 어긋납니다.

그림 2-25 **제1정규화 원칙에 어긋나는 테이블**

학생

| 이름 | 전공 | 전화번호 |
| --- | --- | --- |
| 김애용 | 컴퓨터공학과, 국문과 | 010-1111-2222 |
| 이길벗 | 철학과 | 010-3333-4444 |

따라서 제1정규화를 충족하려면 다음과 같이 전공 속성 값을 2개의 튜플로 분해해야 합니다.

그림 2-26 **제1정규화 원칙에 맞게 개선된 테이블**

학생

| 이름 | 전공 | 전화번호 |
| --- | --- | --- |
| 김애용 | 컴퓨터공학과 | 010-1111-2222 |
| 김애용 | 국문과 | 010-1111-2222 |
| 이길벗 | 철학과 | 010-3333-4444 |

제2정규화는 제1정규화를 만족하는 테이블에 대해 수행하는 것으로, 속성 중 하나라도 기본키에 부분적 함수 종속이 되면 안 된다는 것입니다. 예를 들어 **그림 2-27**에서 수강 테이블의 기본키는 (학생번호, 과목)으로 구성된 복합키입니다. 여기서 기본키를 제외한 나머지 속성은 기본키에 종속됩니다. 즉 (학생번호, 과목)으로 지도교수를 구별할 수 있고, 성적도 구별할 수 있습니다. 그런데 자세히 보면 지도교수는 과목만 있어도 구별할 수 있습니다.

이렇게 기본키 중 특정 속성에만 종속된 속성이 있는 것을 부분적 함수 종속이라고 합니다. 제2정규화는 테이블을 분해해 부분적 함수 종속을 제거합니다.

그림 2-27 **제2정규화의 예**

수강

| 학생번호 | 과목 | 지도교수 | 성적 |
|---------|------|---------|------|
| 1001 | 자료구조 | 제리 | 100 |
| 1001 | DB | 찰스 | 60 |
| 1002 | 네트워크 | 인직 | 70 |
| 1003 | 자료구조 | 제리 | 100 |
| 1003 | 알고리즘 | 위버 | 90 |

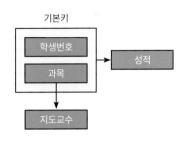

제2정규화

수강

| 학생번호 | 과목 | 성적 |
|---------|------|------|
| 1001 | 자료구조 | 100 |
| 1001 | DB | 60 |
| 1002 | 네트워크 | 70 |
| 1003 | 자료구조 | 100 |
| 1003 | 알고리즘 | 90 |

교수

| 과목 | 지도교수 |
|------|---------|
| 자료구조 | 제리 |
| DB | 찰스 |
| 네트워크 | 인직 |
| 알고리즘 | 위버 |

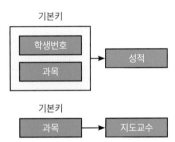

## 2.3.5 트랜잭션

**트랜잭션**(transaction)은 하나의 논리적 기능을 수행하기 위한 작업의 단위 또는 한꺼번에 수행돼야 할 일련의 연산을 의미합니다. 일반적으로 데이터베이스에서 데이터를 조작하는 연산을 할 때 트랜잭션 단위로 묶어 수행합니다.

계좌 이체를 예로 들어보겠습니다. A는 100만 원을 가지고 있고 B는 50만 원을 가지고 있을 때 A가 B에게 30만 원을 이체하는 경우에 '이체'는 트랜잭션이 될 수 있습니다. 이체 트랜잭션은 다음과 같은 연산으로 이뤄집니다.

❶ A의 잔고가 30만 원 이상인지 조회합니다.

❷ A의 잔고를 70만 원(100만 원 − 30만 원)으로 수정합니다.

❸ B의 잔고를 80만 원(50만 원+30만 원)으로 수정합니다.

만약 ❶~❸ 과정을 트랜잭션 단위로 수행하는 것이 아니라 각각을 개별 연산으로 수행한다고 가정해봅시다. ❶, ❷를 수행하고 ❸을 수행하던 중 시스템 오류로 작업이 중단됐을 때, A의 잔고는 이체되고 남은 70만 원이지만 B의 잔고에는 ❸이 반영되지 않아 잔고가 50만 원이라면 30만 원이 증발한 것입니다. 이러한 일을 방지하기 위해 데이터베이스에서는 모든 작업을 트랜잭션 단위로 수행합니다. 트랜잭션이 정상적으로 처리됐다면 **커밋**(commit)을 수행해 작업을 완료하고, 트랜잭션 단위로 작업을 수행하다가 오류가 발생하면 작업을 하기 전 상황으로 되돌리는 **롤백**(rollback)을 합니다.

그림 2-28 **커밋과 롤백**

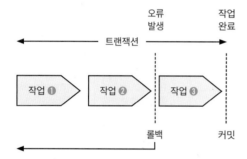

## 2.3.6 데이터베이스 정리

데이터베이스는 웹 애플리케이션의 데이터를 효과적으로 관리하고 웹 애플리케이션과 사용자의 정보 교환을 최적화하는 데 필요한 기술과 원칙을 제공합니다. 데이터베이스를 깊이 있게 이해하면 백엔드 개발자로서의 능력을 다각도로 확장하고 웹 애플리케이션의 성능과 신뢰성을 향상할 수 있습니다.

DBMS는 크게 RDBMS와 NoSQL로 나뉩니다. RDBMS와 NoSQL에서 데이터를 어떻게 저장하고 관리하는지는 **4장 DBMS**에서 자세히 살펴볼 것이므로 추가 학습을 위한 키워드를 생략하겠습니다.

# 2.4

# 자료구조

**자료구조**(data structure)는 데이터를 어떤 형식으로 조직해 저장할 것인지와 관련됩니다. 참고로 **알고리즘**(algorithm)은 각각의 자료구조로 표현된 데이터를 이용해 문제를 해결하는 과정을 말합니다.

프로그램의 성능은 어떤 자료구조를 사용하느냐에 따라 좌우됩니다. 각 자료구조의 특징을 이해하고, 프로그램이 구현해야 할 문제에 맞게 자료구조를 사용하는 것은 개발자의 핵심 역량 중 하나입니다. 백엔드 개발뿐만 아니라 프로그램을 개발하는 데 기초가 되는 자료구조에 대해 알아봅시다.

## 2.4.1 배열

**배열**(array)은 정수형이면 정수형, 문자형이면 문자형처럼 동일한 데이터 타입의 여러 데이터를 저장하는 자료구조입니다. 데이터 하나하나의 크기가 모두 같고, 메모리상의 연속된 공간에 데이터가 저장됩니다.

다음 그림은 정수형 데이터 10개가 저장된 배열을 나타낸 것입니다. 배열에 저장된 각 데이터를 **요소**(element)라고 하며, 요소의 위치는 0부터 시작하는 **인덱스**(index)로 구분됩니다.

그림 2-29 배열

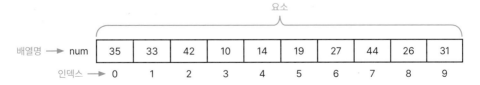

배열에서 각 요소를 탐색하는 시간은 **시간 복잡도**(time complexity)로 O(1), 삽입 또는 삭제

하는 시간은 맨 마지막 요소의 경우 O(1), 가운데 요소의 경우 O(n)이 소요됩니다. 여기서 O(1)은 항상 동일한 상수(1)만큼의 시간이 걸린다는 의미이고, O(n)은 요소의 수(n)에 비례해 요소의 수가 많을수록 더 많은 시간이 걸린다는 의미입니다. 자세한 내용은 다음 **NOTE**를 참고하세요.

**NOTE** 시간 복잡도

시간 복잡도는 쉽게 말해 삽입, 삭제와 같은 알고리즘 연산을 수행하는 데 걸리는 시간을 의미합니다. 보통 '최악의 경우 얼마의 시간이 걸리는지'를 나타내는 **빅오**(Big-O) 표기법을 많이 사용합니다. 다음은 빅오 표기법으로 작성한 시간 복잡도의 예입니다.

- **O(1)**: 상수 시간 복잡도입니다. 입력되는 요소 수에 상관없이 항상 동일한 시간이 걸립니다.
- **O(log n)**: 로그 시간 복잡도입니다. 로그는 지수적으로 증가하는 값으로, 입력되는 요소 수가 많아져도 비교적 시간 상승폭이 완만합니다.
- **O(n)**: 선형 시간 복잡도입니다. 입력되는 요소 수에 비례해 시간이 걸립니다.
- **O(n²)**: 제곱 시간 복잡도입니다. 입력되는 요소 수의 제곱에 비례해 시간이 걸립니다.

다음 그림은 알고리즘에 입력되는 요소 수에 따른 알고리즘 수행 시간, 즉 시간 복잡도를 비교한 그래프입니다. 보통 O(n²) 이상부터 알고리즘의 성능이 좋지 않다고 봅니다. 그러나 성능 평가는 상대적인 것이라 경우에 따라 좋고 나쁨이 달라질 수 있습니다.

그림 2-30 **입력되는 요소 수에 따른 알고리즘 수행 시간**

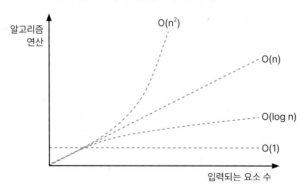

배열에서 마지막 요소를 삽입하거나 삭제할 때는 다른 요소에 영향을 주지 않지만, 가운데 요소를 삽입하거나 삭제할 때는 남은 요소를 하나씩 이동해야 합니다. 다음 그림에서는 3번 요소를 삭제하면 4~9번 요소를 모두 왼쪽으로 한 칸씩 이동해야 합니다. 그러므로 배열에서 삽입하거나 삭제하는 데 걸리는 시간 복잡도는 O(n)이며, 이는 탐색에 걸리는 시간 복잡도 O(1)보다 높습니다. 이러한 이유로 배열은 삽입과 삭제보다 탐색의 비중이 높은 경우에 많이 사용합니다.

그림 2-31 배열의 요소 삭제

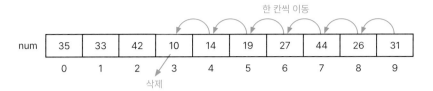

## 2.4.2 연결 리스트

**연결 리스트**(linked-list)는 포인터를 통해 여러 노드(node)가 연결돼 있는 자료구조입니다. 각 노드는 데이터를 저장하는 공간과 다음 노드를 가리키는 포인터 공간으로 구성됩니다. 이러한 구조 덕분에 연결 리스트는 삽입이나 삭제에 걸리는 시간이 O(1)로 빠른 편입니다. 노드를 삽입하려면 새 노드를 만들어 노드 사이에 포인터로 연결하고, 노드를 삭제하려면 바로 앞의 포인터만 바꾸면 되기 때문입니다.

그림 2-32 **연결 리스트**

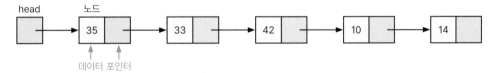

다음 그림에서 세 번째 노드를 삭제하는 경우, 만약 배열이라면 그 뒤의 노드를 전부 한 칸씩 이동해야 하지만 연결 리스트에서는 바로 앞에 있는 노드의 포인터가 네 번째 노드를 가리키도록 수정하면 됩니다.

그림 2-33 **연결 리스트의 노드 삭제**

<삭제 전>

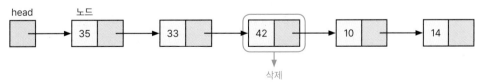

<삭제 후>

그러나 연결 리스트는 특정 데이터가 몇 번째 노드에 위치하는지 직접적으로 알 수 없기 때문에 탐색 시 노드를 순회하며 데이터를 찾아야 합니다. 그래서 탐색 시간에 O(n)이 소요되는 단점이 있습니다.

### 2.4.3 스택

**스택**(stack)은 찬장에 쌓여 있는 접시 더미처럼 말 그대로 '더미'를 의미합니다. 스택의 가장 큰 특징은 **후입선출**(LIFO, Last-In-First-Out)입니다. 즉 가장 먼저 들어온 데이터가 가장 나중에 나갑니다. 스택에 데이터를 삽입하는 것을 **푸시**(push), 데이터를 삭제하는 것을 **팝**(pop)이라고 하며, 스택 상단을 가리키는 top 포인터로 삽입과 삭제를 수행합니다.

그림 2-34 **스택의 삽입과 삭제**

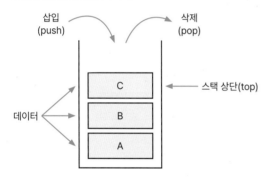

### 2.4.4 큐

**큐**(queue)의 특징은 스택과 반대로 **선입선출**(FIFO, First-In-First-Out)입니다. 즉 가장 먼저 들어온 데이터가 가장 먼저 나갑니다.

은행에 가서 창구의 직원을 만나려면 번호표를 뽑고 순서를 기다립니다. 뽑은 번호표의 순서대로 볼일을 보는데, 큐는 이러한 체계에 비유할 수 있습니다. 큐에서 삽입은 맨 뒤 데이터를 가리키는 rear 포인터로 실행하고, 삭제는 맨 앞 데이터를 가리키는 front 포인터로 실행합니다. 예를 들어 다음 그림에서 데이터 A를 삭제하면 front는 데이터 B를 가리킵니다.

그림 2-35 **큐의 삽입과 삭제**

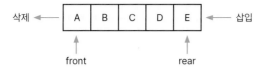

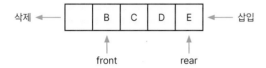

## 2.4.5 그래프

**그래프**(graph)는 정점과 간선으로 이뤄진 자료구조입니다.

- **정점(vertex):** 데이터가 저장되며, 노드라고도 합니다.

- **간선(edge):** 정점을 연결하는 선으로 링크(link) 또는 브랜치(branch)라고도 합니다.

집을 나서 학교에 가는 경우를 예로 들자면, 집과 학교는 정점이 되고 학교로 가는 길은 간선이 됩니다. 집에서 학교로 가는 길이 있으면, 반대로 학교에서 집으로 오는 길도 있을 것입니다. 즉 간선에는 방향이 존재하는데, 이러한 그래프를 **방향 그래프**(directed graph)라고 합니다. 또한 이와 반대인 **무방향 그래프**(undirected graph)도 있습니다.

그림 2-36 **방향 그래프와 무방향 그래프**

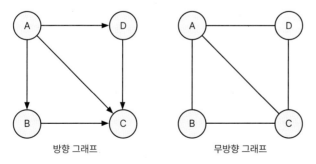

## 2.4.6 트리

**트리**(tree)는 그래프의 일종으로, 계층적 데이터의 집합입니다. 트리는 루트 노드(최상위 노드)에서 시작해 내부 노드(중간 노드), 리프 노드(자식이 없는 노드)로 이어지는 부모-자식 형태의 계층 구조로 이뤄집니다. 다음 그림에서는 루트 노드인 0을 제외한 모든 노드가 부모를 가지고 있으며, 리프 노드를 제외한 모든 노드가 자식을 가지고 있습니다.

그림 2-37 **트리**

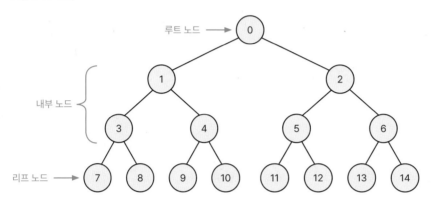

## 2.4.7 맵

**맵**(map)은 키-값(key-value)의 쌍으로 이뤄진 데이터의 집합입니다. 키는 중복되면 안 되지만 값은 중복이 허용됩니다. 맵은 순서가 없는 대신 키를 이용해 빠르게 탐색할 수 있습니다.

그림 2-38 **과목별 강의실을 나타낸 맵**

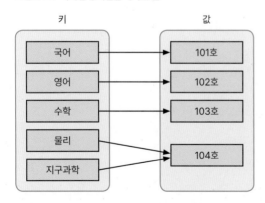

## 2.4.8 자료구조 정리

자료구조는 프로그래밍을 하기 위해서뿐만 아니라 취업을 위한 코딩 테스트를 대비하기 위해서도 공부해야 합니다. 특히 각 자료구조에서 검색·삽입·삭제하는 방법을 알아두기 바랍니다.

이 절에서는 다양한 자료구조를 살펴봤는데, 좀 더 깊이 있게 공부하고 싶다면 다음 키워드를 검색해보기 바랍니다.

- 선형 자료구조, 비선형 자료구조

- 해시 테이블

- 이진 트리

- 이진 검색 트리

- 힙

- 우선순위 큐

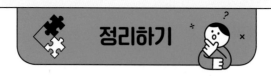

이 장에서는 네트워크, 운영체제, 데이터베이스, 자료구조를 살펴봤습니다. 이 많은 주제를 언제 다 공부하나 싶어 막막한 독자도 있겠지만, 걱정하지 마세요. 이론적인 지식은 차차 쌓아가면 됩니다.

이제 막 백엔드 개발을 공부하기 시작했다면 CS 지식을 깊게 파고 들기보다는 작은 프로젝트를 해보며 코딩에 흥미를 가지는 것이 좋습니다. 이론적인 내용을 외우는 것보다 프로그램 구현에 재미를 붙이는 것이 더 중요합니다.

지금은 본문에서 배운 개념을 머릿속에 넣어두고, 코딩에 익숙해졌을 때 네트워크, 운영체제, 데이터베이스, 자료구조 전공 서적을 통해 공부하세요. CS 지식과 프로그래밍의 원리가 합쳐져 더 잘 이해할 수 있을 것입니다.

MEMO

# 백엔드 개발 언어와
# 프레임워크

백엔드 개발 세계에는 다양한 프로그래밍 패러다임, 개발 언어, 프레임워크가 있습니다. 이러한 언어와 기술은 모두 유지·보수를 용이하게 하기 위한 것입니다. 예컨대 예전에는 소스 코드를 수정했을 때 수정한 부분 외에 다른 부분에도 영향을 끼치는 부수 효과(side effect)가 있었습니다. 그러나 각종 프로그래밍 패러다임, 타입형/논타입형(none typed) 언어, 프레임워크가 등장하면서 부수 효과가 개선됐습니다. 이 사실을 염두에 두고 본격적으로 백엔드 개발 언어와 프레임워크에 대해 알아봅니다.

백엔드
시작하기

CS 기초 지식 ········▶ 네트워크

운영체제

백엔드 개발 언어와
프레임워크

데이터베이스

자료구조

RDBMS ◀········ DBMS

NoSQL ◀········

API

레벨업 1

깃 ◀········ 버전 관리 시스템

깃허브

클라우드 컴퓨팅 ········▶ AWS

가상화와 컨테이너 ········▶ 도커

웹 애플리케이션
아키텍처

레벨업 2

테스트와 CI/CD

백엔드 개발 총정리

백엔드 커리어
설계하기

# 3.1

# 들어가기 전에

이 책은 백엔드 로드맵을 토대로 백엔드에서 사용하는 다양한 기술과 동작 방식을 설명함으로써 백엔드 개발을 전반적으로 이해할 수 있도록 이끄는 데 목적이 있습니다. 앞으로 여러 개발 언어와 서비스를 소개하고, 이를 이해하는 데 필요하다면 간단한 코드를 제시하면서 설명하겠습니다.

독자 중에는 백엔드 분야에 이제 막 입문한 사람도 있고, 기본 언어를 배웠거나 프레임워크를 공부 중인 사람도 있을 것입니다. 그러니 이 책에서 제시하는 코드의 문법 하나하나를 몰라도 괜찮습니다. 내용을 읽으면서 '이렇게 동작하는구나' 정도로 이해하면 됩니다.

또한 코드의 실제 동작이 궁금한 독자를 위해 각 장의 마지막 절에 〈추천 프로젝트〉를 수록했습니다. 해당 실습에서 요구하는 선수 지식을 갖추고 있다면 관련 도서나 강의, 구글링 등을 이용해 〈추천 프로젝트〉를 직접 해보기 바랍니다.

〈추천 프로젝트〉는 반드시 해야 하는 것은 아니며 선택 사항입니다. 백엔드 개발을 더 깊게 공부하고 싶은 독자를 위한 것이라 각자의 필요에 따라 해도 되고 넘어가도 됩니다. 이 책의 궁극적인 목적은 백엔드 로드맵을 통해 백엔드 개발의 구조를 이해하고, 앞으로 공부하는 데 필요한 큰 맥락을 잡는 것임을 유념하세요.

자, 그럼 시작해봅시다.

# 3.2 프로그래밍 패러다임

여기저기서 '패러다임'이라는 말을 흔히 사용하고 있습니다. 패러다임은 '이해하는 방식', '사고와 인식의 틀'을 의미합니다. 개발 분야에서도 이 말을 사용하는데, **프로그래밍 패러다임**(paradigm of programming)은 프로그래밍에서 일반적인 문제를 해결하는 데 사용하는 기본적인 철학이나 접근 방식을 가리킵니다. 좋은 구조와 설계가 반영된 코드는 대개 프로그래밍 패러다임에 기반해 작성된 것입니다. 개발자가 프로그래밍 패러다임을 공부하는 것은 새로운 기술을 습득하고, 코드의 가독성, 유지·보수성, 성능을 최적화하며, 당면한 문제를 유연하게 해결하기 위해서입니다. 또한 프로그래밍 패러다임에 따라 최적의 개발 언어가 달라지므로 개발자라면 프로그래밍 패러다임을 이해하고 적절한 언어를 선택할 수 있어야 합니다.

프로그래밍 패러다임을 보면 그 시대에 중요한 프로그래밍 관점을 알 수 있습니다. 대표적인 프로그래밍 패러다임인 명령형 프로그래밍, 절차지향 프로그래밍, 객체지향 프로그래밍, 함수형 프로그래밍을 자세히 알아봅시다.

## 3.2.1 명령형 프로그래밍

**명령형 프로그래밍**(imperative programming)은 '어떻게 문제를 해결할 것인가'에 초점을 두고 연속된 명령어로 표현하는 프로그래밍 방식입니다. 사람들이 평소에 쓰는 언어로 명령하는 것과 유사하다고 해서 '명령형'이라는 이름이 붙었습니다.

예를 들어 이름을 입력하면 "hello, 이름"이라는 구문이 출력되는 프로그램을 만드는 경우를 생각해봅시다. 이를 명령형 프로그래밍으로 구현하면 다음과 같습니다.

❶ 이름을 입력받습니다.

❷ 입력된 이름을 읽습니다.

❸ 읽은 이름을 기억합니다.

❹ "hello,"와 "이름"을 결합합니다.

❺ 결합한 결과를 출력합니다.

이처럼 명령형 프로그래밍은 연속된 명령어를 통해 문제를 해결하는 방식으로 프로그램을 작성합니다.


### 3.2.2 절차지향 프로그래밍

**절차지향 프로그래밍**(procedural programming)은 앞서 소개한 명령형 프로그래밍에 속하는 방법론 중 하나입니다. 각 명령에는 순서가 있고, 반드시 한 방향으로 수행돼야 한다는 원칙에 따라 동작합니다. 즉 물이 위에서 아래로 흐르는 것처럼 모든 코드가 정해진 순서대로 실행됩니다. C 언어는 대표적인 절차지향 프로그래밍 언어입니다.

그림 3-1 **절차지향 프로그래밍의 흐름**

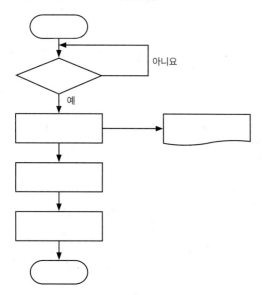

절차지향 프로그래밍 방식으로 작성한 코드는 컴퓨터가 내부적으로 명령을 처리하는 구조와 유사해 실행 속도가 빠릅니다. 그러나 유지·보수와 디버깅이 어렵다는 단점이 있습니다.

예를 들어 C 언어로 작성한 10만 줄짜리 코드가 있다고 합시다. 이 프로그램에 새로운 기능을 추가하려면 10만 줄에 달하는 코드의 흐름을 모두 파악한 후 적절한 위치에 코드를 삽입해야 합니다. 이렇게 코드를 수정했더라도 기존의 실행 순서가 완전히 달라지기 때문에 코드가 올바르게 동작한다고 보장하기 어렵습니다.

기술과 산업이 발전함에 따라 사람들이 더 큰 규모의 서비스를 요구하면서 더욱 구조화되고 거대한 프로그램이 필요하게 됐습니다. 그러나 절차지향 프로그래밍은 코드를 유연하게 수정하기 힘들다는 점에서 시대적 상황에 부응하지 못했고, 이를 극복한 객체지향 프로그래밍이 등장했습니다.

### 3.2.3 객체지향 프로그래밍

**객체지향 프로그래밍**(object-oriented programming)은 실세계를 모델링해 프로그램을 개발하는 방법입니다. 실세계를 모델링한다는 것은 특정 사물의 본질을 '속성'과 '기능'으로 정의한다는 의미입니다. 이렇게 만들어진 모델을 **클래스**(class)라고 하며, 클래스로부터 실체화된 것을 **객체**(object)라고 합니다.

객체지향 방식으로 프로그래밍을 할 때는 어떤 사물의 도면에 해당하는 '클래스'를 정의하고 이 클래스를 실체화한 '객체'를 만들어 객체 간의 상호작용을 통해 프로그램을 만듭니다. 이는 마치 레고 블록을 조립해 하나의 작품을 만드는 것과 같습니다.

그림 3-2 **객체지향 프로그래밍의 개발 방식**

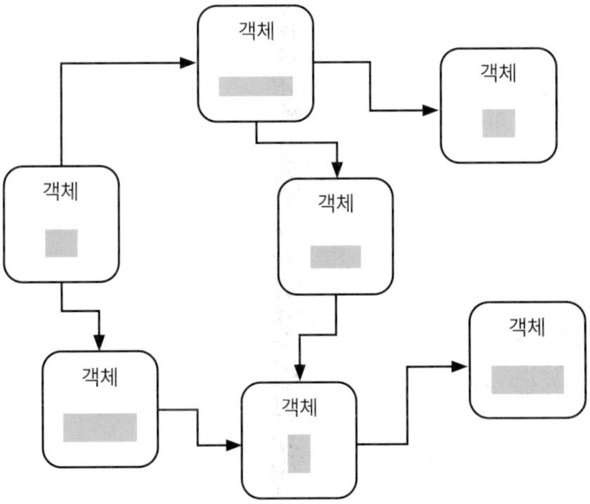

이러한 객체지향 프로그래밍의 주요 특징은 추상화, 캡슐화, 상속입니다.

## 추상화

**추상화**(abstraction)는 공통 속성과 기능을 추출해 이름을 붙이는 과정으로, 객체지향 프로그래밍에서는 클래스를 정의하는 것을 말합니다. 예를 들어 날개가 있는 동물을 묶어서 '새'라고 부르는데, 이 '새'를 클래스로 정의하는 것이 바로 추상화입니다.

'새' 클래스의 속성은 날개, 다리, 부리 등이고 기능은 날기, 걷기, 먹기 등입니다. 이렇게 만든 '새' 클래스의 속성과 기능을 이용하면 비둘기, 까마귀, 참새 등의 객체를 만들 수 있습니다.

- **'새' 클래스의 속성:** 날개, 다리, 부리

- **'새' 클래스의 기능:** 날기, 걷기, 먹기

- **'새' 클래스의 객체:** 비둘기, 까마귀, 참새

이 과정을 의사코드(pseudocode, 프로그램의 동작을 논리적으로 표현한 가짜 코드)로 작성하면 다음과 같습니다.

'새' 클래스 정의

```
class 새 {
    속성 : 날개,
    속성 : 다리,
    속성 : 부리,

    function 날기() {}; // 기능
    function 걷기() {}; // 기능
    function 먹기() {}; // 기능
}

let 참새 = new 새(); // 새 클래스를 이용해 참새라는 객체 생성
```

따라서 추상화는 객체지향 프로그래밍의 구조를 만드는 핵심 개념입니다.

## 캡슐화

**캡슐화**(encapsulation)란 속성과 그 속성을 조작하는 기능(함수)을 하나의 '캡슐'로 묶는 것을

말합니다. 캡슐화를 하는 목적은 외부로 노출하고 싶은 속성이나 기능을 제어하기 위함입니다.

예를 들어 새가 나는 모습을 화면에 출력하기 위해 '새' 클래스를 사용하는 경우 날기() 기능을 이용해 코드를 작성할 것입니다. 이때 프로그래머는 새가 어떻게 나는지 날기() 기능의 내부 코드를 신경 쓰지 않습니다. '새' 클래스에 문제가 있어 수정하거나 새로운 기능을 추가하는 것이 아니고 단순히 사용하기만 하기 때문에 클래스 내부의 구현을 일일이 알 필요가 없습니다. 이와 같이 새가 날고, 걷고, 먹는 것을 구현하는 내부적인 원리를 다 숨기고, 날기·걷기·먹기 기능을 사용하기 위해 필요한 인터페이스만 노출하는 것을 캡슐화라고 합니다.

그림 3-3 '새' 클래스의 캡슐화

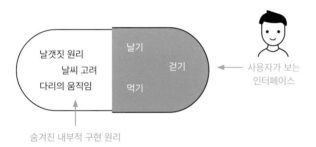

캡슐화를 하면 외부에 노출할 것과 아닌 것을 구별함으로써 불필요한 정보를 노출하지 않을 수 있습니다. 즉 정보 은닉이 가능하다는 장점이 있어 코드의 유지·보수성과 재사용성이 높아집니다. 예를 들어 '새' 클래스의 날갯짓 원리를 수정해야 한다면 내부적으로 숨겨진 날갯짓 원리만 수정하면 됩니다. '새' 클래스를 사용하는 입장에서는 인터페이스가 변경된 것이 아니기 때문에 '새' 클래스를 사용한 코드를 수정할 필요가 없습니다.

## 상속

**상속**(inheritance)이란 기존 상위 클래스의 속성과 기능을 가져다 하위 클래스에서 재사용하는 것을 의미합니다. 예를 들어 새는 날기, 걷기, 먹기만 할 줄 안다고 생각했는데 뛸 수 있는 새가 발견돼 이 새를 '뛰는 새'라는 클래스로 정의한다고 합시다. '뛰는 새'는 기존 새의 속성과 기능을 모두 가진 상태에서 '뛰기'라는 기능만 추가하면 되기 때문에 '새' 클래스를 상속받아 만들 수 있습니다. 이렇게 만들어진 '뛰는 새' 클래스는 '새' 클래스와 **is-a 관계**(is-a relationship)를 이룹니다.

그림 3-4 '새' 클래스의 상속

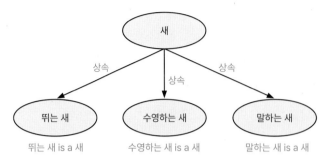

3.2.4 함수형 프로그래밍

1958년에 등장한 **함수형 프로그래밍**(functional programming)은 비교적 오래된 프로그래밍 패러다임입니다. 하지만 하드웨어의 발전으로 근래에 다시 주목받기 시작했습니다. 함수형 프로그래밍의 어떤 특징 때문인지 자세히 알아봅시다.

**불변성**

함수형 프로그래밍의 지향점 중 하나는 '데이터는 일단 생성되면 변하지 않아야 한다'는 **불변성**(immutability)입니다. 그래서 데이터를 변경해야 할 때는 데이터의 원본을 복사한 뒤 복사본을 가지고 변경 작업을 수행합니다.

불변성은 겉으로 보기에 불편하게 여겨질 수 있으나 생각보다 장점이 많습니다. 예를 들어 어떤 변수가 예상치 못한 상황에서 엉뚱한 값으로 바뀔 가능성이 있다면 심각한 문제가 발생할 수도 있습니다. 불변성은 이러한 일이 발생하지 않도록 보장하는데, 이는 다른 말로 '참조 투명성'이 있다고 표현합니다. 이러한 불변성 덕분에 개발자는 자신이 작성한 프로그램이 어떻게 동작할지 예측하고 프로그래밍할 수 있습니다.

**선언형**

명령형 프로그래밍은 '무엇을 어떻게 할 것인지'에 초점을 두는 반면, 함수형 프로그래밍은 '무엇을 할 것인지'에 초점을 둡니다. 마치 컴퓨터에 "나 이거 할 거야!"라고 알려주기만 하는 느낌입니다. 잡다한 일 처리는 컴퓨터가 알아서 하도록 위임하고, 개발자는 문제 해결을 위해 무엇을 할 것인지에만 신경 씁니다. 이러한 성질을 명령형과 반대되는 의미로 **선언형** (declarative)이라고 합니다.

예를 들어 다음과 같은 요구 사항이 주어졌을 때 명령형과 선언형으로 사고하는 방식을 비교봅시다.

> 배열을 순회하며 빈 문자열을 걸러내고, 각 요소의 첫 글자를 대문자로 변경하라.

● **명령형 사고방식**

❶ 변수 i를 0으로 초기화합니다.

❷ i가 배열의 길이보다 작으면 for( ) 문의 내부 코드를 실행합니다.

❸ for( ) 문의 내부 코드 실행이 종료될 때마다 i에 1을 더합니다.

❹ 배열의 i번째 요소에 접근합니다.

❺ 요소의 길이가 0이 아니면 요소의 첫 글자를 대문자로 변경합니다.

❻ 합쳐진 문자열을 새로운 배열에 삽입합니다.

```
const arr = ['e', 'x', 'a', 'm', '', 'p', 'l', 'e']
const result = []
for(let i = 0; i < arr.length; i++) {  ❶~❸
  let current = arr[i];  ❹
  if(current.length !== 0) {
    current.toUpperCase(); // toUpperCase: 문자열을 대문자로 변환  ❺
    result.push(current);  ❻
  }
}
```

● **선언형 사고방식**

❶ 매개변수로 받은 문자열의 첫 글자만 대문자로 변경하는 함수를 선언합니다.

❷ 배열에서 요소의 길이가 0이 아닌 것을 걸러냅니다.

❸ 걸러진 배열을 순회하면서 ❶에서 선언한 함수를 사용해 요소의 첫 글자를 대문자로

변경합니다.

```
function firstToUpperCase(word) ❶
{
  return word.toUpperCase()
}
const result = ['e', 'x', 'a', 'm', '', 'p', 'l', 'e']
                      .filter(current => current.length ! == 0) ❷
                      .map(current => firstToUpperCase(current)); ❸
```

두 코드를 비교해보면 선언형 사고방식이 명령형 사고방식보다 잘 이해되고, 코드 수정에
따른 동작을 예측하기가 쉬워 부수 효과가 줄어듭니다.

표 3-1 **명령형 사고방식과 선언형 사고방식의 비교**

| 특징 | 명령형 사고방식 | 선언형 사고방식 |
| --- | --- | --- |
| 초점 | 어떻게(how to) | 무엇(what) |
| 실행 절차 | 중요도가 높음 | 중요도가 낮음 |

함수형 프로그래밍은 함수를 통해 선언형 사고방식을 구현합니다. 이러한 성질 덕분에 명
령형 프로그래밍이나 객체지향 프로그래밍보다 더 높은 수준의 추상화가 가능하고 코드의
재사용성, 유지·보수성, 확장성, 안정성 등 다양한 장점을 얻을 수 있습니다.

## 3.3 백엔드 개발 언어

### 3.3.1 자바스크립트

**자바스크립트**(JS, JavaScript)는 웹 페이지의 정적인 HTML 콘텐츠를 동적으로 변경하거나 이벤트와 같은 상호작용을 구현하기 위한 스크립트 언어입니다.

그림 3-5 **자바스크립트 로고**

웹 사이트에서 흔히 볼 수 있는 다음과 같은 기능은 자바스크립트로 만듭니다.

- 클릭하면 숨겨진 메뉴가 나타나는 기능

- 선택에 따라 일부 화면이 바뀌거나 움직이는 기능

- 버튼을 클릭하면 정보를 보여주는 기능

- 채팅 시스템과 같이 사용자와 상호작용하는 기능

자바스크립트는 기본적으로 웹 브라우저에서만 동작하는 인터프리터 방식 언어라 과거에는 자바스크립트를 프론트엔드 개발에만 사용했습니다.

**NOTE** 인터프리터 방식과 컴파일 방식

컴퓨터는 기계어로 작성한 명령만 이해합니다. 따라서 개발자가 작성한 소스 코드를 실행하려면 컴퓨터가 이해할 수 있는 기계어로 변환해야 합니다. 이렇게 소스 코드를 기계어로 변환해 실행하는 방식에는 인터프리터(interpreter) 방식과 컴파일(compile) 방식이 있습니다. 이 두 방식은 소스 코드를 기계어로 변환하는 방법과 시점에 다음과 같은 차이가 있습니다.

- **인터프리터 방식:** 소스 코드를 한 줄씩 읽고 그 즉시 기계어로 변환해 실행합니다. 모든 코드가 실행될 때까지 코드를 읽고 실행하는 작업을 반복합니다.

- **컴파일 방식:** 전체 소스 코드를 읽고 분석한 후 한꺼번에 기계어로 변환(컴파일)하며, 그 결과물인 실행 파일을 저장해 실행합니다. 만약 소스 코드를 수정하면 전체 소스 코드를 다시 컴파일한 후 실행합니다.

Node.js가 등장하면서 자바스크립트는 프론트엔드 개발뿐만 아니라 백엔드 개발에도 사용할 수 있게 됐습니다. Node.js는 자바스크립트 코드를 런타임 환경(runtime environment)에서 실행할 수 있게 해주는 기술입니다. 프로그램이 실행되는 동안 필요한 소프트웨어와 하드웨어 자원을 제공하는 공간인 런타임 환경만 있으면 자신이 작성한 코드를 외부 환경과 상관없이 어디서든 독립적으로 실행할 수 있습니다.

프론트엔드 개발과 백엔드 개발에 모두 사용되는 자바스크립트의 특징은 다음과 같습니다.

- 데이터 타입을 명시할 필요가 없는 동적 타입의 언어입니다. 정적 타입의 언어에 비해 학습 난도가 낮지만, 동적 타입으로 인해 다양한 버그가 발생할 가능성이 있습니다.

- 객체지향 프로그래밍과 함수형 프로그래밍을 구현할 수 있습니다.

- HTML, CSS를 동적으로 다룰 수 있고, DOM API를 기반으로 웹 브라우저 내의 이벤트 처리 같은 사용자와의 상호작용을 처리할 수 있습니다.

> **NOTE** DOM API
>
> 웹 페이지에는 텍스트, 이미지, 버튼 등의 다양한 요소가 있습니다. 웹 페이지를 구성하는 이 모든 요소를 나타내기 위한 구조나 골격을 DOM이라고 합니다. DOM은 'Document Object Model'의 약자로, 문서(웹 페이지)의 객체 모델이라는 뜻입니다.
>
> DOM API는 웹 페이지의 DOM을 다루는 데 쓰이는 도구의 모음입니다. 웹 페이지의 텍스트를 바꾸거나, 새로운 이미지를 추가하거나, 버튼을 클릭했을 때 어떤 동작이 일어나게 하는 등의 작업을 할 때 DOM API를 사용합니다. 예를 들어 웹 페이지에 있는 특정 텍스트를 바꾸려면 DOM API 중 getElementById를 사용해 그 텍스트가 있는 '장소'를 찾아내 텍스트를 바꾸면 됩니다.

## 3.3.2 타입스크립트

자바스크립트는 변수의 데이터 타입을 미리 정하지 않는 동적 타입의 언어로, 소스 코드를 인터프리터로 한 줄씩 읽으면서 바로 기계어로 변환해 실행합니다. 데이터 타입은 변수가 선언된 코드 줄에 인터프리터가 도달하는 순간 결정됩니다. 개발자 입장에서는 자신이 선언한 변수에 데이터 타입을 명시할 필요가 없기 때문에 코드를 작성하기가 편하고, 코드 작성 시 자유도도 높습니다. 따라서 규모가 작은 프로젝트에 자바스크립트를 사용하면 생산성을 높일 수 있습니다.

한편 단점도 있습니다. 프로젝트의 규모가 커질수록 동적 데이터 타입으로 인해 예측하지 못하는 동작이나 버그가 발생할 가능성이 커집니다. 코드를 수정할 때 어느 부분에서 오류가 발생했는지 추적하기 어려워 코드의 유지·보수성이 떨어집니다.

**타입스크립트**(TS, TypeScript)는 이러한 자바스크립트의 단점을 보완하기 위해 만든 컴파일 언어입니다. 즉 자바스크립트의 모든 기능을 유지하면서 정적 타입과 관련된 문법을 추가했습니다.

그림 3-6 **타입스크립트 로고**

타입스크립트는 자바스크립트의 상위 집합(super set)으로 볼 수 있습니다. 따라서 자바스크립트로 작성한 코드는 모두 타입스크립트 코드입니다.

그림 3-7 **자바스크립트와 타입스크립트의 관계**

타입스크립트를 사용하면 자바스크립트 코드를 정적 타입으로 선언해 이용할 수 있습니다. 코드를 작성할 때 데이터 타입이 정해지기 때문에 컴파일 시점에 오류를 발견하고 수정할 수 있습니다.

예를 들어 자바스크립트로 sum( ) 함수를 작성한 다음 코드를 살펴봅시다.

자바스크립트로 작성한 sum() 함수

```
function sum(a, b) {
  return a + b;
}
```

sum( ) 함수는 두 수를 전달받아 두 수의 합을 반환하려는 의도로 작성한 것입니다. 하지만 코드만 봐서는 매개변수 a, b가 숫자인지, 문자인지, 아니면 또 다른 제3의 타입인지 정확히 알 수 없습니다. 다음 코드와 같이 원래 의도와 다르게 문자 x, y를 sum( ) 함수에 전달한다면 sum( ) 함수는 엉뚱한 타입의 인자를 받게 되고, 반환 값 또한 의도치 않은 타입으로 출력될 수 있습니다.

의도치 않은 타입이 함수의 입력 값이 된 경우

```
function sum(a, b) {
  return a + b;
}
sum('x', 'y'); // 'xy'가 출력되길 기대함
```

자바스크립트는 이를 잘못된 코드로 인식하지 못하기 때문에 오류를 표시하지 않습니다. 그래서 개발자는 함수가 의도대로 사용되지 않았다는 것을 인지하지 못한 채 넘어가게 되고, 나중에 문제가 발생했을 때 어느 부분에서 발생했는지 추측하기 어렵습니다.

하지만 타입스크립트를 사용하면 이를 예방할 수 있습니다. 인자의 타입을 미리 number로 지정해, 잘못된 타입의 인자 x, y가 들어왔을 때는, 함수가 실행되기 전 컴파일러에서 데이터 타입이 잘못됐다고 오류를 표시해 알려줍니다.

### 3.3.3 자바

1995년에 탄생한 **자바**(Java)는 썬마이크로시스템즈(Sun Microsystems)가 개발한 객체지향 프로그래밍 언어입니다. 자바는 웹 애플리케이션 개발, 모바일 앱 개발, 서버 개발 등에 많이 사용됩니다. 참고로 썬마이크로시스템즈는 2010년에 오라클에 인수됐습니다.

그림 3-8 **자바 로고**

자바의 특징은 크게 네 가지입니다. 첫째, 자바는 자바 가상 머신인 **JVM**(Java Virtual Machine)을 통해 실행됩니다. JVM은 자바로 개발한 프로그램을 컴파일하면 만들어지는 바이트 코드를 실행하기 위한 가상 머신입니다. JVM을 이용하면 윈도우에서 컴파일한 자바 코드를 리눅스나 맥OS에서도 실행할 수 있습니다.

그림 3-9 **JVM의 역할**

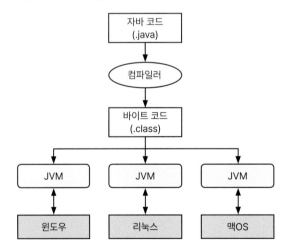

둘째, 자바는 숫자(int, float, long 등)와 논리 값(true, false)을 제외한 거의 모든 데이터를 객체로 구성합니다. 자바는 언어를 설계할 때부터 객체지향 프로그래밍을 염두에 뒀기 때문에 객체지향 프로그래밍에 가장 적합한 언어라고 볼 수 있습니다.

셋째, 자바는 모든 메모리에의 접근을 자바 시스템이 관리하고 제한합니다. 즉 개발자가 잘못된 메모리 주소에 접근하는 일이 없도록 사전에 예방합니다. 예를 들어 자바에는 가비지 컬렉션(garbage collection)이라는 기능이 있는데, 이는 동적으로 할당한 메모리 영역 중 사용이 끝나 필요 없게 된 메모리 영역을 주기적으로 삭제하는 기능입니다. 따라서 개발자는 메모리 누수(memory leak)를 걱정하지 않고 프로그래밍을 할 수 있습니다.

넷째, 자바는 멀티스레드를 쉽게 구현할 수 있습니다. 하나의 프로그램이 동시에 여러 작업을 처리하거나 대용량 작업을 빠르게 수행하는 병렬 처리를 하려면 멀티스레드 프로그래밍이 필요합니다. 자바는 이러한 스레드 생성 및 제어와 관련된 라이브러리 API를 제공하기 때문에 실행되는 운영체제와 상관없이 멀티스레드를 쉽게 구현할 수 있습니다.

# 3.4 백엔드 프레임워크

## 3.4.1 라이브러리와 프레임워크

**라이브러리**(library)는 개발하는 데 필요한 기능을 미리 구현해놓은 코드의 모음입니다. 재사용이 가능한 기능을 라이브러리로 만들어두면 필요한 곳에서 호출해 사용할 수 있습니다. 일반적으로 라이브러리는 객체지향 프로그래밍에서는 클래스의 모음을 뜻하고, 함수형 프로그래밍에서는 함수의 모음을 뜻합니다.

라이브러리는 공장에서 바퀴의 기본 틀을 미리 만들어놓고 필요에 따라 가져다가 변형해 사용하는 것에 비유할 수 있습니다. 이때 바퀴의 크기와 모양을 마음대로 조작해 오토바이용 바퀴로도 사용하고, 트럭용 바퀴로도 사용합니다.

**프레임워크**(framework)는 복잡한 문제를 해결하거나 서술하는 데 사용되는 기본 구조로, 그 이름에서 유추할 수 있듯이 뼈대 혹은 골조를 의미합니다. 개발에서 프레임워크란 개발에 필요한 뼈대, 즉 일정한 형태와 기능을 제공하는 틀입니다. 개발자는 주어진 프레임워크 내에서 원하는 기능을 구현하는 데에만 집중합니다.

라이브러리와 프레임워크는 프로그래밍 작성 방식에 차이가 있습니다.

- **라이브러리:** 개발자가 코드의 흐름을 직접 제어합니다. 어떤 코드가 필요할지 개발자가 직접 판단하고 해당 라이브러리를 호출해 사용합니다.
- **프레임워크:** 개발자가 주어진 코드의 흐름 속에서 프로그래밍합니다. 개발자가 직접 일정한 로직과 틀을 만들어 기능을 구현하는 라이브러리와 달리 이미 짜여 있는 틀 안에서 개발자가 원하는 부분을 작성합니다.

그림 3-10 **라이브러리와 프레임워크**

프레임워크는 공장의 생산 라인과 같습니다. 공장에서 자동차를 만들 때는 자동차 생산 라인을 이용하는데, 기본 생산 라인이 갖춰진 상태에서 바퀴나 엔진 등의 부품을 개발해 개성 있는 새 자동차를 출시합니다.

프레임워크를 사용할 때는 자신이 만들려는 것을 우선 파악하고, 이를 구현하는 데 필요한 프레임워크를 선택해야 합니다. 트럭을 만들어야 한다면 트럭 생산 라인을, SUV 자동차를 만들어야 한다면 SUV 생산 라인을 이용하는 것과 마찬가지입니다.

그렇다면 백엔드 개발에 사용하는 프레임워크에는 어떤 것이 있을까요? 다양한 프레임워크 중에서 자바스크립트, 타입스크립트, 자바를 기반으로 하는 백엔드 프레임워크에 대해 알아봅시다.

## 3.4.2 Express.js: 자바스크립트 기반

Node.js는 모든 종류의 서버 측 도구와 프로그램을 자바스크립트로 만드는 데 이용하는 런타임 환경입니다. Node.js를 사용하면 웹 브라우저 밖에서도 자바스크립트 코드가 동작하기 때문에 Node.js만으로 백엔드 개발을 할 수 있습니다.

**Express.js**(익스프레스)는 Node.js가 제공하는 API를 바탕으로 백엔드 개발을 할 수 있도록 만들어진 프레임워크입니다. Node.js만으로도 백엔드 서버를 구축할 수 있지만 Express.js를 사용하면 좀 더 효율적으로 백엔드 개발을 할 수 있습니다.

Express.js의 장점은 다음과 같습니다.

- 프레임워크 자체가 경량화돼 간단하고 빠르게 웹 서버를 만들 수 있습니다.

- 유연성이 뛰어나 필요한 기능만 선택해 사용할 수 있습니다.

그림 3-11 Express.js 공식 사이트(https://expressjs.com)

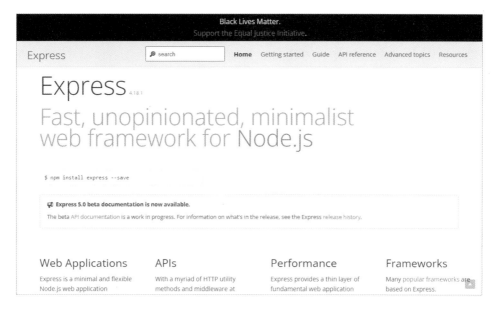

- 다양한 미들웨어(middleware)와 플러그인(plugin)을 지원합니다. 미들웨어는 각종 조정과 중계 역할을 하는 소프트웨어로 클라이언트의 요청과 서버의 응답 사이에 위치하며, 플러그인은 기존 소프트웨어에 추가 프로그램을 설치해 특정 기능을 수행할 수 있도록 해주는 소프트웨어 모듈입니다.

- RESTful API를 쉽고 간단하게 구현할 수 있습니다. RESTful API는 두 컴퓨터 간에 HTTP 통신으로 데이터를 주고받는 방법을 설계한 것으로, **5장 API**에서 자세히 설명하겠습니다.

- 관련 커뮤니티가 활성화돼 있어 문제를 쉽게 해결할 수 있습니다.

반면에 단점은 다음과 같습니다.

- Node.js를 경량화해 만든 프레임워크라 고급 기능이나 대규모 프로젝트를 개발하기에 부족합니다.

- 프로젝트의 규모가 커질수록 코드의 구조가 복잡해질 수 있습니다.

- Node.js 기반의 서버를 구축하기 때문에 멀티스레드를 지원하지 않습니다.

- 공식적으로는 세션 관리, 데이터베이스 연결 등과 같은 기능을 지원하지 않습니다. 세션 관리, 데이터베이스 연결 등을 구현하려면 별도의 서드파티 라이브러리(third party library, 개인 개발자나 프로젝트 팀 또는 업체가 개발한 라이브러리)를 사용해야 합니다.

Express.js는 사용법이 간편해 조금만 공부하면 바로 사용할 수 있습니다. 그러나 이러한 특징은 개발자의 실력이나 경험에 따라 코드 품질의 편차가 커질 수 있음을 의미하기도 합니다.

### 3.4.3 NestJS: 타입스크립트 기반

자바스크립트를 채택해 백엔드 개발을 하는 경우가 점점 늘어나고 프로젝트의 규모가 커짐에 따라 서버 측에서 구현해야 할 요구 사항이 많아졌습니다. 그러나 Express.js는 최소한의 제약 사항만 있고 나머지는 제한하지 않기 때문에 코드 스타일이나 사용 방법론에 대해 정해진 명확한 구조가 없습니다. 이는 큰 규모의 프로젝트를 수행할 때 협업이나 유지·보수 등에 많은 문제를 야기합니다.

**NestJS**(네스트)는 타입스크립트를 우선적으로 지원하고 자바스크립트도 사용 가능한 프레임워크로, Express.js의 기능을 이어받아 보완 및 확장된 기능을 제공합니다. 데이터베이스, ORM, 각종 설정, 유효성 검사 등 수많은 기본 기능을 제공하고, 필요한 라이브러리를 쉽게 설치해 확장할 수 있는 것이 Express.js와 비슷합니다.

그림 3-12 **NestJS 공식 사이트(https://nestjs.com)**

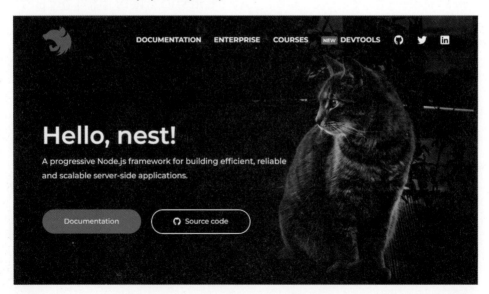

그러나 의존성 주입(DI, Dependency Injection), 제어 역전(IoC, Inversion of Control)과 같은 객체지향 개념을 사용해 Express.js의 구조적인 문제를 해결합니다. 따라서 어떤 사람이 개발하더라도 개발자 개인과 팀이 쉽게 협력할 수 있는 적절한 아키텍처를 구성할 수 있습니다.

NestJS의 장점은 다음과 같습니다.

- 타입스크립트를 사용하기 때문에 정적 타입 검사를 함으로써 코드 예측성이 높아져 코드의 안정성이 향상됩니다.
- 모듈화와 의존성 주입을 지원해 모듈 간의 결합도를 낮추고 코드의 재사용성을 높일 수 있습니다.
- 향후 확장하기 쉬운 마이크로서비스 아키텍처를 구현하기 위한 기능이 내장돼 있습니다. 마이크로서비스 아키텍처는 **9.2.2절 마이크로서비스 아키텍처**에서 자세히 설명하겠습니다.

반면에 단점은 다음과 같습니다.

- 많은 설정 옵션과 다양한 기능을 제공하기 때문에 초기 설정이 다소 복잡합니다. 특히 라우팅과 의존성 주입 등의 개념에 익숙하지 않은 개발자라면 학습 난도가 높을 수 있습니다.
- Express.js보다 무겁기 때문에 속도가 느립니다. 그러므로 경우에 따라서는 경량 프레임워크를 사용하는 것이 더 적합할 수 있습니다.

### 3.4.4 스프링: 자바 기반

**스프링**(spring)은 자바 기반의 백엔드 프레임워크입니다. 자바와 스프링을 사용하면 백엔드 측 웹 서비스를 개발할 수 있습니다.

스프링을 비롯해 대부분의 프레임워크가 추구하는 목적 중 하나는 개발자가 비즈니스 로직에 집중할 수 있도록 하는 것입니다. 비즈니스 로직이란 제공하는 서비스를 코드로 구현한 것으로, 예컨대 쇼핑몰을 구축한다면 쇼핑몰 사이트의 화면, 결제, 배송과 관련된 비즈니스 요구 사항을 웹 애플리케이션으로 개발하는 것을 말합니다. 즉 사용자의 요구 사항을 충족하고 해결하기 위한 실질적인 코드를 작성하는 과정입니다.

스프링이 등장하기 전에 개발자는 비즈니스 로직을 구현하기 위해 웹 개발 기술 자체를 공부하는 데 집중했습니다. 기술 자체를 코드로 녹여내기가 어려웠기 때문입니다. 그러나 스프링이 등장하자 비즈니스 로직을 구현하는 데 힘을 쏟을 수 있게 됐습니다. 예전에는 어쩔 수 없이 작성했던 불필요하고 복잡한 코드를 줄이는 대신, 정말 필요한 알짜배기 코드에만 집중할 수 있게 된 것입니다.

그림 3-13 **스프링 공식 사이트(https://spring.io)**

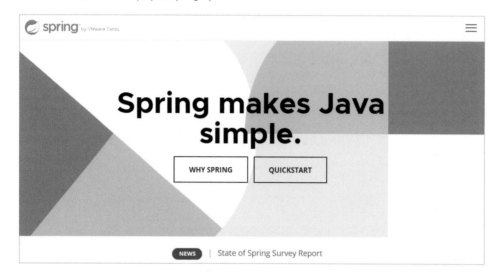

스프링은 POJO(Plain Old Java Object)를 지향합니다. 말 그대로 '오래된 방식의 간단한 자바 객체'를 지향합니다. 이는 순수하게 자바만 이용해 만든 객체를 사용하겠다는 뜻인데, 여기에는 생각보다 큰 의미가 담겨 있습니다.

특정 프로젝트를 개발할 때 외부 라이브러리를 사용해 만든 객체가 있다고 가정해봅시다. 만약 해당 라이브러리가 개선돼 신기술이 등장하거나, 문제점이 발견돼 다른 기술로 대체된다면 기존 라이브러리로 작성한 객체와 더불어 그 객체를 사용하는 모든 코드를 변경해야 합니다. 외부 라이브러리에 대한 종속성이 있기 때문입니다.

반면에 순수하게 자바만 이용해 만든 객체를 사용하면 외부 라이브러리의 변화, 특정 기술이나 환경에 종속되지 않습니다. 따라서 변화에 대처하기 쉽고 서비스 확장과 관련된 부담이 적습니다. 이러한 특징은 코드가 단순해지고 객체지향 설계를 외부 요인의 제한 없이 적용할 수 있다는 점에서 스프링의 강점으로 꼽힙니다.

스프링은 POJO를 지향하기 위해 다음과 같은 기술을 지원합니다. 자바 백엔드 개발에 관심이 있다면 다음 키워드를 검색해보세요.

- 의존성 주입(DI, Dependency Injection)
- 제어 역전(IoC, Inversion of Control)
- AOP(Aspect-Oriented Programming)
- PSA(Portable Service Abstraction)

## 3.4.5 스프링 부트: 자바 기반

스프링이 기술의 복잡함과 번거로움을 크게 줄여준 프레임워크라는 데에는 이견이 없습니다. 그럼에도 불구하고 스프링을 원하는 대로 사용하려면 여러 가지 설정을 해야 합니다. 실제로 스프링으로 개발할 때는 다음과 같이 정보를 설정합니다.

스프링 설정 정보

```xml
<?xml version="1.0" encoding="UTF-8"?>
<web-app xmlns="http://xmlns.jcp.org/xml/ns/javaee"
         xmlns:xsi="http://www.w3.org/2001/XMLSchema-instance"
         xsi:schemaLocation="http://xmlns.jcp.org/xml/ns/
         javaee http://xmlns.jcp.org/xml/ns/javaee/web-app_4_0.xsd"
         version="4.0">
    <context-param>
        <param-name>contextConfigLocation</param-name>
        <param-value>/WEB-INF/spring-config/applicationContext.xml
        </param-value>
    </context-param>
    <listener>
        <listener-class>
            org.springframework.web.context.ContextLoaderListener
        </listener-class>
    </listener>
    <servlet>
        <servlet-name>dispatcher</servlet-name>
        <servlet-class>
            org.springframework.web.servlet.DispatcherServlet
        </servlet-class>
```

```xml
            <init-param>
                <param-name>contextConfigLocation</param-name>
                <param-value>/WEB-INF/spring-config/dispatcher-servlet.xml
                </param-value>
            </init-param>
            <load-on-startup>1</load-on-startup>
    </servlet>
    <servlet-mapping>
            <servlet-name>dispatcher</servlet-name>
            <url-pattern>/</url-pattern>
    </servlet-mapping>
    <filter>
            <filter-name>CORSFilter</filter-name>
            <filter-class>com.codestates.filter.CORSFilter</filter-class>
    </filter>
    <filter-mapping>
            <filter-name>CORSFilter</filter-name>
            <url-pattern>/*</url-pattern>
    </filter-mapping>
</web-app>
```

그런데 **스프링 부트**(Spring Boot)를 사용하면 앞의 코드를 다음과 같이 간략하게 나타낼 수 있습니다.

—— 스프링 부트 설정 정보

```
spring.h2.console.enabled = true
spring.h2.console.path =/ console
spring.jpa.generate-ddl = true
spring.jpa.show-sql = true
```

스프링 부트는 개발자가 스프링을 사용할 때 실행 환경이나 의존성 관리 설정에 들이는 시간과 에너지를 아껴 비즈니스 로직에 좀 더 집중할 수 있게 해줍니다. 또한 스프링 부트는 내부에 웹 애플리케이션 서버(WAS)인 톰캣을 가지고 있습니다. 스프링을 사용하는 경우 톰캣을 별도로 설치한 후 연동해야 하지만, 스프링 부트는 톰캣이 내장돼 있어 별도로 설치하는 과정 없이 바로 사용할 수 있습니다. 이처럼 스프링 부트는 각종 설정이 간편하고 톰캣을 따로 설치할 필요가 없어 최근 자바 개발자들에게 인기를 모으고 있습니다.

# 3.5 백엔드 개발 언어와 프레임워크 선택 방법

백엔드 개발자가 되기로 했다면 어떤 언어와 프레임워크를 선택해야 할까요? 이는 개인의 성향과 시장의 요구에 따라 다르겠지만, 다음에 소개하는 백엔드 개발 언어+프레임워크 조합의 특징을 참고하기 바랍니다.

## 3.5.1 자바스크립트+Node.js

비동기 처리에 강한 이 조합은 싱글스레드 기반의 이벤트 루프로 빠른 응답 시간을 제공합니다. 다른 조합보다 상대적으로 학습 난도가 낮고, 백엔드 개발과 프론트엔드 개발을 둘다 할 수 있습니다. 관련 커뮤니티가 활성화돼 있어 학습하기 용이하다는 것도 장점입니다.

● 참고 사이트

  - **자바스크립트 공식 문서:** developer.mozilla.org/ko/docs/Web/JavaScript

  - **Node.js 공식 사이트:** nodejs.org

  - **Express.js 공식 사이트:** expressjs.com

## 3.5.2 자바+스프링 부트

엔터프라이즈(기업) 분야에서 강력한 위치를 차지하고 있는 개발 조합입니다. 자바 자체의 학습 난도는 중간 정도이고, 스프링 부트는 초기 설정이 간편해 비교적 쉽게 시작할 수 있습니다. 다만 스프링 부트는 학습 수준이 올라갈수록 스프링 자체에 대한 깊은 이해가 필요합니다.

이 조합은 다양한 모듈을 사용할 수 있고 안정된 성능을 자랑해 대규모 서비스에 적합합니다. 현재 백엔드 개발자 취업 시장에서는 이 조합이 가장 유리하므로 무엇을 선택할지 고민이라면 자바+스프링 부트 조합을 추천합니다.

- **참고 사이트**
  - **스프링 공식 사이트:** spring.io
  - **Baeldung(자바, 스프링 튜토리얼):** www.baeldung.com

### 3.5.3 파이썬+장고/플라스크/FastAPI

본문에서 다루지 않았지만 파이썬과 이를 기반으로 하는 백엔드 프레임워크인 장고(Django), 플라스크(Flask), FastAPI도 있습니다. 이는 AI 및 데이터 관련 스타트업에서 데이터 중심의 웹 애플리케이션을 개발하는 데 인기가 있습니다.

파이썬은 입문자 친화적인 프로그래밍 언어로 학습 진입 장벽이 낮습니다. 또한 장고는 기능이 풍부하기 때문에 초기 학습이 다소 필요하며, 플라스크는 매우 직관적입니다. FastAPI는 현대적이고 빠르게 동작하나 큰 규모의 웹 애플리케이션에서는 다른 프레임워크 대비 효용이 떨어질 수 있습니다.

- **참고 사이트**
  - **장고 공식 사이트:** www.djangoproject.com
  - **플라스크 공식 사이트:** flask.palletsprojects.com
  - **FastAPI 공식 사이트:** fastapi.tiangolo.com

### 3.5.4 IDE 선택 방법

**IDE**(Integrated Development Environment, 통합 개발 환경)는 코드 작성, 디버깅, 컴파일, 배포 등 전반적인 개발 과정을 하나의 통합된 환경에서 수행하도록 도와주는 소프트웨어입니다. 일반적으로 IDE에는 소스 코드 편집기, 빌드 자동화 도구, 디버거 등이 포함돼 있습니다.

IDE를 선택할 때는 다음 요소를 고려해야 합니다.

- **언어 지원:** 사용하는 프로그래밍 언어를 지원하는지 확인합니다.

- **기능:** 코드 자동 완성, 디버깅, 테스팅 등의 기능을 제공하는지 확인합니다.

- **플러그인 및 확장 프로그램 지원:** 추가 기능을 제공하는 플러그인을 설치할 수 있는지, 확장 프로그램이 풍부한지 확인합니다.

- **사용자 경험:** UI가 직관적이고 사용하기 편리한지 확인합니다.

- **성능:** IDE가 시스템에 부담을 주지 않으면서 원활하게 동작하는지 확인합니다.

많이 사용하는 IDE로는 마이크로소프트의 VSCode(Visual Studio Code)와 젯브레인스의 인텔리제이 IDEA(IntelliJ IDEA)가 있습니다.

**선수 지식: 없음**

이 장에서 추천하는 실습은 자바스크립트+Node.js 또는 자바+스프링 부트 조합으로 'Hello World'를 출력하는 것입니다. 간단한 실습이니 구글링을 통해 충분히 해결할 수 있을 것입니다. 이 과정에서 가장 기초적인 백엔드 개발 환경 설정을 경험할 수 있고, 필요한 내용을 구글링하는 실력도 키울 수 있습니다.

### <자바스크립트+Node.js로 실습하는 경우>

❶ Node.js 설치하기

❷ VSCode 설치하기

❸ Node.js 프로젝트 만들기

❹ Express.js 설치하기

❺ 웹 브라우저에 'Hello World' 출력하기

### <자바+스프링 부트로 실습하는 경우>

❶ 자바 설치하기

❷ 인텔리제이 IDEA 설치하기

❸ 스프링 부트 프로젝트 만들기

❹ 웹 브라우저에 'Hello World' 출력하기

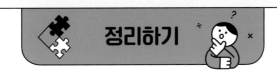

이 장에서는 기초적인 프로그래밍 사고방식을 확립하기 위한 프로그래밍 패러다임의 의미와 종류를 알아보고, 백엔드 개발에 사용하는 주요 언어와 프레임워크를 살펴봤습니다. 전반적인 개념을 얕게 훑어봤지만, 이를 통해 코드가 어떻게 동작하고 구조화돼야 하는지에 대한 기초 지식을 쌓았을 것입니다.

이 장을 마무리하며 프로그래밍 입문자와 이미 공부 중인 독자에게 해주고 싶은 조언이 있습니다. 프로그래밍의 세계에 이제 막 발을 들여놓은 독자라면 특정 기술이 왜 개발됐는지 이해하지 않은 채 시험공부하듯 무조건 암기하지 마세요. 실제로 개발자들은 사용하는 기술의 모든 문법을 외우고 있지 않으며, 필요할 때마다 공식 문서 등의 자료를 참고하는 경우가 많습니다. 우리가 지향해야 하는 것은 단순히 코드를 작성할 줄 아는 코더가 아니라 문제 상황에 가장 적절한 솔루션을 제시할 수 있는 개발자입니다. 앞으로 어떤 프로그래밍 지식과 경험을 습득하더라도 기본을 이해했다면 다양한 프로젝트를 통해 개발 사례를 경험하는 것이 실력을 키우는 지름길이 될 것입니다.

프로그래밍을 어느 정도 배운 독자라면 최신 개발 트렌드에 주목하길 권합니다. 최신 개발 트렌드는 객체지향 프로그래밍과 함수형 프로그래밍을 혼합해 코드에 녹이는 것으로, 실제로 많은 시도가 있습니다. 이미 자바를 배웠다면 객체지향의 의존성 주입(DI), 제어 역전(IoC) 등의 개념을 함수형 프로그래밍에서 어떤 방식으로 녹여내는지 학습하세요. 최신 개발 트렌드를 이해하고 사고하는 능력이 크게 향상될 것입니다.

# DBMS

웹 서비스를 운영하다 보면 방대한 양의 데이터를 관리하게 됩니다. 데이터는 다양한 형태이므로 그 형태와 목적에 맞게 저장하고 관리해야 합니다. 예를 들면 데이터를 일부러 중복 저장해 데이터 조회 시 가장 가까운 곳에서 신속하게 가져올 수도 있고, 데이터의 중복을 최소화해 저장소를 효율적으로 사용할 수도 있습니다. 이 장에서는 웹 서비스에서 가장 중요하다고 해도 과언이 아닌 DBMS(데이터베이스 관리 시스템)에 대해 알아봅니다.

백엔드
시작하기

CS 기초 지식 ┄┄┄┄┄► 네트워크

운영체제

데이터베이스

자료구조

백엔드 개발 언어와
프레임워크

RDBMS ◄┄┄┄ DBMS

NoSQL ◄┄┄┄

API

레벨업 1

깃 ◄┄┄┄ 버전 관리 시스템

깃허브

클라우드 컴퓨팅 ┄┄┄┄┄► AWS

가상화와 컨테이너 ┄┄┄┄┄► 도커

웹 애플리케이션
아키텍처

레벨업 2

테스트와 CI/CD

백엔드 개발 총정리

백엔드 커리어
설계하기

# 4.1

# DBMS의
# 개요

DBMS는 데이터를 효율적으로 저장·관리·조회하는 프로그램으로, 크게 두 가지로 나뉩니다. 데이터 간의 관계와 효율적인 관리에 중점을 둔 RDBMS, 분산된 대량의 데이터를 저장하고 조회하는 데 특화된 NoSQL이 그것입니다. 이 두 가지 DBMS의 장단점과 용도를 살펴봅시다.

## 4.1.1 RDBMS

RDBMS(Relational DataBase Management System)는 관계형 데이터베이스(RDB, Relational DataBase)를 관리하는 시스템입니다. 관계형 데이터베이스는 **2.3.2절 데이터 저장 방식**에서 살펴봤듯이 모든 데이터를 테이블 단위로 저장하며, 각 테이블은 속성과 튜플로 구성됩니다.

그림 4-1 회원 테이블

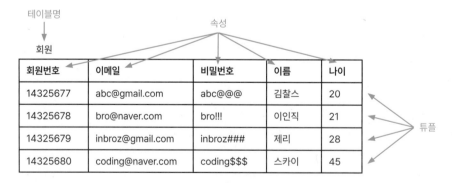

관계형 데이터베이스에서는 현실 세계의 복잡한 사건이나 사물의 특성을 **관계**(relationship)로 표현하며, 테이블 간의 관계는 일대일 관계, 일대다 관계, 다대다 관계로 구분됩니다.

- **일대일(1:1) 관계:** 한 튜플이 다른 테이블의 한 튜플과 연결된 관계입니다. '결혼'은 '남자'와

'여자'가 일대일 관계를 맺고 있는 경우입니다.

- **일대다(1:N) 관계:** 한 튜플이 다른 테이블의 여러 튜플과 연결된 관계입니다. '가족'은 '부모'와 '자식'이 일대다 관계를 맺고 있는 경우입니다.

- **다대다(N:M) 관계:** 여러 튜플이 다른 테이블의 여러 튜플과 연결된 관계입니다. '주문'은 '회원'과 '상품'이 다대다 관계를 맺고 있는 경우입니다.

### SQL

RDBMS에서 데이터를 관리하는 데 사용하는 언어는 **SQL**(Structured Query Language)입니다. 개발자가 SQL을 이용해 RDBMS에 명령을 내리면 RDBMS는 명령에 따라 작업을 수행하고 결과를 반환합니다.

그림 4-2 **RDBMS에서 사용되는 SQL**

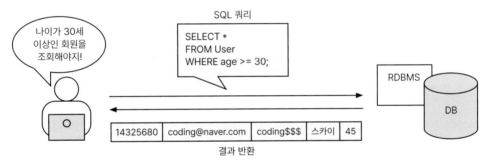

SQL의 문법은 크게 세 가지 유형으로 나뉩니다. 데이터 정의어인 **DDL**(Data Definition Language), 데이터 조작어인 **DML**(Data Manipulation Language), 데이터 제어어인 **DCL**(Data Control Language)이 있는데, 백엔드 개발자는 이 중에서 DML을 가장 많이 사용합니다.

표 4-1 **SQL의 문법 유형**

| 유형 | 설명 | 종류 |
|------|------|------|
| DDL | 테이블이나 관계의 구조를 생성하고 관리하기 위해 사용 | CREATE, DROP, ALTER, TRUNCATE |
| DML | 테이블의 데이터를 생성·조회·수정·삭제하기 위해 사용 | SELECT, INSERT, UPDATE, DELETE |
| DCL | 데이터의 사용 권한을 관리하기 위해 사용 | GRANT, REVOKE |

### RDBMS의 종류

잘 알려진 RDBMS는 Oracle(오라클), MySQL(마이에스큐엘), PostgreSQL(포스트그레에스큐엘), MariaDB(마리아디비) 등입니다. 각 RDBMS는 조금씩 차이가 있지만 관계형 데이터베이스의 기본적인 개념과 SQL을 사용한다는 점은 모두 같습니다.

그림 4-3 **RDBMS의 종류**

## 4.1.2 NoSQL

**NoSQL**(Not only SQL)은 이름 그대로 SQL을 사용하지 않는 DBMS입니다. 인터넷의 발전과 함께 SNS와 같은 서비스가 등장하면서 RDBMS로 관리하기에는 적합하지 않은 데이터가 생겨났습니다. NoSQL은 이처럼 저장 형식이 일정하지 않은 비정형 데이터를 효율적으로 관리하기 위해 개발됐습니다.

앞서 살펴본 RDBMS는 데이터 저장 유형이 테이블뿐입니다. 이와 달리 NoSQL은 데이터 저장 유형이 다양하며, 대표적으로 도큐먼트 데이터베이스, 키-값 데이터베이스, 그래프 데이터베이스가 있습니다.

### 도큐먼트 데이터베이스

**도큐먼트 데이터베이스**(document DB)는 JSON(제이슨) 또는 XML 형식의 도큐먼트로 데이터를 저장합니다.

- **JSON**: 'JavaScript Object Notation'의 약자로, 네트워크 통신망에서 데이터 저장 및 전송 시에 사용하는 데이터 교환 형식입니다. XML보다 용량이 작고 가독성이 좋아 최근에 많

이 사용되고 있습니다.

- **XML:** 'eXtensible Markup Language'의 약자로, HTML처럼 태그 형식으로 데이터를 교환합니다.

<table>
<tr><td colspan="2">────── JSON 데이터의 예</td><td colspan="2">XML 데이터의 예 ──────</td></tr>
</table>

```
{                                    <data>
  "name" : "Alice",                    <name>Alice</name>
  "age" : 25,                          <age>25</age>
  "city" : "Seoul"                     <city>Seoul</city>
}                                    </data>
```

도큐먼트 데이터베이스를 사용하는 대표적인 프로그램은 MongoDB(몽고디비)입니다. MongoDB는 데이터를 JSON 도큐먼트 형태로 저장합니다. **그림 4-1**의 회원 테이블에서 맨 위 2개의 튜플을 MongoDB에 저장한다면 다음과 같이 저장됩니다.

────────────────── **JSON 도큐먼트로 저장한 회원 데이터**

```
[
  {
    "id": 14325677,
    "email": "abc@gmail.com",
    "password": "abc@@@",
    "name": "김찰스",
    "age": 20
  },
  {
    "id": 14325678,
    "email": "bro@naver.com",
    "password": "bro!!!",
    "name": "이인직",
    "age": 21
  }
]
```

관계형 데이터베이스와 달리 도큐먼트 데이터베이스에는 행과 열이라는 개념이 없습니다. 도큐먼트 형식만 맞추면 되고 데이터마다 구성이 같을 필요도 없기 때문에 원하는 형태의 데이터를 자유롭게 저장할 수 있습니다.

## 키-값 데이터베이스

**키-값 데이터베이스**(key-value DB)는 읽고 쓰는 속도가 매우 빠른 데이터베이스입니다. 키-값 데이터베이스를 사용하는 대표적인 프로그램은 CassandraDB(카산드라디비)와 DynamoDB(다이나모디비)입니다.

키-값 데이터베이스에서 데이터는 고유한 식별자인 '키'와 해당 데이터의 '값'으로 구성됩니다. 데이터가 단순하기 때문에 분산 시스템에서 데이터 저장과 접근이 쉽고, 대용량 데이터 처리와 병렬 처리도 용이합니다.

그림 4-4 **키-값 데이터베이스**

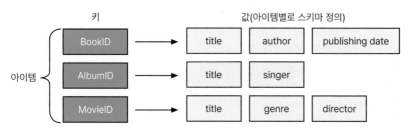

하지만 키-값 데이터베이스는 관계형 데이터베이스보다 데이터 처리의 유연성이 떨어지기 때문에 데이터 간의 관계를 표현하는 것이 불가능하고, 복잡한 쿼리 작업이 어려울 수 있습니다. 따라서 키-값 데이터베이스는 간단한 데이터 처리에 적합하며, 데이터 간의 관계가 중요하지 않은 경우에 사용됩니다.

## 그래프 데이터베이스

**그래프 데이터베이스**(graph DB)는 4개 이상의 테이블을 이용하는 복잡한 쿼리를 수행할 때 강점을 발휘하는 데이터베이스입니다. 그래프 데이터베이스를 사용하는 대표적인 프로그램은 Neo4j(네오포제이)입니다.

그래프 데이터베이스는 노드와 간선(edge)으로 이뤄진 그래프 형태의 데이터 모델을 사용합니다. 노드는 엔티티를 나타내고 간선은 노드 간의 관계를 나타내는데, 이는 복잡한 데이터 간의 관계를 표현하는 데 유용합니다. 예를 들어 소셜 미디어의 친구 관계는 다른 데이터베이스 유형보다 그래프 데이터베이스로 구현하는 것이 좋습니다. 그래프 데이터베이스는 복잡한 데이터 간의 연결을 효율적으로 관리하고, 경로 탐색과 같은 복잡한 쿼리를 지원합니다.

**그림 4-5 그래프 데이터베이스**

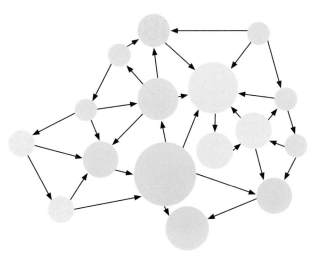

하지만 그래프 데이터베이스는 데이터 모델의 복잡성 때문에 상대적으로 구현이 어려울 수 있습니다. 또한 분산 시스템에서의 확장성이 상대적으로 떨어지므로 대용량 데이터 처리에 제한적일 수 있습니다.

# RDBMS에서의 CRUD

RDBMS에서 SQL로 데이터를 어떻게 생성(Create)·조회(Read)·수정(Update)·삭제(Delete)하는지 알아봅시다. 이러한 작업은 영문 앞 글자만 따서 **CRUD**라고 합니다. RDBMS의 종류와 관계없이 공통적으로 사용할 수 있도록 고안된 표준 SQL을 기준으로 설명하겠습니다.

## 4.2.1 테이블 만들기

CRUD 작업을 하려면 테이블에 데이터가 저장돼 있어야 합니다. 이를 위해 **2.3.3절 데이터베이스 설계**에서 구상했던 회원, 주문, 상품 테이블을 만들겠습니다. 각각의 테이블명과 속성명은 다음과 같습니다.

- **user(회원):** id(회원번호), email(이메일), password(비밀번호), name(이름), age(나이)

- **order(주문):** id(주문번호), userId(주문자 회원번호), productId(주문 상품번호), count(주문량), address(배송지), orderDate(주문일)

- **product(상품):** id(상품번호), name(상품명), stockQuantity(재고량), price(가격)

그림 4-6  **user, order, product 테이블의 ERD**

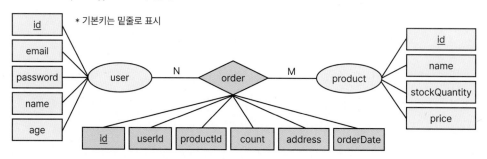

테이블을 만들 때는 SQL의 **CREATE 문**을 다음과 같은 형식으로 사용합니다.

```
CREATE TABLE 테이블명 (
  속성명1 데이터_타입,
  속성명2 데이터_타입,
  …
  속성명n 데이터_타입,
  PRIMARY KEY (속성명) /* 기본키 선언 */
);
```

만약 특정 속성의 데이터 타입으로 NULL(알 수 없는 상태를 나타내는 값)을 허용하지 않는 경우에는 데이터_타입 다음에 NOT NULL을 붙입니다. 아무것도 붙이지 않으면 해당 속성은 NULL 값을 허용하게 됩니다. 또한 속성 값이 정수(BIGINT, INT)일 때 자동으로 1씩 증가시키려면 AUTO_INCREMENT를 붙입니다.

user 테이블을 CREATE 문으로 만들면 다음과 같습니다.

```
CREATE TABLE user (
  id BIGINT NOT NULL AUTO_INCREMENT,
  email VARCHAR(320) NOT NULL,
  password VARCHAR(500) NOT NULL,
  name VARCHAR(45) NOT NULL,
  age INT NULL,
  PRIMARY KEY (id)
);
```

CREATE 문을 실행하면 데이터가 저장되지 않은 빈 user 테이블이 생성됩니다.

그림 4-7 **user 테이블 생성**

user

| id | email | password | name | age |
|----|-------|----------|------|-----|

order와 product 테이블도 다음과 같은 CREATE 문으로 만들 수 있습니다. orderDate 속성의 TIMESTAMP는 날짜와 시간 정보를 저장하는 데 사용하는 데이터 타입으로, 날짜와 시간이 '2024-01-01 10:30:00'과 같은 형식으로 표현됩니다.

```
/* order 테이블 */
CREATE TABLE order (
  id BIGINT NOT NULL AUTO_INCREMENT,
  userId BIGINT NOT NULL,
  productId BIGINT NOT NULL,
  count INT NOT NULL,
  address VARCHAR(100) NOT NULL,
  orderDate TIMESTAMP NOT NULL,
  PRIMARY KEY (id)
);
/* product 테이블 */
CREATE TABLE product (
  id BIGINT NOT NULL AUTO_INCREMENT,
  name VARCHAR(100) NOT NULL,
  stockQuantity INT NULL,
  price INT NULL,
  PRIMARY KEY (id)
);
```

## 4.2.2 데이터 CRUD

데이터 CRUD는 SQL의 DML(데이터 조작어)을 이용해 수행합니다. DML에는 INSERT 문, SELECT 문, UPDATE 문, DELETE 문이 있습니다.

### 데이터 생성하기

테이블에 데이터를 생성(삽입)할 때는 다음과 같은 형식으로 **INSERT 문**을 사용합니다. VALUES 절에 작성한 속성 값으로 새로운 데이터가 추가됩니다.

```
INSERT INTO 테이블명(속성명1, 속성명2, 속성명3, …)
VALUES(속성값1, 속성값2, 속성값3, …);
```

user 테이블에 첫 번째 회원인 '김찰스'를 생성하려면 다음과 같이 작성합니다. 테이블을 만들 때 id(회원번호)가 자동으로 1씩 증가하도록 작성했으므로 id 속성을 생략했습니다.

```
INSERT INTO user(email, password, name, age)
VALUES('abc@gmail.com', 'abc@@@', '김찰스', 20);
```

## 데이터 조회하기

데이터를 생성했으니 잘 추가됐는지 확인해봅시다. 테이블의 데이터를 조회할 때는 다음과 같은 형식으로 **SELECT 문**을 사용합니다.

```
SELECT 속성명1, 속성명2, …, 속성명n
FROM 테이블명
WHERE 조건;
```

FROM 절에는 데이터를 조회할 테이블명을 작성합니다. 그리고 해당 테이블에서 조회하고 싶은 속성명은 SELECT 절에 작성합니다. 이때 *(별표) 기호를 사용하면 해당 테이블의 모든 속성을 조회할 수 있습니다. 또한 특정 조건을 만족하는 데이터만 조회하고 싶다면 WHERE 절에 조건을 작성합니다.

앞에서 생성한 데이터가 잘 들어갔는지 SELECT 문으로 조회해봅시다. 모든 속성을 조회하므로 WHERE 절을 생략합니다.

모든 속성 조회

```
SELECT *
FROM user;
```

조회 결과를 보면 김찰스 회원이 포함돼 있습니다.

그림 4-8 **조회 결과**

user

| id | email | password | name | age |
|----|-------|----------|------|-----|
| 1 | abc@gmail.com | abc@@@ | 김찰스 | 20 |

모든 속성이 아닌 특정 속성만 조회하고 싶다면 다음과 같이 SELECT 절에 속성명을 쉼표(,)로 나열합니다.

id, email, name 속성만 조회

```
SELECT id, email, name
FROM user;
```

그림 4-9 **조회 결과**

user

| id | email | name |
|---|---|---|
| 1 | abc@gmail.com | 김찰스 |

데이터를 3개 더 추가하고 그중에서 30세 이상인 회원만 조회해봅시다. WHERE 절에 비교 연산자(>=)로 조건을 명시하면 해당 데이터만 조회할 수 있습니다.

30세 이상인 회원만 조회

```
INSERT INTO user(email, password, name, age)
VALUES('bro@naver.com', 'bro!!!', '이인직', 21);

INSERT INTO user(email, password, name, age)
VALUES('inbroz@gmail.com', 'inbroz###', '제리', 28);

INSERT INTO user(email, password, name, age)
VALUES('coding@naver.com', 'coding$$$', '스카이', 45);

SELECT *
FROM user
WHERE age >= 30;
```

그림 4-10 **조회 결과**

user

| id | email | password | name | age |
|---|---|---|---|---|
| 1 | abc@gmail.com | abc@@@ | 김찰스 | 20 |
| 2 | bro@naver.com | bro!!! | 이인직 | 21 |
| 3 | inbroz@gmail.com | inbroz### | 제리 | 28 |
| 4 | coding@naver.com | coding$$$ | 스카이 | 45 |

```
SELECT *
FROM user
WHERE age >= 30;
```

user

| id | email | password | name | age |
|---|---|---|---|---|
| 4 | coding@naver.com | coding$$$ | 스카이 | 45 |

## 데이터 수정하기

테이블의 데이터를 수정할 때는 다음과 같은 형식으로 **UPDATE 문**을 사용합니다. WHERE 절에 조건을 명시하면 해당 튜플의 값만 수정할 수 있습니다.

```
UPDATE 테이블명
SET 속성명 = 변경할_값
WHERE 조건;
```

김찰스 회원의 비밀번호를 수정하려면 다음과 같이 작성합니다. 수정 결과는 SELECT 문으로 확인할 수 있습니다.

```
/* 비밀번호 수정 */
UPDATE user
SET password = 'abc@!@!'
WHERE name = '김찰스';
/* 결과 확인 */
SELECT *
FROM user;
```

그림 4-11 **수정 결과**

user

| id | email | password | name | age |
|----|-------|----------|------|-----|
| 1 | abc@gmail.com | abc@!@! | 김찰스 | 20 |
| 2 | bro@naver.com | bro!!! | 이인직 | 21 |
| 3 | inbroz@gmail.com | inbroz### | 제리 | 28 |
| 4 | coding@naver.com | coding$$$ | 스카이 | 45 |

## 데이터 삭제하기

테이블의 데이터를 삭제할 때는 다음과 같은 형식으로 **DELETE 문**을 사용합니다. WHERE 절에 조건을 명시하면 조건을 만족하는 데이터만 삭제됩니다. 관계형 데이터베이스에서 삭제는 튜플 단위로 수행됩니다.

```
DELETE FROM 테이블명
WHERE 조건;
```

이인직 회원을 삭제하고 싶다면 다음과 같이 작성합니다. 삭제 결과는 SELECT 문으로 확인할 수 있습니다.

```
/* 이인직 회원 삭제 */
DELETE FROM user
WHERE name = '이인직';
/* 결과 확인 */
SELECT *
FROM user;
```

그림 4-12 **삭제 결과**

user

| id | email | password | name | age |
|----|-------|----------|------|-----|
| 1 | abc@gmail.com | abc@!@! | 김찰스 | 20 |
| 3 | inbroz@gmail.com | inbroz### | 제리 | 28 |
| 4 | coding@naver.com | coding$$$ | 스카이 | 45 |

## 4.2.3 테이블 조인

**조인**(join)은 2개 이상의 테이블을 연결해 관련 데이터를 함께 검색하는 데 사용하는 문법으로, 테이블들의 공통 속성 값을 기준으로 테이블끼리 연결합니다. 일반적으로 조인문은 SELECT 문의 FROM 절에서 사용합니다. 조인의 종류에는 INNER JOIN(내부 조인), FULL OUTER JOIN(외부 조인), LEFT JOIN(왼쪽 조인), RIGHT JOIN(오른쪽 조인)이 있습니다.

### INNER JOIN

**INNER JOIN**은 두 테이블에서 공통된 속성 값을 가지고 있는 튜플을 반환합니다. 형식은 다음과 같습니다.

그림 4-13 **조인의 종류**

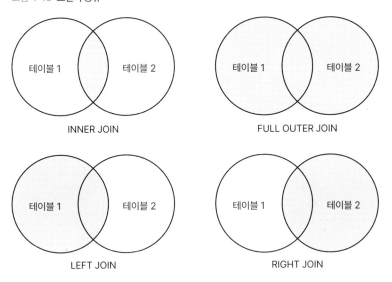

SELECT 속성명1, 속성명2, …, 속성명n
FROM 테이블1 INNER JOIN 테이블2 ON 조건;

앞서 작성한 user 테이블과 order 테이블을 예로 살펴봅시다.

그림 4-14 **user, order 테이블**

user

| id | email | password | name | age |
|----|-------|----------|------|-----|
| 1 | abc@gmail.com | abc@@@ | 김찰스 | 20 |
| 2 | bro@naver.com | bro!!! | 이인직 | 21 |
| 3 | inbroz@gmail.com | inbroz### | 제리 | 28 |
| 4 | coding@naver.com | coding$$$ | 스카이 | 45 |

order

| id | userId | productId | count | address | orderDate |
|----|--------|-----------|-------|---------|-----------|
| 1 | 1 | 2 | 2 | 서울시*** | 2024-01-01 12:34:56 |
| 2 | 1 | 3 | 1 | 서울시*** | 2024-01-05 10:00:00 |
| 3 | 2 | 1 | 5 | 경기도*** | 2024-01-10 12:34:56 |
| 4 | 3 | 1 | 1 | 부산시*** | 2024-01-12 12:34:56 |
| 5 | 10 | 7 | 2 | 인천시*** | 2024-01-11 11:30:02 |

다음 코드는 회원번호를 기준으로 두 테이블을 내부 조인하는 SQL 문입니다. user 테이블의 id 속성 값과 order 테이블의 userId 속성 값을 비교해 값이 같으면 조인합니다.

```
SELECT *
FROM user INNER JOIN order ON user.id = order.userId;
```

다음 그림은 조인 결과를 보여줍니다. user 테이블의 id 속성 값과 order 테이블의 userId 속성 값이 같은 튜플(1, 2, 3)끼리 연결됩니다.

그림 4-15 **INNER JOIN 결과**

user

| id | email | password | name | age |
|----|-------|----------|------|-----|
| 1 | abc@gmail.com | abc@@@ | 김찰스 | 20 |
| 2 | bro@naver.com | bro!!! | 이인직 | 21 |
| 3 | inbroz@gmail.com | inbroz### | 제리 | 28 |
| 4 | coding@naver.com | coding$$$ | 스카이 | 45 |

order

| id | userId | productId | count | address | orderDate |
|----|--------|-----------|-------|---------|-----------|
| 1 | 1 | 2 | 2 | 서울시*** | 2024-01-01 12:34:56 |
| 2 | 1 | 3 | 1 | 서울시*** | 2024-01-05 10:00:00 |
| 3 | 2 | 1 | 5 | 경기도*** | 2024-01-10 12:34:56 |
| 4 | 3 | 1 | 1 | 부산시*** | 2024-01-12 12:34:56 |
| 5 | 10 | 7 | 2 | 인천시*** | 2024-01-11 11:30:02 |

INNER JOIN

| id | email | password | name | age | id | userId | productId | count | address | orderDate |
|----|-------|----------|------|-----|----|--------|-----------|-------|---------|-----------|
| 1 | abc@gmail.com | abc@@@ | 김찰스 | 20 | 1 | 1 | 2 | 2 | 서울시*** | 2024-01-01 12:34:56 |
| 1 | abc@gmail.com | abc@@@ | 김찰스 | 20 | 2 | 1 | 3 | 1 | 서울시*** | 2024-01-05 10:00:00 |
| 2 | bro@naver.com | bro!!! | 이인직 | 21 | 3 | 2 | 1 | 5 | 경기도*** | 2024-01-10 12:34:56 |
| 3 | inbroz@gmail.com | inbroz### | 제리 | 28 | 4 | 3 | 1 | 1 | 부산시*** | 2024-01-12 12:34:56 |

## FULL OUTER JOIN

**FULL OUTER JOIN**은 왼쪽 테이블과 오른쪽 테이블의 모든 행을 반환합니다. 즉 공통 속성의 값이 일치하지 않는 경우 나머지 속성 값을 NULL로 채워 테이블을 연결합니다. 형식은 다음과 같습니다.

```
SELECT 속성명1, 속성명2, …, 속성명n
FROM 테이블1 FULL OUTER JOIN 테이블2 ON 조건;
```

다음 코드는 회원번호를 기준으로 user 테이블과 order 테이블을 외부 조인하는 SQL 문입니다.

```
SELECT *
FROM user FULL OUTER JOIN order ON user.id = order.userId;
```

조인 결과를 보면 user 테이블에는 id가 10인 데이터가 없고, order 테이블에는 userId가 4인 데이터가 없기 때문에 NULL 값이 들어갔습니다.

그림 4-16 **FULL OUTER JOIN 결과**

user

| id | email | password | name | age |
|----|-------|----------|------|-----|
| 1 | abc@gmail.com | abc@@@ | 김찰스 | 20 |
| 2 | bro@naver.com | bro!!! | 이인직 | 21 |
| 3 | inbroz@gmail.com | inbroz### | 제리 | 28 |
| 4 | coding@naver.com | coding$$$ | 스카이 | 45 |

order

| id | userId | productId | count | address | orderDate |
|----|--------|-----------|-------|---------|-----------|
| 1 | 1 | 2 | 2 | 서울시*** | 2024-01-01 12:34:56 |
| 2 | 1 | 3 | 1 | 서울시*** | 2024-01-05 10:00:00 |
| 3 | 2 | 1 | 5 | 경기도*** | 2024-01-10 12:34:56 |
| 4 | 3 | 1 | 1 | 부산시*** | 2024-01-12 12:34:56 |
| 5 | 10 | 7 | 2 | 인천시*** | 2024-01-11 11:30:02 |

FULL OUTER JOIN

| id | email | password | name | age | id | userId | productId | count | address | orderDate |
|----|-------|----------|------|-----|----|--------|-----------|-------|---------|-----------|
| 1 | abc@gmail.com | abc@@@ | 김찰스 | 20 | 1 | 1 | 2 | 2 | 서울시*** | 2024-01-01 2:34:56 |
| 1 | abc@gmail.com | abc@@@ | 김찰스 | 20 | 2 | 1 | 3 | 1 | 서울시*** | 2024-01-05 10:00:00 |
| 2 | bro@naver.com | bro!!! | 이인직 | 21 | 3 | 2 | 1 | 5 | 경기도*** | 2024-01-10 12:34:56 |
| 3 | inbroz@gmail.com | inbroz### | 제리 | 28 | 4 | 3 | 1 | 1 | 부산시*** | 2024-01-12 12:34:56 |
| 4 | coding@naver.com | coding$$$ | 스카이 | 45 | NULL | NULL | NULL | NULL | NULL | NULL |
| NULL | NULL | NULL | NULL | NULL | 5 | 10 | 7 | 2 | 인천시*** | 2024-01-11 11:30:02 |

## LEFT JOIN

**LEFT JOIN**은 기준 테이블인 왼쪽 테이블의 모든 튜플을 결과에 포함하고, 오른쪽 테이블에서는 왼쪽 테이블과 일치하는 값을 가진 튜플만 결과에 포함합니다. 오른쪽 테이블에 값이 없는 경우 나머지 속성을 NULL로 채웁니다. 형식은 다음과 같습니다.

```
SELECT 속성명1, 속성명2, …, 속성명n
FROM 테이블1 LEFT JOIN 테이블2 ON 조건;
```

다음 코드는 회원번호를 기준으로 user 테이블과 order 테이블을 왼쪽 조인하는 SQL 문입니다.

```
SELECT *
FROM user LEFT JOIN order ON user.id = order.userId;
```

조인 결과를 보면 왼쪽 user 테이블의 모든 튜플이 결과에 포함됐고, 오른쪽 order 테이블의
경우 회원번호가 일치하는 튜플만 포함됐습니다.

그림 4-17 **LEFT JOIN 결과**

user

| id | email | password | name | age |
|----|-------|----------|------|-----|
| 1 | abc@gmail.com | abc@@@ | 김찰스 | 20 |
| 2 | bro@naver.com | bro!!! | 이인직 | 21 |
| 3 | inbroz@gmail.com | inbroz### | 제리 | 28 |
| 4 | coding@naver.com | coding$$$ | 스카이 | 45 |

order

| id | userId | productId | count | address | orderDate |
|----|--------|-----------|-------|---------|-----------|
| 1 | 1 | 2 | 2 | 서울시*** | 2024-01-01 12:34:56 |
| 2 | 1 | 3 | 1 | 서울시*** | 2024-01-05 10:00:00 |
| 3 | 2 | 1 | 5 | 경기도*** | 2024-01-10 12:34:56 |
| 4 | 3 | 1 | 1 | 부산시*** | 2024-01-12 12:34:56 |
| 5 | 10 | 7 | 2 | 인천시*** | 2024-01-11 11:30:02 |

LEFT JOIN

| id | email | password | name | age | id | userId | productId | count | address | orderDate |
|----|-------|----------|------|-----|-----|--------|-----------|-------|---------|-----------|
| 1 | abc@gmail.com | abc@@@ | 김찰스 | 20 | 1 | 1 | 2 | 2 | 서울시*** | 2024-01-01 2:34:56 |
| 1 | abc@gmail.com | abc@@@ | 김찰스 | 20 | 2 | 1 | 3 | 1 | 서울시*** | 2024-01-05 10:00:00 |
| 2 | bro@naver.com | bro!!! | 이인직 | 21 | 3 | 2 | 1 | 5 | 경기도*** | 2024-01-10 12:34:56 |
| 3 | inbroz@gmail.com | inbroz### | 제리 | 28 | 4 | 3 | 1 | 1 | 부산시*** | 2024-01-12 12:34:56 |
| 4 | coding@naver.com | coding$$$ | 스카이 | 45 | NULL | NULL | NULL | NULL | NULL | NULL |

## RIGHT JOIN

**RIGHT JOIN**은 기준 테이블인 오른쪽 테이블의 모든 튜플을 결과에 포함하고, 왼쪽 테이블
에서는 오른쪽 테이블과 일치하는 값을 가진 튜플만 결과에 포함합니다. 왼쪽 테이블에 값
이 없는 경우 나머지 속성을 NULL로 채웁니다. 형식은 다음과 같습니다.

```
SELECT 속성명1, 속성명2, …, 속성명n
FROM 테이블1 RIGHT JOIN 테이블2 ON 조건;
```

다음 코드는 회원번호를 기준으로 user 테이블과 order 테이블을 오른쪽 조인하는 SQL 문입
니다.

```
SELECT *
FROM user RIGHT JOIN order ON user.id = order.userId;
```

조인 결과를 보면 오른쪽 order 테이블의 모든 튜플이 결과에 포함됐고, 왼쪽 user 테이블의 경우 회원번호가 일치하는 튜플만 포함됐습니다.

그림 4-18 **RIGHT JOIN 결과**

user

| id | email | password | name | age |
|----|-------|----------|------|-----|
| 1 | abc@gmail.com | abc@@@ | 김찰스 | 20 |
| 2 | bro@naver.com | bro!!! | 이인직 | 21 |
| 3 | inbroz@gmail.com | inbroz### | 제리 | 28 |
| 4 | coding@naver.com | coding$$$ | 스카이 | 45 |

order

| id | userId | productId | count | address | orderDate |
|----|--------|-----------|-------|---------|-----------|
| 1 | 1 | 2 | 2 | 서울시*** | 2024-01-01 12:34:56 |
| 2 | 1 | 3 | 1 | 서울시*** | 2024-01-05 10:00:00 |
| 3 | 2 | 1 | 5 | 경기도*** | 2024-01-10 12:34:56 |
| 4 | 3 | 1 | 1 | 부산시*** | 2024-01-12 12:34:56 |
| 5 | 10 | 7 | 2 | 인천시*** | 2024-01-11 11:30:02 |

RIGHT JOIN

| id | email | password | name | age | id | userId | productId | count | address | orderDate |
|----|-------|----------|------|-----|----|--------|-----------|-------|---------|-----------|
| 1 | abc@gmail.com | abc@@@ | 김찰스 | 20 | 1 | 1 | 2 | 2 | 서울시*** | 2024-01-01 2:34:56 |
| 1 | abc@gmail.com | abc@@@ | 김찰스 | 20 | 2 | 1 | 3 | 1 | 서울시*** | 2024-01-05 10:00:00 |
| 2 | bro@naver.com | bro!!! | 이인직 | 21 | 3 | 2 | 1 | 5 | 경기도*** | 2024-01-10 12:34:56 |
| 3 | inbroz@gmail.com | inbroz### | 제리 | 28 | 4 | 3 | 1 | 1 | 부산시*** | 2024-01-12 12:34:56 |
| NULL | NULL | NULL | NULL | NULL | 5 | 10 | 7 | 2 | 인천시*** | 2024-01-11 11:30:02 |

조인은 테이블 간의 관계를 활용해 데이터를 연결하고 필요한 정보를 검색하는 데 유용합니다. 실제로 복잡한 쿼리를 처리하는 데 조인을 활용하는 경우가 많습니다.

# NoSQL에서의 CRUD

NoSQL 중에서 가장 유명한 MongoDB를 기준으로 NoSQL의 특징과 CRUD 처리 방식을 알아봅시다.

## 4.3.1 MongoDB의 특징

도큐먼트 기반 NoSQL 프로그램의 대표 격인 MongoDB는 RDBMS와 비교해 몇 가지 특징적인 차이가 있습니다. RDBMS가 테이블 간의 관계를 중심으로 데이터를 저장한다면, MongoDB는 **컬렉션**(collection)과 **도큐먼트**(document)를 사용해 데이터를 저장합니다.

다음 그림에서 보듯이 MongoDB의 컬렉션은 RDBMS의 테이블에 해당하고, 도큐먼트는 튜플에 해당합니다. 도큐먼트는 필드(field)와 값(value)의 쌍으로 구성되는데, 여기서 필드는 RDBMS의 속성에 해당합니다.

그림 4-19 **MongDB와 RDBMS의 비교**

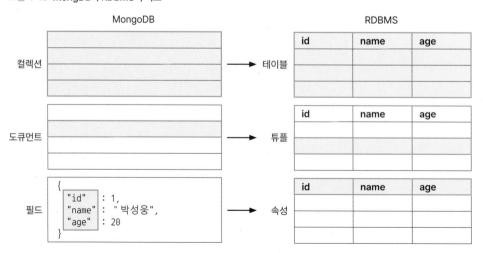

MongoDB에서 데이터가 저장되는 구조는 다음과 같습니다.

그림 4-20 **MongoDB의 데이터 저장 구조**

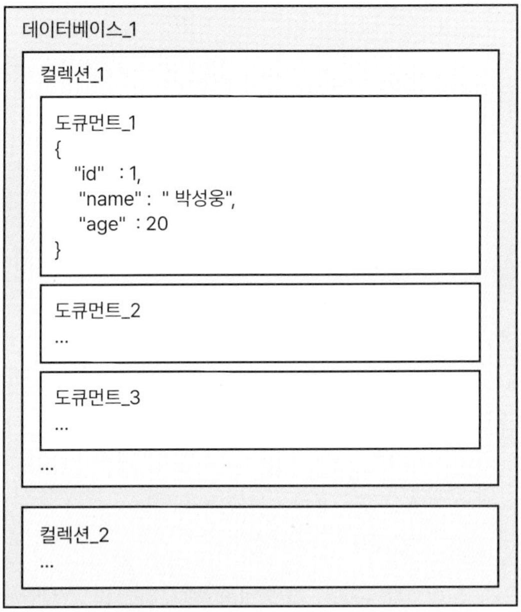

```
데이터베이스_1

  컬렉션_1

    도큐먼트_1
    {
       "id"   : 1,
       "name" : " 박성웅",
       "age"  : 20
    }

    도큐먼트_2
    ...

    도큐먼트_3
    ...

    ...

  컬렉션_2
  ...
```

## 4.3.2 컬렉션 만들기

'company'라는 데이터베이스에서 작업한다고 가정하고 MongoDB 명령을 셸(shell, 사용자의 명령을 해석해 결과를 출력하는 인터페이스 프로그램)에서 작성하겠습니다. 셸에서 company 데이터베이스에 접속한 상태는 다음과 같습니다.

```
company>
```

데이터베이스에 컬렉션을 만들 때는 다음 명령을 사용합니다.

```
db.createCollection("컬렉션명")
```

db.createCollection("board") 명령으로 board라는 컬렉션을 만듭니다. 결과에서 { ok: 1 } 은 컬렉션이 잘 만들어졌다는 뜻입니다. 이어서 show collections 명령을 실행하면 해당 데이터베이스 내의 컬렉션 목록을 확인할 수 있습니다.

```
company> db.createCollection("board")
{ ok: 1 }
company> show collections
board
```

### 4.3.3 데이터 CRUD

**데이터 생성하기**

board 컬렉션에 도큐먼트를 생성해보겠습니다. MongoDB에서는 도큐먼트별로 필드가 각기 다를 수도 있습니다. 도큐먼트에 데이터를 생성하는 명령은 다음과 같습니다.

```
db.컬렉션명.insert({field: value, field: value, … })
```

다음과 같이 각기 다른 필드를 가진 2개의 도큐먼트를 board 컬렉션에 생성합니다. 결과에서 acknowledged는 데이터 생성 작업의 성공 여부를 나타내는데, true는 생성이 성공적으로 완료됐음을 의미합니다. 또한 insertedIds는 생성된 도큐먼트의 아이디를 나타내며, 다음 코드에서는 ObjectId("645dc99c93b01fbe32603f25")가 아이디입니다.

```
company> db.board.insert({"title": "제목1", "content": "내용1"})
{
  acknowledged: true,
  insertedIds: { '0': ObjectId("645dc99c93b01fbe32603f25") }
}
company> db.board.insert({"title": "제목2", "content": "내용2", "private": true})
{
  acknowledged: true,
  insertedIds: { '0': ObjectId("645dc9a293b01fbe32603f26") }
}
```

## 데이터 조회하기

앞에서 생성한 도큐먼트를 조회해보겠습니다. 데이터를 조회할 때 컬렉션의 모든 도큐먼트를 조회할 수도 있고, 특정 조건에 부합하는 도큐먼트만 조회할 수도 있습니다.

```
db.컬렉션명.find() // 모든 도큐먼트 조회
db.컬렉션명.find({조건}) // 조건에 부합하는 도큐먼트 조회
```

다음은 board 컬렉션에서 먼저 모든 도큐먼트를 조회한 뒤 private 필드가 true인 도큐먼트만 조회하는 코드입니다.

```
company> db.board.find()
[
  {
    _id: ObjectId("645dc99c93b01fbe32603f25"),
    title: '제목1',
    content: '내용1'
  },
  {
    _id: ObjectId("645dc9a293b01fbe32603f26"),
    title: '제목2',
    content: '내용2',
    private: true
  }
]
company> db.board.find({"private": true})
[
  {
    _id: ObjectId("645dc9a293b01fbe32603f26"),
    title: '제목2',
    content: '내용2',
    private: true
  }
]
```

## 데이터 수정하기

도큐먼트를 수정하는 명령은 다음과 같이 두 가지입니다.

- **updateOne:** 조건에 부합하는 도큐먼트 중 맨 처음 도큐먼트만 수정합니다.

- **updateMany:** 조건에 부합하는 모든 도큐먼트를 수정합니다.

```
// filter 조건에 부합하는 도큐먼트 중 맨 처음 도큐먼트를 update 규칙에 따라 수정
db.컬렉션명.updateOne({filter}, {update})
// filter 조건에 부합하는 모든 도큐먼트를 update 규칙에 따라 수정
db.컬렉션명.updateMany({filter}, {update})
```

다음 코드에서 $set은 필드 수정 연산자로, 해당 필드 값을 교체합니다. 결과를 보면 title
이 제목1인 도큐먼트가 제목2로 수정된 것을 확인할 수 있습니다.

**updateOne 문 사용**

```
company> db.board.updateOne({title: "제목1"}, {$set: {title: "제목2"}})
{
  acknowledged: true,
  insertedId: null,
  matchedCount: 1,
  modifiedCount: 1,
  upsertedCount: 0
}
company> db.board.find()
[
  {
    _id: ObjectId("645dc99c93b01fbe32603f25"),
    title: '제목2',
    content: '내용1'
  },
  {
    _id: ObjectId("645dc9a293b01fbe32603f26"),
    title: '제목2',
    content: '내용2',
    private: true
  }
]
```

title이 제목2인 모든 도큐먼트의 content를 수정하고 싶다면 다음과 같이 updateMany 문을
사용합니다.

*updateMany 문 사용*

```
company> db.board.updateMany({title: "제목2"}, {$set: {content: "수정된내용"}})
{
  acknowledged: true,
  insertedId: null,
  matchedCount: 2,
  modifiedCount: 2,
  upsertedCount: 0
}
company> db.board.find()
[
  {
    _id: ObjectId("645dc99c93b01fbe32603f25"),
    title: '제목2',
    content: '수정된내용'
  },
  {
    _id: ObjectId("645dc9a293b01fbe32603f26"),
    title: '제목2',
    content: '수정된내용',
    private: true
  }
]
```

## 데이터 삭제하기

도큐먼트를 삭제하는 명령도 다음과 같이 두 가지입니다.

- **deleteOne:** 조건에 부합하는 도큐먼트 중 맨 처음 도큐먼트만 삭제합니다.

- **deleteMany:** 조건에 부합하는 모든 도큐먼트를 삭제합니다. 도큐먼트 전체를 삭제할 때
  도 이 명령을 사용합니다.

```
// 조건에 부합하는 도큐먼트 중 맨 처음 도큐먼트 삭제
db.컬렉션명.deleteOne({조건})
// 조건에 부합하는 모든 도큐먼트 삭제
db.컬렉션명.deleteMany({조건})
// 도큐먼트 전체 삭제
db.컬렉션명.deleteMany({})
```

다음은 private 필드가 true인 도큐먼트 중 맨 처음 도큐먼트를 삭제한 뒤 title이 제목2인
모든 도큐먼트를 삭제하는 코드입니다. db.board.find() 문으로 모든 도큐먼트를 조회해보
면 모든 도큐먼트가 삭제돼 빈 결과(아무것도 출력되지 않음)만 확인할 수 있습니다.

```
company> db.board.deleteOne({private: true})
{
  acknowledged: true,
  deletedCount: 1
}
company> db.board.deleteMany({title: "제목2"})
{
  acknowledged: true,
  deletedCount: 1
}
company> db.board.find()
```

### 선수 지식: SQL

이 장에서는 MySQL을 설치하고 SQL 문으로 데이터를 생성·조회·수정·삭제하는 실습을 추천합니다. 이를 통해 데이터를 관리하는 서비스가 DBMS에서 어떻게 작동하는지 체감할 수 있습니다.

❶ MySQL 설치하기

❷ MySQL에 스키마 생성하고 테이블 추가하기

❸ 테이블 만들기, 테이블의 속성 수정하기, 테이블 삭제하기

❹ 테이블의 데이터 생성·조회·수정·삭제하기

❺ 2개 이상의 테이블 조인하기

백엔드 개발자라면 데이터베이스는 필수로 갖춰야 할 지식입니다. 개발 프로젝트의 기획 방향을 이해하고 데이터의 저장 구조를 설계할 줄 알아야 하기 때문입니다.

현업에서는 DBMS로 NoSQL보다 RDBMS를 더 많이 사용합니다. 따라서 처음 공부할 때는 RDBMS로 시작하고, 기본 개념과 사용법에 익숙해졌다면 NoSQL을 공부하는 것이 좋습니다.

추천하는 RDBMS는 MySQL입니다. 어떤 프로그램을 공부해야 할지 고민이라면 MySQL의 다양한 개념과 기능을 깊이 있게 공부하길 권합니다. 이를 통해 데이터 타입(숫자형, 문자형, 날짜형 등), 각종 내장 함수, 데이터 백업과 복원을 익히세요. 이는 백엔드 개발자가 필수적으로 알아야 할 내용입니다.

SQL의 문법은 표준 SQL인 ANSI SQL과 오라클에서 사용하는 Oracle SQL이 있습니다. 이렇게 두 가지 문법이 존재하는 이유와 둘 사이에 어떤 차이가 있는지도 추가로 학습하기 바랍니다.

# API

API란 프로그램들이 상호작용할 수 있도록 중간에서 도와주는 매개체를 말합니다. 웹 개발에서 API는 프론트엔드와 백엔드가 서로 데이터를 주고받을 수 있도록 도와주는 역할을 합니다. 백엔드 개발자가 API를 개발하면 프론트엔드 개발자는 API를 연동해 필요한 데이터를 요청하고 응답을 받습니다.

이 장에서는 프론트엔드와 백엔드가 API를 이용해 소통한다는 것이 무엇인지 이해하고, 가장 대중적인 API 유형인 REST API와 GraphQL에 대해 알아봅니다. 그리고 API 명세서를 작성하고 관리하는 방법을 익힙니다.

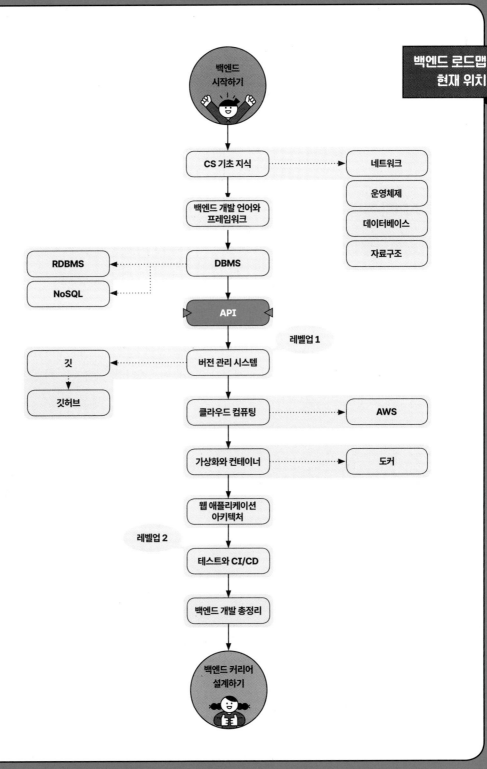

백엔드
시작하기

CS 기초 지식 ┄┄┄┄┄► 네트워크

운영체제

백엔드 개발 언어와
프레임워크

데이터베이스

자료구조

RDBMS ◄┄┄┄┄ DBMS

NoSQL ◄┄┄┄┄┘

API

레벨업 1

깃 ◄┄┄┄┄ 버전 관리 시스템

깃허브

클라우드 컴퓨팅 ┄┄┄┄┄► AWS

가상화와 컨테이너 ┄┄┄┄┄► 도커

웹 애플리케이션
아키텍처

레벨업 2

테스트와 CI/CD

백엔드 개발 총정리

백엔드 커리어
설계하기

# 5.1

# API의 개요

## 5.1.1 API의 개념

**API**(Application Programming Interface)는 응용 프로그램에서 사용할 수 있도록 운영체제나 프로그래밍 언어가 제공하는 기능을 제어하기 위한 인터페이스입니다. 인터페이스가 무엇인지 알면 API를 쉽게 이해할 수 있습니다.

'inter(~사이의)'와 'face(면)'가 합쳐진 말인 인터페이스는 여러 장치나 프로그램 사이에서 통신이 가능하도록 도와주는 매개체를 가리킵니다. 예를 들어 키보드는 사용자와 컴퓨터가 상호작용할 수 있도록 명령어를 입력하는 사용자 인터페이스입니다. 사용자는 키보드를 통해 손쉽게 명령을 내릴 수 있습니다.

그림 5-1 **키보드 인터페이스**

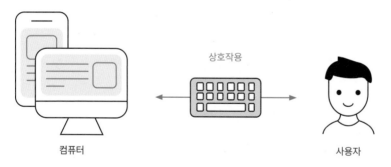

키보드가 사용자와 컴퓨터 사이의 통신을 가능하게 한다면, API는 응용 프로그램과 응용 프로그램 사이의 통신을 가능하게 합니다. 예를 들어 길벗 사이트에 접속하는 경우를 생각해 봅시다. 사용자가 웹 브라우저에 'https://www.gilbut.co.kr'을 입력하면 길벗 사이트가 뜹니다. 이는 데이터를 조회하는(GET) API가 호출된 것으로, '길벗 사이트를 보여달라'는 요청에 서버가 응답한 결과입니다. API 요청은 이처럼 주소창에 도메인을 직접 입력하는 것뿐만 아니라 웹 사이트의 메뉴, 이미지, 아이콘을 클릭하는 동작으로도 호출할 수 있습니다.

그림 5-2 **API 호출의 예**

클라이언트와 서버는 API를 호출해 요청과 응답을 주고받습니다. 클라이언트가 API를 호출해 필요한 데이터를 서버에 요청하면, 서버는 데이터베이스에서 데이터를 처리한 후 그 결과를 클라이언트에 응답합니다.

그림 5-3 **API 호출과 서버의 동작**

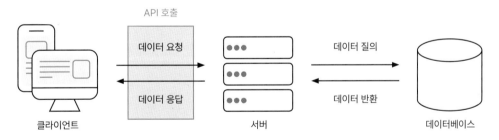

## 5.1.2 API 개발 순서

클라이언트와 서버 간의 통신을 담당하는 인터페이스인 API를 개발하는 순서는 다음과 같습니다.

그림 5-4 **API 개발 순서**

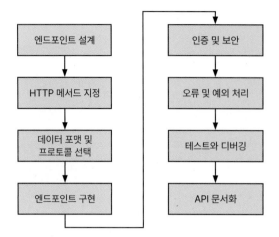

```
엔드포인트 설계  ───────────────►  인증 및 보안
     │                              │
     ▼                              ▼
HTTP 메서드 지정                오류 및 예외 처리
     │                              │
     ▼                              ▼
데이터 포맷 및                  테스트와 디버깅
프로토콜 선택                        │
     │                              ▼
     ▼                          API 문서화
엔드포인트 구현
```

- **엔드포인트 설계**

  요청을 보낼 서버의 주소를 설정하고(예: **https://www.gilbut.co.kr**), 해당 경로에 대해 어떤 API를 요청할지 최종 엔드포인트(**/search**, **/curation**)를 정의합니다. 다음과 같이 하나의 경로에 여러 엔드포인트를 지정할 수 있습니다.

  - https://www.gilbut.co.kr**/search**

  - https://www.gilbut.co.kr**/curation**

- **HTTP 메서드 지정**

  각 엔드포인트에 요청할 HTTP 메서드를 지정합니다. HTTP 메서드는 클라이언트가 서버로 보내는 요청의 종류로, POST(데이터 생성), GET(데이터 조회), PUT 또는 PATCH(데이터 수정), DELETE(데이터 삭제)가 있습니다.

- **데이터 포맷 및 프로토콜 선택**

  API에서 사용할 데이터 포맷, 즉 주고받을 데이터의 형태와 통신에 사용할 프로토콜을 선택합니다. 일반적으로 데이터 포맷은 JSON, 프로토콜은 RESTful을 많이 사용합니다. RESTful은 **5.2.1절 REST API**에서 자세히 설명하겠습니다.

- **엔드포인트 구현**

  각 엔드포인트로 접수된 클라이언트의 요청을 처리하는 서버 측 로직을 구현합니다. 클라이언트의 요청을 받으면 데이터베이스에 접근해 데이터를 가져와 가공하고, 이를 클라이언트에 반환하는 프로그램 로직을 만듭니다.

- **인증 및 보안**

  API를 보호하기 위해 인증 및 보안 메커니즘을 구현합니다. 사용자 인증, 액세스 토큰 기반의 권한 부여, 암호화 등의 보안 기능이 포함됩니다.

- **오류 및 예외 처리**

  잘못된 요청이나 예외 상황에 대해 적절한 오류 응답을 할 수 있도록 프로그램 로직을 보강합니다. 이를 통해 클라이언트가 오류를 인식하고 적절히 처리할 수 있습니다.

- **테스트와 디버깅**

  API 개발 작업은 테스트와 디버깅 단계를 거쳐야 합니다. 그럼으로써 API의 정확성과 안정성을 확인하고, 문제를 해결하며, 성능을 최적화할 수 있습니다.

- **API 문서화**

  API를 사용하는 다른 개발자가 쉽게 이해하고 사용할 수 있도록 문서화하는 단계입니다. API의 엔드포인트, 매개변수, 응답 형식, 오류 코드 등에 대한 명세를 문서로 작성함으로써 개발자가 API를 좀 더 효과적으로 활용할 수 있습니다.

# 5.2 API의 유형

API의 유형에는 대표적으로 REST API와 GraphQL이 있습니다.

## 5.2.1 REST API

API의 형식이 너무 자유로우면 개발자끼리 API를 이해하고 사용하는 데 오랜 시간이 걸립니다. 따라서 이를 해결하기 위해 API 작성 규칙을 표준화한 **REST API**(REpresentational State Transfer API)가 개발됐습니다.

쉽게 말해 REST API는 REST를 적용한 API입니다. REST는 웹의 장점을 활용해 만든 API 설계 스타일로, 미국의 컴퓨터 과학자인 로이 필딩(Roy Fielding)이 2000년 박사 학위 논문에서 처음 소개했습니다. 그는 당시 누가 개발했는지에 따라 웹 사이트별로 URL이 천차만별이고, 심지어 URL에 파일명까지 노출되는 것을 보고 REST를 개발했습니다.

**REST API의 구성 요소**

REST API는 크게 자원(resource), 행위(verb), 표현(representation of resource)으로 구성됩니다.

● **자원**

REST API는 클라이언트와 서버가 주고받는 자원(텍스트, 이미지, 음악, 영상 등)을 URI로 명시합니다. URI는 URL보다 상위 개념으로, 특정 자원 자체를 의미합니다. 한편 URL은 웹상에서 자원이 있는 곳의 위치를 뜻합니다. 예를 들어 길벗 사이트의 사용자 페이지 URL이 **https://www.gilbut.co.kr/users**라면 100번째 사용자를 가리키는 URI는 **https://www.gilbut.co.kr/users/100**이 될 수 있습니다.

그림 5-5 **URI와 URL의 관계**

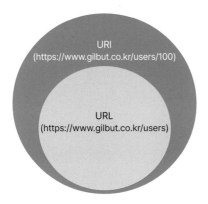

URI의 구조는 다음과 같습니다.

```
scheme:[//[user[:password]@]host[:port]][/path][?query][#fragment]
```

- **scheme:** 사용할 프로토콜의 종류(http, https 등)를 나타냅니다.

- **user와 password:** 서버에 저장된 데이터에 접근하는 데 필요한 사용자의 이름과 비밀 번호로, 없는 경우 생략할 수 있습니다.

- **host와 port:** 접근할 서버의 호스트명(도메인, IP 주소 등)과 포트 번호입니다.

- **path:** 접근할 서버의 경로에 대한 상세 정보입니다.

- **query:** 접근할 대상에 전달하는 추가 정보입니다.

- **fragment:** 메인 자원 내에 있는 서브 자원에 접근할 때 이를 식별하기 위한 정보입니다.

● **행위**

행위란 HTTP 메서드를 통해 해당 자원에 CRUD 연산을 적용하는 것을 의미합니다. 각 연산에 사용하는 HTTP 메서드는 다음과 같습니다.

- **Create(데이터 생성):** POST

- **Read(데이터 조회):** GET

- **Update(데이터 수정):** PUT 또는 PATCH

- **Delete(데이터 삭제):** DELETE

**● 표현**

클라이언트가 서버에 자원을 요청하면 서버는 요청받은 시점의 자원 상태를 반환합니다. 자원 상태는 CRUD 연산에 의해 매번 바뀝니다. 예를 들어 사용자 정보는 회원 가입, 탈퇴, 정보 수정 등으로 인해 실시간으로 바뀝니다. REST API는 이렇게 변하는 자원 상태를 반영해 요청받은 시점의 자원 상태를 반환합니다. 이때 주고받는 자원, 즉 데이터의 형식은 JSON 또는 XML입니다.

정리하자면 REST API는 네트워크상에서 클라이언트와 서버가 주고받는 자원에 이름을 붙여, HTTP 메서드로 특정 자원에 대한 CRUD 연산을 요청하고, 그에 대한 응답으로 JSON 또는 XML 데이터를 응답받는 방식으로 동작합니다.

그림 5-6 **REST API의 동작**

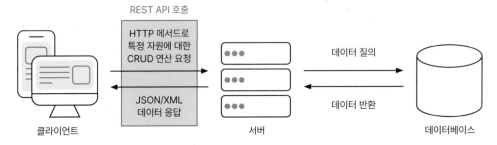

## REST API의 특징

REST API의 가장 큰 특징은 HTTP 요청 메시지만 보고도 어떤 동작이나 정보를 요청하는지 쉽게 이해할 수 있다는 것입니다. 한 예로 다음 HTTP 요청 메시지를 살펴봅시다.

—————————————————————————————————————————— **HTTP 요청 메시지**

```
POST /users HTTP/1.1  ---- 시작 행
(중략)                 ---- 헤더
                       ---- 빈 행
{
  "name" : "Charles"   ┐ 본문
}                      ┘
```

메시지의 시작 행에 있는 POST는 데이터를 생성하라는 HTTP 메서드입니다. 그리고 /users는 데이터 생성 요청을 보내는 URI입니다. 본문에서는 "name" 속성 값으로 "Charles"를 보

냅니다. 개발자는 이를 통해 Charles라는 이름을 가진 사용자를 생성하라는 요청을 보냈다는 것을 추론할 수 있습니다. 이렇게 REST의 원칙과 제약을 준수해 설계한 API를 'RESTful한 API'라고 합니다.

반면에 다음 코드에서는 1번 사용자를 생성하라는 요청인지, 삭제하라는 요청인지 판단하기 어렵습니다. 아래에 본문이 있는 것으로 봐서는 생성 요청이 맞는 것 같지만 RESTful하지 않은 API입니다.

RESTful하지 않은 API

```
POST /delete/users/1 HTTP/1.1 ---- 시작 행
(중략)                          ---- 헤더
                               ---- 빈 행
{
"name" : "Charles"        } 본문
}
```

## REST API 설계 규칙

그렇다면 RESTful한 API는 어떻게 구현할까요? REST API를 설계할 때의 핵심은 세 가지 구성 요소, 즉 자원, 행위, 표현을 역할에 맞게 잘 활용하는 것입니다. URI로 자원을 표현하고, 자원에 대한 행위는 HTTP 메서드로 표현한다는 사실을 염두에 두고 REST API 설계 규칙을 살펴봅시다.

### ● URI에 명사를 사용합니다

가장 중요한 규칙입니다. URI에 명사가 아닌 동사, 가령 /getUserById(사용자의 id를 조회하라)와 같은 행위가 포함되면 API의 의미를 쉽게 추론할 수 없습니다.

URI를 잘못 작성한 예

```
GET /getUserById/:id ----- (×) id번 사용자 id를 조회하는 것을 조회하라?
POST /createNewUser ------ (×) 새로운 사용자를 생성하는 것을 생성하라?
PATCH /updateUser/:id ---- (×) id번 사용자를 수정하는 것을 수정하라?
DELETE /deleteUser/:id --- (×) id번 사용자를 삭제하는 것을 삭제하라?
```

이러한 경우에는 동사를 HTTP 메서드로 처리하고 URI에 포함하지 말아야 합니다.

```
GET /users/:id ------ (○) id번 사용자를 조회하라.
POST /users --------- (○) 새로운 사용자를 생성하라.
PATCH /users/:id ---- (○) id번 사용자를 수정하라.
DELETE /users/:id --- (○) id번 사용자를 삭제하라.
```

## ● 자원의 계층 관계를 /로 나타냅니다

REST API는 /(슬래시) 구분자를 사용해 자원 간의 계층 관계를 나타냅니다. 일반적으로 이러한 관계를 'has-a' 관계라고 합니다. 예를 들어 야구와 관련된 데이터를 제공하는 API가 있다고 가정해봅시다. 이 API는 야구 뉴스, 경기 일정, 경기 기록 등을 제공하고, 야구 뉴스는 다시 1번 뉴스, 2번 뉴스, … 등으로 구분됩니다. REST API는 이러한 자원 간의 계층 관계를 /로 나타내며, URI의 끝으로 갈수록 더 세부적인 자원입니다.

```
https://api.sports.com/baseball
https://api.sports.com/baseball/news
https://api.sports.com/baseball/news/1
https://api.sports.com/baseball/schedule
https://api.sports.com/baseball/record
```

## ● 마지막에 /를 넣지 않습니다

URI의 마지막에는 /를 넣지 않습니다. /는 계층 관계를 나타내는 구분자이므로 /를 중심으로 계층 관계를 작성하되, 더 이상 계층 관계가 없으면 /를 넣지 않습니다.

```
https://api.sports.com/baseball/ ----- (×)
https://api.sports.com/baseball ------ (○)
```

## ● 명사와 명사를 구분할 때 -을 사용합니다

URI에서 명사와 명사를 구분할 때는 _(밑줄)이 아닌 -(하이픈)을 사용합니다.

```
https://api.sports.com/social_login ----- (×)
https://api.sports.com/social-login ----- (○)
```

- **소문자만 사용합니다**

  URI에는 대문자를 사용하지 않고 소문자만 사용합니다.

  ```
  https://api.sports.com/socialLogin ------ ( × )
  https://api.sports.com/social-login ----- ( ○ )
  ```

- **파일 확장자를 포함하지 않습니다**

  REST API는 클라이언트와 서버가 주고받는 메시지 본문의 데이터 형식을 나타내기 위해 URI에 파일 확장자를 포함하지 않습니다.

  ```
  https://api.sports.com/baseball/news/345/photo.jpg ----- ( × )
  ```

  메시지 본문의 데이터 형식은 다음과 같이 Accept 헤더를 이용해 명시합니다.

  ```
  GET /baseball/news/345/photo HTTP/1.1 ----- 시작 행
  Host: api.sports.com
  Accept: image/jpg        } 헤더
  (중략)
  ```

- **적절한 HTTP 상태 코드를 응답합니다**

  RESTful한 API는 URI만 잘 설계했다고 끝이 아닙니다. 요청에 대한 응답까지 적절하게 보내야 합니다. 클라이언트의 요청을 받아 완료했는지, 아니면 실패했는지 등의 정보를 담은 HTTP 상태 코드를 전송해야 RESTful한 API라고 할 수 있습니다. HTTP 상태 코드는 **2.1.5절 프로토콜**에서 자세히 설명했습니다.

## 5.2.2 GraphQL

**GraphQL**(Graph Query Language)은 페이스북에서 만든 쿼리 언어로, 클라이언트가 서버로부터 데이터를 효율적으로 가져오기 위해 개발됐습니다.

그림 5-7 GraphQL 로고

GraphQL이 REST API와 어떻게 다른지 쉽게 이해할 수 있도록 REST API를 중식당, GraphQL을 마라탕 식당에 빗대어 살펴봅시다. 중식당은 메뉴가 정해져 있어 손님이 메뉴 중에서 요리를 고르면 주방장이 요리를 만들어 제공합니다. 반면에 마라탕 식당에서는 손님이 원하는 재료를 직접 담아 조리해달라고 요청합니다. 메뉴는 마라탕 하나뿐이지만 어떤 재료를 조합해 요청하느냐에 따라 다양한 맛을 즐길 수 있습니다.

REST API는 중식당처럼 백엔드 개발자가 미리 만들어놓은 API만 요청할 수 있습니다. 따라서 응답받는 데이터의 조합이 정해져 있습니다. 반면에 GraphQL은 마라탕 식당처럼 원하는 데이터를 직접 요청할 수 있습니다. 이름에 QL(쿼리 언어)이라는 말이 붙은 것도 필요한 데이터를 직접 질의할 수 있기 때문입니다.

예를 들어 저자의 아이디(id)를 조회해 저자의 이름(name)과 이메일(email)을 가져오고 싶다고 합시다. REST API 방식의 경우 백엔드 개발자가 미리 설계해놓은 API를 다음과 같이 요청해 저자의 이름과 이메일을 응답받을 것입니다.

이름과 이메일을 응답하도록 설계된 API 호출

```
GET /author/:id
```

그런데 저자의 전화번호(phoneNumber)도 필요하다면 어떻게 해야 할까요? 기존 API의 응답 데이터는 저자의 이름과 이메일이므로 백엔드 개발자에게 응답 데이터에 전화번호를 포함해달라고 요청해야 하고, 프론트엔드 개발자는 API가 수정될 때까지 수동적으로 기다리는 수밖에 없습니다.

반면에 GraphQL 방식의 경우에는 다음과 같이 name과 email을 요청하는 코드에 phoneNumber 한 줄만 추가하면 됩니다. GraphQL을 사용하면 백엔드 개발자에게 따로 API를 수정해달라고 요청할 필요 없이 원하는 데이터를 직접 요청할 수 있습니다.

```
query Author($id: Int) {        query Author($id: Int) {
  author(id: $id) {               author(id: $id) {
    name                            name
    email                           email
  }                                 phoneNumber
}                                 }
                                }
```

이처럼 GraphQL은 클라이언트가 서버로부터 데이터를 효율적으로 가져오는 것에 초점을 맞추고 있습니다. 'URI+HTTP 메서드' 조합으로 다양한 엔드포인트가 존재하는 REST API와 달리 /graphql이라는 URI 하나로 필요한 데이터를 조합한 쿼리를 요청합니다.

이제 엔드포인트가 여러 개인 REST API는 메뉴가 여러 개인 중식당과 같고, 엔드포인트가 /graphql뿐인 GraphQL은 메뉴가 하나인 마라탕 식당과 같다는 것이 이해되죠?

> **컴공선배의 조언** 💬
>
> 앞의 설명만 놓고 보자면 GraphQL이 만능인 것처럼 느껴집니다. 하지만 꼭 그런 것은 아닙니다. 경우에 따라 REST API가 더 적절할 때가 있고, GraphQL이 더 적절할 때가 있습니다. 중요한 것은 둘의 차이를 알고 상황에 맞는 API 유형을 골라 사용하는 것입니다. 프론트엔드 개발자가 필요한 데이터를 직접 질의하고 개발의 주도권을 가지려 한다면 GraphQL을 도입할 것을 추천합니다.

# 5.3

# API 명세서

클라이언트와 서버가 API를 이용해 통신하려면 어떤 식으로 요청을 보내고 무엇을 응답 데이터로 받을지 약속해야 합니다. **API 명세서**(API specification)는 이러한 약속을 정리한 문건으로, API를 정확하게 호출하고 그 결과를 명확히 해석하는 데 필요한 정보가 일관된 형식으로 기술돼 있습니다.

## 5.3.1 API 명세서 작성 방법

API 명세서는 API 목차 시트를 만든 후 API별로 세부 명세를 기술하는 순서로 작성합니다. API 명세서는 마이크로소프트 워드, 엑셀, 노션 등으로 만들 수 있는데, 여기서는 엑셀을 기준으로 설명하겠습니다.

### API 목차 시트 만들기

API 목차 시트는 수많은 API를 표 형태로 만들어 한눈에 볼 수 있도록 정리한 것입니다. 목차 시트가 있어야 필요한 API를 빠르게 찾아 세부 명세 시트로 이동할 수 있습니다. 목차 시트는 크게 URL 부분과 API 목차 부분으로 나눠 작성합니다.

그림 5-8 **API 목차 시트**

| ❶ URL | | api-dev.inbroz.com | | | |
|---|---|---|---|---|---|
| ❷ Index | Method | URI | Description | 명세서 작성 | 서버 반영 |
| 1 | POST | /app/users | 사용자 생성(회원가입) API | OK | OK |
| 2 | GET | /app/users | 전체 사용자 조회 API | | |
| 3 | GET | /app/users/:userId | 특정 사용자 조회 API | | |

### ❶ URL

클라이언트가 요청을 보낼 서버 주소를 말합니다. **그림 5-8**에서는 **api-dev.inbroz.com**이

URL입니다. 서버에 도메인을 연결하기 전이라 도메인이 없다면 숫자로 된 IP 주소를 작성해도 됩니다.

**❷ API 목차**

모든 API의 목록을 표 형태로 정리한 것으로, 각 API의 메서드(Method), 하위 URI, API에 대한 설명(Description), 명세서 작성 여부, 서버 반영 여부 등의 정보가 담겨 있습니다. **그림 5-8**에서 1번 API는 명세서가 작성돼 서버에도 반영됐습니다. 그러나 2번과 3번은 아직 명세서 작성 및 서버 반영이 완료되지 않았습니다.

## API별 세부 명세 작성하기

API 목차 시트를 만들었다면 API별로 세부 명세를 별도의 시트에 작성합니다. 세부 명세에는 해당 API 요청과 응답을 정확히 주고받는 데 필요한 내용이 들어갑니다.

그림 5-9 **사용자 생성 API의 세부 명세**

| /app/users | 사용자 생성(회원가입) API | | | | | | |
|---|---|---|---|---|---|---|---|
| ❶ Method | POST | | | | | | |
| ❷ Header | Name | Type | Mandatory | Example | Default | Description | |
| ❸ Body | Name | Type | Mandatory | Example | Default | Description | |
| | name | String | Y | "Charles" | | 사용자 이름 | |
| ❹ Query String | Name | Type | Mandatory | Example | Default | Description | |
| ❺ Path Variable | Name | Type | Mandatory | Example | Default | Description | |
| ❻ Response Parameters | Name | Type | Mandatory | Example | Default | Description | |
| | result | Array | Y | | | | |
| | └ id | Int | Y | 2 | | 사용자 식별자 | |
| | └ name | String | Y | sky | | 사용자 이름 | |
| | ... | | | | | | |
| | isSuccess | Boolean | Y | true | | 요청 성공 여부 | |
| | code | Int | Y | 100 | | 응답 코드 | |
| | message | String | Y | 사용자 생성 성공 | | 응답 메시지 | |
| ❼ Response Sample | "isSuccess": true,<br>"code": 100,<br>"message": "사용자 생성 성공"<br>"result": [<br>　{<br>　　"id": 2,<br>　　"name": "sky",<br>　　"email": "sky@gmail.com",<br>　　"password": 987654321,<br>　　"admin": "U"<br>　},<br>　{<br>　　"id": 19,<br>　　"name": "jerry",<br>　　"email": "jerry@gmail.com", | | | | | | |
| ❽ Result Code | code | message | | | | | |
| | 100 | 사용자 생성 성공 | | | | | |
| | 200 | 사용자 생성 실패 | | | | | |
| | 300 | 사용자 생성 오류 | | | | | |

## ❶ Method

Method(메서드)에는 클라이언트가 서버에 요청을 보낼 때 사용하는 HTTP 메서드를 작성합니다. 데이터를 생성할 때는 POST, 조회할 때는 GET, 수정할 때는 PUT 또는 PATCH, 삭제할 때는 DELETE를 작성합니다.

## ❷ Header

Header(헤더)에는 HTTP Header에 담길 데이터를 작성합니다. 예를 들어 JWT와 같은 인증 토큰을 Authorization이라는 이름의 키 값으로 헤더에 담아 전송할 수 있습니다.

## ❸ Body

Body(본문)에는 API 요청 시 클라이언트가 서버로 전송하는 본문 데이터를 작성합니다. Body는 데이터를 조회하거나 삭제할 때는 보내지 않아도 되고, 데이터를 생성하거나 수정할 때만 작성하므로 POST와 PUT/PATCH 메서드에서만 사용합니다. Body에 실어 주고받는 데이터의 형식은 주로 JSON 또는 XML입니다.

## ❹ Query String

Query String(쿼리 문자열)은 API 요청 시 URL 뒤에 오는 매개변수를 말합니다. 매개변수의 이름과 값은 key=value 형식으로 나타내고, 각 매개변수는 &로 구분합니다. Query String은 서버에 특정 조건을 전달하거나 검색 쿼리를 수행하는 데 사용하기 때문에 주로 GET 메서드에서 많이 쓰입니다. **그림 5-9**의 경우 POST 메서드를 사용하는 API이므로 Query String이 공란입니다. 만약 id가 3인 사용자를 조회하는 GET 메서드를 사용하는 API(예: **/app/users?id=3**)라면 다음과 같이 작성합니다.

그림 5-10 데이터 조회(GET) 요청에 대한 Query String 작성 예

| Query String | Name | Type | Mandatory | Example | Default | Description |
|---|---|---|---|---|---|---|
| | id | Int | Y | 3 | | 사용자 ID |

## ❺ Path Variable

Path Variable(경로 변수)은 API 요청 시 URL 경로 내에 동적으로 변경되는 값을 나타내는 변수입니다. 자원의 식별자나 특정 동작을 수행하기 위한 인자로 사용하며, 변수명을 URL 경로 내에 중괄호({})로 감싸 표현합니다. **그림 5-9**의 경우 Path Variable을 사용하지 않아 해당 사항이 없으므로 공란입니다. 만약 id를 변수로 써서 id번 사용자를 조회하는

GET 메서드를 사용하는 API(예: **/app/users/{id}**)라면 다음과 같이 작성합니다.

그림 5-11 데이터 조회(GET) 요청에 대한 Path Variable 작성 예

| Path Variable | Name | Type | Mandatory | Example | Default | Description |
|---|---|---|---|---|---|---|
| | id | Int | Y | 3 | | 사용자 ID |

## ❻ Response Parameters

Response Parameters(응답 매개변수)는 API 요청에 대한 응답으로 반환되는 데이터의 필드와 속성을 나타냅니다. 이 항목을 보면 클라이언트가 서버로부터 받는 응답 데이터의 구조와 내용을 알 수 있습니다. **그림 5-9**의 이 부분을 살펴보면 사용자 생성 API 요청에 대한 Response Parameters로 id(사용자 식별자), name(사용자 이름), isSuccess(요청 성공 여부), code(응답 코드), message(응답 메시지)가 반환되는 것을 알 수 있습니다.

그림 5-12 데이터 생성(POST) 요청에 대한 Response Parameters 작성 예

| Response Parameters | Name | Type | Mandatory | Example | Default | Description |
|---|---|---|---|---|---|---|
| | result | Array | Y | | | |
| | └ id | Int | Y | 2 | | 사용자 식별자 |
| | └ name | String | Y | sky | | 사용자 이름 |
| | ... | | | | | |
| | isSuccess | Boolean | Y | true | | 요청 성공 여부 |
| | code | Int | Y | 100 | | 응답 코드 |
| | message | String | Y | 사용자 생성 성공 | | 응답 메시지 |

## ❼ Response Sample

Response Sample(응답 예시)은 API 요청에 대한 응답 예시입니다. 일반적으로 JSON 형식을 사용하며, 실제 서버 응답의 예시 데이터가 포함됩니다. 이를 통해 클라이언트 개발자는 API 응답을 이해하고 처리할 수 있습니다.

그림 5-13 데이터 생성(POST) 요청에 대한 Response Sample 작성 예

| Response Sample | |
|---|---|
| | "isSuccess": true,<br>"code": 100,<br>"message": "사용자 생성 성공"<br>"result": [<br>  {<br>    "id": 2,<br>    "name": "sky",<br>    "email": "sky@gmail.com",<br>    "password": 987654321,<br>    "admin": "U"<br>  },<br>  {<br>    "id": 19,<br>    "name": "jerry",<br>    "email": "jerry@gmail.com", |

**⑧ Result Code**

Result Code(결과 코드)는 클라이언트가 보낸 API 요청에 대한 서버의 처리 결과를 나타내는 코드입니다. 숫자 또는 문자열로 나타내며 크게 성공, 실패, 오류로 구분됩니다. 개발자는 이 코드를 보고 서버의 응답 상태를 확인할 수 있습니다.

그림 5-14 데이터 생성(POST) 요청에 대한 Result Code 작성 예

| Result Code | code | message |
|---|---|---|
| | 100 | 사용자 생성 성공 |
| | 200 | 사용자 생성 실패 |
| | 300 | 사용자 생성 오류 |

## 5.3.2 오픈API: 스웨거

**오픈API**(OAS, OpenAPI Specification)는 REST API를 문서화하기 위한 공개 표준(open standard)으로, REST API 명세서를 작성하는 포맷을 제공합니다. API 개발자(보통 백엔드 개발자)와 프론트엔드 개발자가 원활하게 소통할 수 있도록 API를 개발·관리·문서화하는 데 도움을 줍니다. 대표적인 오픈API 도구로 **스웨거**(Swagger)가 있습니다.

그림 5-15 스웨거 공식 사이트(https://swagger.io)

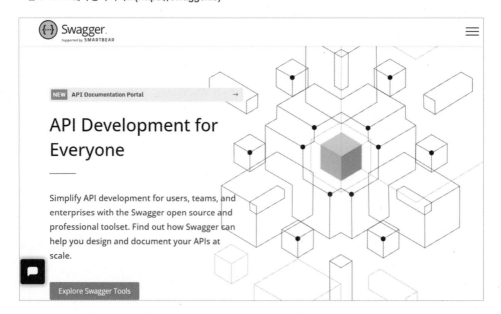

스웨거의 특징은 다음과 같습니다.

- 자동으로 API 명세서를 생성하고 스웨거 UI를 통해 API 명세서를 시각적으로 구조화해 보여줍니다.
- 프론트엔드 개발자가 실시간으로 업데이트된 API 문서를 확인하고 각 API의 기능, API 요청 시 전달되는 매개변수, 응답 데이터의 형식 등을 쉽게 이해할 수 있습니다.
- API 명세서를 토대로 API 테스트(API 요청을 보내고 응답을 확인)를 할 수 있습니다. 클라이언트 개발자가 API를 직접 테스트하고 디버깅할 수 있어 개발 시간이 단축됩니다.

다음은 스웨거로 만든 소셜 로그인 명세서입니다. 개발자가 만든 웹 애플리케이션에 카카오와 구글 아이디로 로그인할 수 있도록 로그인 API의 HTTP 메서드와 URI를 정의했습니다.

그림 5-16 스웨거로 만든 소셜 로그인 명세서

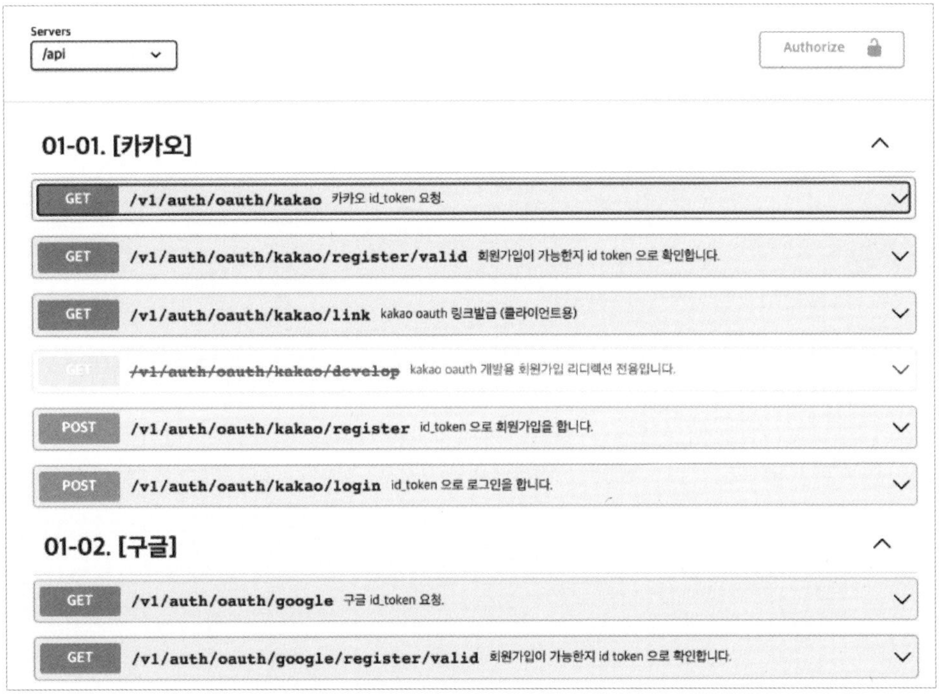

스웨거는 여러 개발자가 일관된 방식으로 표준화된 API 명세서를 생성할 수 있도록 도와줍니다. 하지만 초기 설정이 까다롭고 API 작성 규칙을 숙지해야 하는 어려움이 있어 처음 배

울 때 학습 난도가 높습니다. 이러한 단점을 극복하고 스웨거의 이점을 최대한 활용하려면 신중하게 검토 후 도입하고 개발 팀의 요구 사항에 맞게 사용하는 것이 중요합니다.

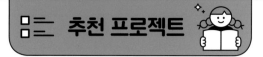

## 추천 프로젝트

**선수 지식: 자바스크립트+Node.js 또는 자바+스프링 부트**

이 장에서 추천하는 실습은 CRUD 기능을 갖춘 게시판용 API를 개발하는 것입니다. '게시판 CRUD API 만들기'라는 키워드를 구글링해보면 다양한 예시를 찾을 수 있습니다. 혼자 실습하기 어려우면 관련 강의나 도서를 참고해도 좋습니다. 개발 언어와 프레임워크를 선정하고 다음과 같은 순서대로 직접 API를 개발해보세요.

❶ 개발 환경 설정하기

❷ 게시글 전체 목록을 조회하는 GET API 개발하기

❸ 단일 게시글을 조회하는 GET API 개발하기

❹ 새로운 게시글을 생성하는 POST API 개발하기

❺ 게시글을 수정하는 PATCH API 개발하기

❻ 게시글을 삭제하는 DELETE API 개발하기

❼ 엑셀 시트를 활용해 API 명세서 정리하기

❽ 스웨거를 활용해 API 명세서 작성하기

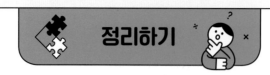

이 장에서는 API의 개념, 대표적인 API 유형인 REST API와 GraphQL, API 명세서 작성 방법 등을 살펴봤습니다. 모든 웹 서비스는 API의 집합체라고 해도 과언이 아닙니다. 예를 들어 사용자가 네이버에 로그인을 시도하면 로그인 기능이 정의된 API를 호출합니다. 서버는 API 요청을 접수해 사용자가 입력한 아이디와 비밀번호가 맞는지 조회합니다. 그리고 그 결과를 클라이언트에 반환해 로그인이 실패했는지 혹은 성공했는지 알려주는 화면을 출력합니다. 결국 웹 서비스는 이러한 API를 잘 설계해 사용자가 필요로 하는 데이터를 정확하게 전달하는 것이 핵심이라고 할 수 있습니다.

본문에서 다 다루지 못했지만 REST API에는 여섯 가지 특징이 있습니다. 또한 GraphQL을 효과적으로 사용하기 위한 클라이언트 도구도 존재합니다.

- **REST API의 특징:** 서버-클라이언트 구조, 무상태성, 캐시 처리 기능, 계층 구조, 인터페이스 일관성, 자체 표현

- **GraphQL 클라이언트 도구:** 릴레이(Relay), 아폴로(Apollo)

이 장에서 다룬 내용에서 한 걸음 더 나아가 API에 대해 깊이 알고 싶다면 앞에 제시한 항목을 학습하기 바랍니다.

# 버전 관리
# 시스템

이미 배포한 소스 코드에 수정이 필요하다면 어떻게 해야 할까요? 소스 코드를 요구 사항에 맞게 수정하고 재배포해야 합니다. 그런데 잘못 수정했다면 어떻게 해야 할까요? 오류가 없는 예전 버전으로 돌려놓고 이전 소스 코드와 현재 소스 코드를 비교해 어디를 어떻게 수정했기에 오류가 발생한 것인지 파악해야 합니다. 이와 같이 소스 코드의 변화를 추적하고 체계적으로 관리하는 것을 형상 관리(configuration management)라고 하며, 버전 관리 시스템은 형상 관리에 사용하는 도구입니다. 이 장에서는 대표적인 버전 관리 시스템인 깃과 웹 기반 버전 관리 저장소인 깃허브에 대해 알아봅니다.

백엔드
시작하기

CS 기초 지식 ┈┈┈┈► 네트워크

운영체제

데이터베이스

자료구조

백엔드 개발 언어와
프레임워크

RDBMS ◄┈┈┈ DBMS

NoSQL ◄┈┈┈

API

레벨업 1

깃 ◄┈┈┈ 버전 관리 시스템

깃허브

클라우드 컴퓨팅 ┈┈┈► AWS

가상화와 컨테이너 ┈┈┈► 도커

웹 애플리케이션
아키텍처

레벨업 2

테스트와 CI/CD

백엔드 개발 총정리

백엔드 커리어
설계하기

# 6.1 버전 관리 시스템의 개요

## 6.1.1 버전 관리 시스템의 개념

아이콘 이미지를 만들었다고 가정해봅시다. 그런데 이미지에 문제가 생겨 수정해야 하고, 어떤 부분을 수정했는지 변경 내역을 남겨야 한다면 어떻게 해야 할까요? 대부분의 경우 다음과 같이 파일을 따로따로 저장할 것입니다.

그림 6-1 **가장 간단한 버전 관리 방식**

> 📄 아이콘_최종.png
> 📄 아이콘_최종_수정.png
> 📄 아이콘_최종_수정_2차.png
> 📄 아이콘_최종_파이널.png
> 📄 아이콘_최종_파이널_진짜.png
> 📄 아이콘_최종_파이널_진짜_확정.png

과거의 변경 이력을 관리해야 할 파일이 하나라면 이러한 방식으로 저장할 수 있습니다. 하지만 개발 프로젝트의 경우 프로젝트를 구성하는 모든 파일을 이렇게 관리할 수 없습니다. 개발자가 실수로 작업 폴더를 지워버리거나, 파일을 잘못 고치거나 복사하는 등 작업 과정에서 데이터가 손실될 가능성이 크기 때문입니다. 이에 개발자들이 **버전 관리 시스템**(VCS, Version Control System)을 만들게 됐습니다.

버전 관리 시스템은 파일의 변화를 시간에 따라 버전별로 기록했다가 나중에 다시 꺼내 사용할 수 있도록 만든 시스템입니다. 파일을 버전 관리 시스템에 보관하면 추가·수정·삭제 내역을 확인하고 언제 어떤 사용자가 작업했는지 추적할 수 있습니다. 또한 파일을 이전 상태로 되돌리고 시간대별로 파일의 변경 사항을 비교할 수도 있습니다.

## 6.1.2 버전 관리 시스템의 종류

버전 관리 시스템에는 중앙 집중식과 분산 방식이 있습니다.

### 중앙 집중식 버전 관리 시스템

**중앙 집중식 버전 관리 시스템**(CVCS, Centralized VCS)은 중앙에 서버를 두고 저장소로 사용하면서 네트워크로 연결된 모든 컴퓨터의 파일 변경 내역을 저장하고 관리하는 방식입니다. 각 작업자는 자신의 컴퓨터에서 중앙 서버에 접속해 파일을 내려받아 작업한 뒤 파일을 서버에 올립니다.

그림 6-2 중앙 집중식 버전 관리 시스템

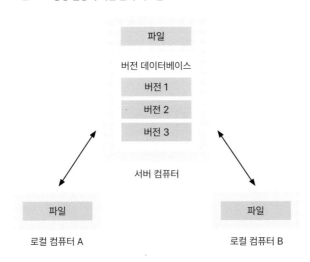

이 방식은 모든 컴퓨터가 네트워크에 연결돼 있어야만 작업이 가능하고, 서버에 문제가 생기면 작업을 할 수 없습니다. 또한 지속적으로 서버와 통신을 하기 때문에 네트워크가 느린 경우 작업의 효율이 떨어집니다.

### 분산 버전 관리 시스템

중앙 집중식 버전 관리 시스템의 문제를 해결하기 위해 개발자들이 좀 더 진보적인 버전 관리 방법을 고민한 결과 **분산 버전 관리 시스템**(DVCS, Distributed VCS)이 탄생했습니다. 중앙 집중식과 분산 방식의 가장 큰 차이는 파일 저장소 역할을 누가 하느냐입니다. 중앙 집중식에서는 말 그대로 중앙의 서버 컴퓨터 한 대가 저장소 역할을 하고, 분산 방식에서는 모든 사용자의 컴퓨터가 저장소로서 버전 관리를 담당합니다.

그림 6-3 **분산 버전 관리 시스템**

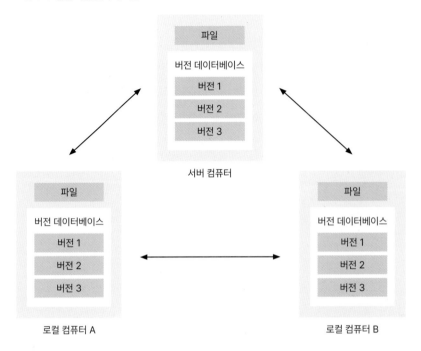

분산 버전 관리 시스템에서 개발자는 서버로부터 해당 파일의 변경 사항이 포함된 모든 것을 복제하는 방식으로 내려받습니다. 개인의 컴퓨터가 완전한 저장소가 되는 셈인데, 이렇게 하면 다음과 같은 장점이 있습니다.

- 파일을 한 번 저장소에서 받아온 다음 서버와 별개로 작업할 수 있습니다.

- 로컬에서 작업하기 때문에 속도가 빠릅니다.

- 서버에 문제가 생겨도 개발자가 작업하는 데 지장이 없고, 특정 개발자의 파일이 삭제되면 다른 개발자의 컴퓨터에서 파일을 받아와 복원할 수 있습니다.

- 오프라인 상태에서 일하지만 전체 복제본을 받아서 작업하기 때문에 모든 변경 이력이 남습니다.

작업하는 과정에서 파일이 변경되면 추후에 파일을 서버에 올릴 때 변경 이력이 반영됩니다. 결국 프로젝트의 전체 파일이 프로젝트에 참여하는 모든 개발자의 컴퓨터와 서버에 분산돼 저장됩니다.

참고로 분산 버전 관리 시스템에서 개인의 컴퓨터와 서버 컴퓨터는 **병합**(merge) 및 **가져오기** (pull) 작업을 해서 양쪽 시스템 간에 동기화를 수행합니다. 병합은 개발자의 로컬 컴퓨터에서 작업한 파일의 변경 이력(작업한 내역)을 서버에 반영하는 작업이고, 가져오기는 서버의 변경 이력을 로컬 컴퓨터로 받아오는 작업입니다.

# 분산 버전 관리 시스템: 깃

2005년에 리누스 토르발스(Linus Torvalds)가 개발한 **깃**(Git)은 대표적인 분산 버전 관리 시스템입니다.

그림 6-4 **깃 로고**

## 6.2.1 깃의 동작 방식

[A프로젝트]라는 폴더에 파일 3개가 들어 있다고 합시다. 이 폴더에 깃 초기화(git init) 명령을 내리면 [.git]이라는 숨김 폴더가 생성됩니다. 이는 [.git]이라는 저장소를 이용해 [A프로젝트] 폴더 내 모든 파일의 변경 이력을 관리하겠다는 뜻입니다.

그림 6-5 **깃 초기화**

그렇다면 깃은 어떻게 모든 파일의 버전을 관리할까요? 깃은 [A프로젝트] 폴더에 들어 있는 file1.md, file2.md, file3.md 파일의 변경 이력을 일일이 저장하고 기록하지 않습니다. 대신 세 파일 중 어느 파일이라도 변경되면 변경이 발생한 시점의 [A프로젝트] 폴더 전체를 저장합니다. 이는 스크린숏을 찍어 저장하는 것과 같은데, 이러한 스크린숏을 **스냅숏**(snapshot)이라고 부릅니다. 요컨대 깃은 각 파일의 변경 이력을 기록하지 않고 대상의 전체 모습을 기록하는 스냅숏을 [.git] 폴더에 저장해 버전 관리를 수행합니다.

## 6.2.2 깃의 작업 영역

깃은 3개의 작업 영역을 이용해 다음과 같은 흐름으로 스냅숏을 저장합니다.

그림 6-6 **깃의 작업 영역**

- **작업 공간(working directory)**: 현재 작업하고 있는 공간인 [A프로젝트] 폴더를 말합니다. 깃은 사용자가 명시적으로 git add 명령을 실행할 때까지 이 영역에서 발생하는 파일 변경 및 삭제 등의 상태 변화를 추적하지 않습니다.

- **스테이징 영역(staging area)**: 작업 공간에서 발생한 상태 변화 중 실제 내부 저장소에 변경 이력으로 남길 작업을 선정하는 공간입니다. 작업 공간에서 git add 명령을 실행해 변경 이력을 남길 파일을 스테이징 영역으로 올릴 수 있습니다. 즉 작업 공간에서 발생한 상태 변화는 스테이징 영역으로 이동했을 때만 깃으로 변경 사항을 기록합니다.

- **내부 저장소(local repository)**: 스테이징 영역에서 git commit 명령을 통해 이동하는 영역으로, [.git] 폴더를 말합니다. git commit은 스테이징 영역에 있는 파일의 변경 이력을 스냅숏으로 만들어 저장하는 명령어로, 이를 '저장소에 커밋한다'고 일컫습니다.

그런데 스테이징 영역은 왜 존재하는 것일까요? 스테이징 영역은 스냅숏에 담고 싶은 파일을 임시로 보관하는 가상의 영역입니다. 같은 작업 공간에서 여러 가지 변경 이력이 발생했을 때 내부 저장소에 기록하고 싶은 변경 이력만 선택할 수 있도록 유예 공간을 제공하는 것입니다. 사용자가 스냅숏에 담고 싶은 파일, 즉 변경 사항을 추적해 기록하고 싶은 파일을 스테이징 영역에 올리면 git commit 명령을 통해 최종적으로 스냅숏으로 기록합니다.

이러한 깃의 버전 관리 방식은 성능 면에서 상당한 이점이 있습니다. 특히 깃허브 등의 외부 저장소(remote repository)를 통해 다른 개발자와 협력하는 거의 모든 상황에 대응할 수 있어 유용합니다.

# 6.3 웹 기반 버전 관리 저장소: 깃허브

내 컴퓨터에 있는 프로젝트를 다른 개발자와 공유하려면 어떻게 해야 할까요? 예를 들어 카카오톡과 같은 메신저로 프로젝트를 공유한다면 한 개발자는 프로젝트 버전 1을 공유받아 작업하고, 다른 개발자는 프로젝트 버전 2를 공유받아 작업할 수도 있습니다. 이 경우에 두 개발자가 작업한 파일을 취합하려면 누가 어떤 상태에서 작업했는지, 추가한 기능이 무엇인지 등의 변경 사항을 일일이 추적한 후 합쳐야 하므로 매우 비효율적입니다.

협업은 2명 이상의 개발자가 함께 프로젝트를 수행하는 것을 말합니다. 어떤 개발자가 파일을 공유했을 때 프로젝트에 참여한 다른 개발자가 해당 파일을 사용할 수 있어야 하고, 또한 모두가 가장 최신 버전의 파일을 가지고 작업할 수 있어야 합니다. 따라서 메신저로 프로젝트를 공유하는 것은 적절하지 않기 때문에 개발자들은 외부 저장소를 고안해냈습니다.

**깃허브**(GitHub)는 대표적인 외부 저장소로, 깃으로 관리하는 프로젝트를 업로드할 수 있도록 웹 기반 저장소를 생성하고 관리하는 서비스입니다. 깃허브를 이용하면 다수의 개발자가 하나의 프로젝트에 참여해 소스 코드를 원활하게 개발 및 관리할 수 있습니다. 프로젝트 구성원끼리 시공간의 제약 없이 협업할 수 있으며, 프로젝트를 공개 저장소로 전환하면 전 세계의 누구나 소스 코드에 기여할 수 있습니다.

그림 6-7 **깃허브 로고**

**NOTE** 웹 기반 버전 관리 저장소의 종류

웹 기반 버전 관리 저장소에는 깃허브뿐만 아니라 깃랩(GitLab), 비트버킷(Bitbucket) 등이 있습니다. 이 책에서는 가장 대중적으로 사용되는 깃허브를 기준으로 설명하겠습니다.

## 6.3.1 깃허브의 동작 방식

깃허브에서는 어떻게 하나의 소스 코드를 가지고 여러 개발자가 작업할 수 있는지 알아봅시다. 팀 프로젝트에서 깃허브를 이용해 작업하는 방식은 다음과 같습니다.

❶ 프로젝트 매니저가 폴더를 생성한 후 소스 코드를 저장합니다. 그리고 해당 폴더에 [.git] 저장소를 만들고 최초의 스냅숏을 저장합니다.

❷ 자신의 컴퓨터에 있는 스냅숏을 외부 저장소인 깃허브에 업로드합니다.

❸ 팀원들은 깃허브를 이용해 [A프로젝트] 폴더에 저장된 소스 코드 파일과 [.git] 저장소에서 관리하는 모든 스냅숏을 내려받아 작업합니다. 그리고 작업한 것을 깃허브에 업로드하는 과정을 반복함으로써 팀원 간의 최신 파일 상태를 유지합니다.

그림 6-8 **깃허브의 동작 방식**

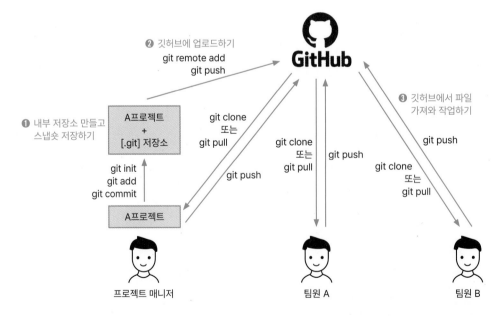

**그림 6-8**에는 git init, git add, git commit 등의 명령어가 있습니다. 이처럼 깃은 자체적으로 다양한 기능을 수행하는 명령어를 제공하며, 명령어 작성 형식은 다음과 같습니다.

> git 명령어

깃의 주요 명령어를 중심으로 **그림 6-8**의 단계를 좀 더 자세히 살펴봅시다.

### 내부 저장소 만들고 스냅숏 저장하기

자신의 컴퓨터에서 특정 폴더를 대상으로 새로운 git 저장소를 생성할 때는 git init 명령을 사용합니다.

> git init

예를 들어 [A프로젝트] 폴더에 있는 파일의 변경 이력을 관리하고 싶다면 다음과 같이 [A프로젝트] 경로에서 git init 명령을 실행합니다.

A프로젝트> **git init**

명령이 정상적으로 실행되면 다음과 같이 [A프로젝트] 폴더 안에 [.git] 폴더가 생성됩니다. 이때 [.git]은 숨김 폴더입니다. 보통은 폴더 이름에 닷(.)이 붙으면 사용자에게 보이지 않습니다. 따라서 [.git] 폴더를 확인하려면 해당 폴더의 옵션에서 [숨김 파일, 폴더 및 드라이브 표시]에 체크해야 합니다.

그림 6-9 **숨김 파일 보기**

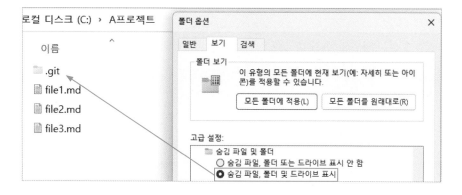

앞에서 언급했듯이 파일의 변경 이력을 추적하려면 스테이징 영역으로 이동한 후 내부 저장소에 커밋해야 합니다. 현재 작업 공간의 모든 파일을 스테이징 영역으로 이동할 때는 git add 명령을 사용합니다. 마지막에 닷(.)을 붙이면 모든 파일을 스테이징 영역으로 이동할 수 있고, 파일 이름을 쓰면 특정 파일만 스테이징 영역으로 이동할 수 있습니다.

전체 파일을 스테이징 영역으로 이동

```
A프로젝트> git add .
```

특정 파일만 스테이징 영역으로 이동

```
A프로젝트> git add 특정_파일_이름
```

여기서는 전체 파일을 스테이징 영역으로 이동하겠습니다. 이어서 git status 명령을 입력하면 [A프로젝트] 폴더의 모든 파일이 스테이징 영역으로 잘 이동했다는 로그를 확인할 수 있습니다.

```
A프로젝트> git add .
A프로젝트> git status
On branch master

No commits yet

Changes to be committed:
    (use "git rm --cached <file>..." to unstage)
        new file:   .DS_Store
        new file:   file1.md
        new file:   file2.md
        new file:   file3.md
```

스테이징 영역에 있는 파일의 변경 내용을 스냅숏으로 저장하려면 git commit 명령을 사용합니다. 명령을 실행하면 스테이징 영역의 모든 파일을 스냅숏으로 찍어 [.git] 저장소에 저장합니다. 여기서 -m '커밋 메시지'는 필수 옵션으로, 사용자가 해당 커밋에 대해 남기고 싶은 메시지를 기입합니다.

```
A프로젝트> git commit -m '커밋_메시지'
```

스테이징 영역의 모든 파일이 정상적으로 커밋되면 다음과 같은 로그가 출력됩니다.

```
A프로젝트> git commit -m 'test'
[master (root-commit) 4416cbe] test
 4 files changed, 9 insertions(+)
 create mode 100644 .DS_Store
 create mode 100644 file1.md
 create mode 100644 file2.md
 create mode 100644 file3.md
```

이렇게 해서 [A프로젝트]에 대한 최초의 스냅숏을 저장했으며, 이는 git reflog 명령으로 확인할 수 있습니다. git reflog는 해당 저장소의 커밋과 관련된 모든 작업 이력을 볼 수 있는 명령입니다.

```
A프로젝트> git reflog
4416cbe (HEAD -> master) HEAD@{0}: commit (initial): test
```

### 깃허브에 업로드하기

자신의 컴퓨터에서 만든 스냅숏을 깃허브에 업로드하려면 깃허브의 외부 저장소를 만들어야 합니다. 이는 깃허브 공식 사이트(**https://github.com**)에 로그인해 새 저장소를 만들기를 하면 됩니다. 그러면 다음과 같은 나만의 외부 저장소 주소(**https://github.com/gilbut-official/test.git**)를 얻을 수 있습니다.

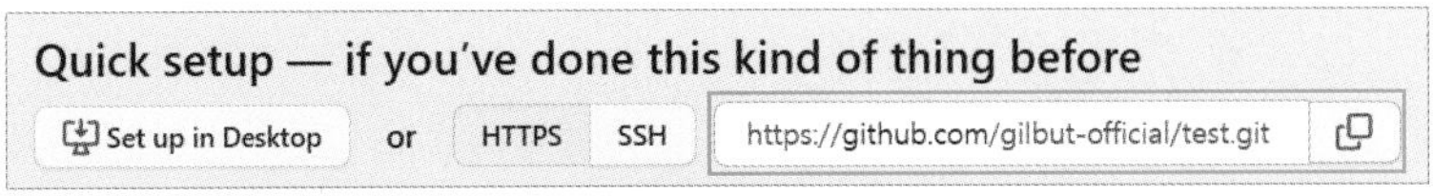

그림 6-10 **외부 저장소 주소 생성**

**Quick setup — if you've done this kind of thing before**

Set up in Desktop  or  HTTPS  SSH  https://github.com/gilbut-official/test.git

**NOTE** 외부 저장소 주소의 형식

외부 저장소 주소는 깃허브의 사용자 아이디와 저장소 이름으로 구성됩니다.

```
https://github.com/사용자_아이디/저장소_이름.git
```

이 주소를 가지고 내 컴퓨터의 프로젝트 폴더와 깃허브 간 연결 통로를 만드는 명령은 git remote add입니다.

```
A프로젝트> git remote add 외부_저장소_별칭(보통 origin) 외부_저장소_주소
```

통로를 만들고 git remote -v 명령을 실행하면 다음과 같이 자신의 프로젝트 폴더와 연결된 외부 저장소 내역을 볼 수 있습니다.

```
A프로젝트> git remote add origin https://github.com/gilbut-official/test.git
A프로젝트> git remote -v
origin https://github.com/gilbut-official/test.git (fetch)
origin https://github.com/gilbut-official/test.git (push)
```

이렇게 만들어진 통로를 통해 깃허브로 자신의 프로젝트를 업로드할 때는 git push 명령을 사용합니다.

```
A프로젝트> git push 외부_저장소_별칭(보통 origin) 브랜치_이름(일반적으로
main 또는 master)
```

정상적으로 실행되면 다음과 같은 로그가 출력됩니다.

```
A프로젝트> git push origin main
Enumerating objects: 4, done.
Counting objects: 100% (4/4), done.
Delta compression using up to 8 threads
Compressing objects: 100% (4/4), done.
Writing objects: 100% (4/4), 860 bytes | 860.00 KiB/s, done.
Total 4 (delta 0), reused 0 (delta 0), pack-reused 0
To https://github.com/gilbut-official/test.git
```

여기까지 진행하면 내 컴퓨터의 [A프로젝트] 폴더가 깃허브에 업로드됩니다.

그림 6-11 **내 컴퓨터의 [A프로젝트]를 깃허브에 업로드**

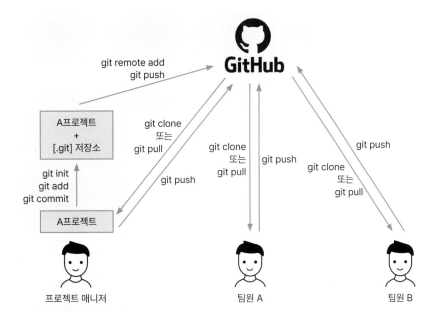

## 깃허브에서 파일 가져와 작업하기

지금까지 프로젝트 매니저 입장에서 내부 저장소를 만들고 깃허브로 공유하는 방법을 살펴봤습니다. 이제 입장을 바꿔 팀원이 어떻게 작업하는지 알아봅시다.

팀원은 깃허브에 업로드된 프로젝트를 내려받아 작업하는데, 이때 사용하는 명령은 git clone입니다.

```
> git clone 외부_저장소_주소
```

예를 들어 팀원 A가 [Clone_Test]라는 새 폴더를 생성하고, 깃허브에 공유된 프로젝트를 [Clone_Test] 폴더에 내려받는다면 다음과 같이 [Clone_Test] 폴더 경로에서 git clone 명령을 실행합니다.

```
Clone_Test> git clone https://github.com/gilbut-official/test.git
```

깃허브에 공유된 프로젝트를 내려받을 때는 git clone뿐만 아니라 git pull 명령도 사용할 수 있습니다.

---

> git pull 외부_저장소_주소

---

두 명령의 차이는 다음과 같습니다.

- **git clone:** 깃이 내 컴퓨터의 특정 폴더를 관리하도록 선언하는 것과 동시에 깃허브에서 프로젝트를 내려받아 동기화하는 작업을 수행합니다.

- **git pull:** 이미 내 컴퓨터의 특정 폴더를 깃으로 관리하고 있는 상태에서 깃허브의 프로젝트와 동기화만 수행합니다.

깃허브에 저장된 프로젝트를 처음 내 컴퓨터로 내려받을 때는 보통 git clone 명령을 사용합니다. 그러면 깃허브의 프로젝트 파일과 모든 스냅숏이 다운로드돼 완전히 일치합니다. git clone 명령은 git init와 git pull 명령이 합쳐진 것과 같습니다.

그러나 이미 깃으로 프로젝트를 진행하면서 버전 관리를 수행하던 상황에서 깃허브의 최신 변경 사항을 반영할 때는 git pull 명령을 사용합니다. 그러면 로컬에서 작업 중인 프로젝트를 깃허브와 동기화해 최신 상태로 유지할 수 있습니다.

지금까지 살펴본 깃의 주요 명령과 깃허브의 동작 방식은 다음 그림과 같습니다.

그림 6-12 **깃과 깃허브의 동작 방식**

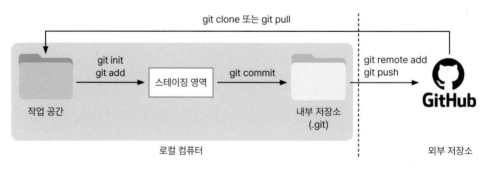

### 6.3.2 브랜치

**브랜치**(branch)는 동일한 프로젝트에 대해 각 개발자가 독립적으로 작업을 수행하기 위해 사용하는 개념입니다. 말 그대로 나무에서 가지가 뻗어나가는 것처럼 원래 프로젝트에서 분기해 작업을 진행합니다. 예를 들어 현재 프로젝트의 상태가 master 브랜치라면, 이 상태에서 새로운 기능을 개발하기 위해 master 브랜치에서 분기된 새로운 feature 브랜치를 만들어 작업하는 것입니다.

다음 그림에서 프로젝트 매니저가 맨 처음 업로드한 프로젝트 폴더의 상태가 바로 master 브랜치입니다. 이때 각 팀원이 `git clone` 또는 `git pull` 명령으로 프로젝트 파일을 내려받는다면 이 시점에서의 브랜치는 master입니다.

그림 6-13 **master 브랜치**

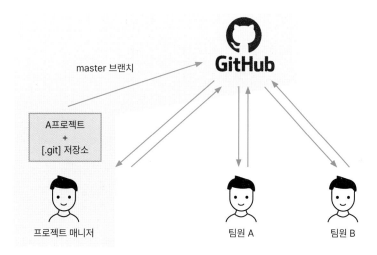

이후 팀원이 프로젝트에 새로운 기능을 추가할 때는 일반적으로 master 브랜치에서 직접 작업하지 않습니다. 대신 새로운 feature 브랜치를 만들어 작업합니다. 그리고 작업한 내용을 깃허브에 업로드할 때 feature 브랜치에서 작업한 이력을 master 브랜치로 병합합니다.

그런데 주의할 점이 있습니다. 프로젝트 매니저 또한 팀원과 마찬가지로 프로젝트 참여자이므로, 새로운 기능을 추가하려면 새로운 feature 브랜치를 만들어 작업한 후 master 브랜치에 병합해야 합니다.

다음 그림은 프로젝트 매니저를 포함한 팀원 3명이 공동으로 프로젝트를 개발하는 예를 보여줍니다.

그림 6-14 **브랜치 생성과 병합**

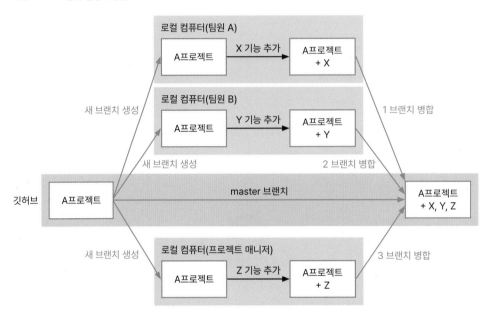

프로젝트 매니저가 맨 처음 프로젝트 폴더를 생성해 깃허브에 업로드하면 master 브랜치가 생성됩니다. 이후 프로젝트 매니저를 비롯한 모든 팀원은 master 브랜치에서 git clone 또는 git pull 명령을 사용해 프로젝트를 내려받습니다. 그리고 새 브랜치를 생성해 해당 브랜치 위에서 작업을 진행합니다. 이렇게 3명이 작업을 완료하고 나면 각 브랜치에서 작업한 기능 X, Y, Z를 순서대로 master 브랜치로 병합합니다. 이때 각 feature 브랜치에서 작성한 코드를 검증하기 위해 PR(Pull Request)이라는 과정을 거칩니다. 이는 각 feature 브랜치에서 작업한 내용이 어떤 코드인지 리뷰를 하는 것으로, 이 코드 리뷰를 통과해야만 병합될 수 있습니다.

브랜치는 관리하는 방식에 따라 master, feature 브랜치뿐만 아니라 다양한 종류와 쓰임새로 생성 및 관리할 수 있습니다. 일반적으로 사용하는 브랜치는 다음과 같습니다.

- **master 브랜치:** 제품으로 출시될 수 있는 브랜치
- **feature 브랜치:** 새로운 기능을 개발하는 브랜치

- **develop 브랜치:** 다음 버전을 출시하기 위해 개발 중인 브랜치

### 6.3.3 충돌

깃은 다수의 개발자가 동시에 작업할 수 있는 분산 버전 관리 시스템입니다. 따라서 동일한 파일을 여러 개발자가 수정하거나 다른 브랜치에서 작업한 변경 사항을 병합할 때 **충돌**(conflict)이 발생할 수 있습니다.

그림 6-15 **충돌 상황**

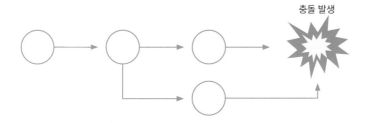

이러한 충돌은 일반적으로 다음과 같은 경우에 발생합니다.

- **여러 브랜치에서 같은 파일을 수정한 경우:** 여러 브랜치에서 수정한 내용을 병합하려고 할 때 각 브랜치에서 같은 파일을 수정했다면 충돌이 발생할 수 있습니다.
- **파일 이름이나 경로가 충돌하는 경우:** 두 개발자가 각자의 파일에 동일한 이름을 사용하거나, 같은 파일을 다른 경로에 저장하면 충돌이 발생합니다.

> **컴공선배의 조언** 💬
>
> 충돌은 이론적인 내용을 통해 이해하기보다는 실제로 프로젝트를 진행하면서 몸소 체험해보고 구글링으로 해결하는 과정을 겪으며 배우는 것이 좋습니다. 한 가지 팁을 주자면, git rebase와 같은 명령어를 통해 각기 다른 브랜치의 코드를 병합할 때 발생하는 충돌을 어떻게 해결하는지 파악하기 바랍니다. 충돌을 본질적으로 이해하고 해결하는 과정에서 문제 대처 능력을 기를 수 있습니다.

## 추천 프로젝트

### 선수 지식: 깃, 깃허브

이 장에서는 자신의 컴퓨터에 있는 [프로젝트] 폴더를 깃허브의 외부 저장소에 올리고, [프로젝트] 폴더 내 파일을 수정한 후 이를 깃허브에 반영하는 실습을 추천합니다. 이러한 과정을 통해 깃과 깃허브의 동작 원리를 이해하고, 기본적인 git 명령 사용법을 익힐 수 있습니다. 어려우면 관련 강의나 도서를 참고해도 좋습니다.

❶ 깃 설치하기

❷ [프로젝트] 폴더 만들고 내부 저장소로 지정하기

❸ 깃허브 사이트에서 외부 저장소 만들기

❹ 깃허브에 [프로젝트] 폴더 올리기

❺ [프로젝트] 폴더의 파일 수정하기(파일을 수정한다고 해서 무조건 깃의 변경 사항에 반영되지 않는다는 것과 스테이징 영역의 필요성을 이해합니다)

❻ [프로젝트] 폴더의 파일을 수정하고 변경 이력 남기기(파일 변경 이력이 내부 저장소에 어떻게 기록되는지 이해합니다)

❼ 깃허브에 파일 변경 이력 반영하기

❽ 깃허브에서 바로 파일을 수정하고 변경 이력 남기기(파일 변경 이력을 로컬 컴퓨터뿐만 아니라 깃허브에서도 남길 수 있음을 이해합니다)

❾ 깃허브에서 수정한 파일을 로컬 컴퓨터에서도 변경한 후 다시 깃허브에 병합하는 과정에서 충돌을 경험하고 해결하기

여러 사람이 함께 프로젝트를 진행하다 보면 생각보다 신경 써야 할 부분이 많습니다. 어떤 사람이 작업 중인 코드를 다른 사람이 수정할 수도 있고, 코드 병합 시 충돌이 발생할 수도 있기 때문입니다. 따라서 개발자라면 깃과 깃허브를 필수로 알고 이용할 수 있어야 합니다.

깃과 깃허브의 기본적인 사용법을 익혔다면 다양하게 경험해보는 것이 중요합니다. 협업하는 경우의 버전 관리 문제는 누가 가르쳐줘서 해결될 일이 아닙니다. 실제로 프로젝트를 진행하면서 버전을 관리해보고 두려움을 없애는 것이 좋습니다.

깃과 깃허브의 기초를 떼고 좀 더 깊이 있게 공부하고 싶다면 다음 두 가지에 집중하길 권합니다.

첫째, 커밋, 브랜치와 관련된 다양한 명령어를 학습하세요. 버전 관리 시 발생할 수 있는 다양한 상황의 문제 해결 능력을 키우고 자신감을 얻을 수 있습니다. 대부분의 명령어는 특정한 경우에만 사용되는 것이 아니기 때문에, 명령어를 제대로 이해하면 수많은 문제 상황에 응용할 수 있습니다.

둘째, 브랜치 관리 전략을 학습하세요. 좋은 브랜치 전략은 생산성 향상과 직결되곤 합니다. git flow, github flow, gitlab flow 등의 정형화된 브랜치 전략을 찾아보고 자신의 상황에 맞게 변형해 사용해보기 바랍니다.

# 클라우드 컴퓨팅

지금까지 백엔드 개발과 소스 코드 관리 방법에 대해 알아봤습니다. 이 장에서는 이렇게 개발한 웹 애플리케이션을 클라우드 서버에 올려 운영하는 방법을 살펴봅니다.

백엔드 개발자가 되기 위해 클라우드를 공부하는 것은 다중 서버 환경을 구축하고 관리하는 데 필요한 경험을 쌓을 수 있는 좋은 방법입니다. 실제 기업에서 인프라를 구축하는 방식과 비슷한 과정을 밟으며 학습하기 때문에 간접적으로나마 실무를 익힐 수 있습니다. 이 장에서는 클라우드 컴퓨팅이 무엇인지 이해하고, 가장 대중적인 클라우드 서비스인 AWS와 AWS 솔루션에 대해 자세히 알아봅니다.

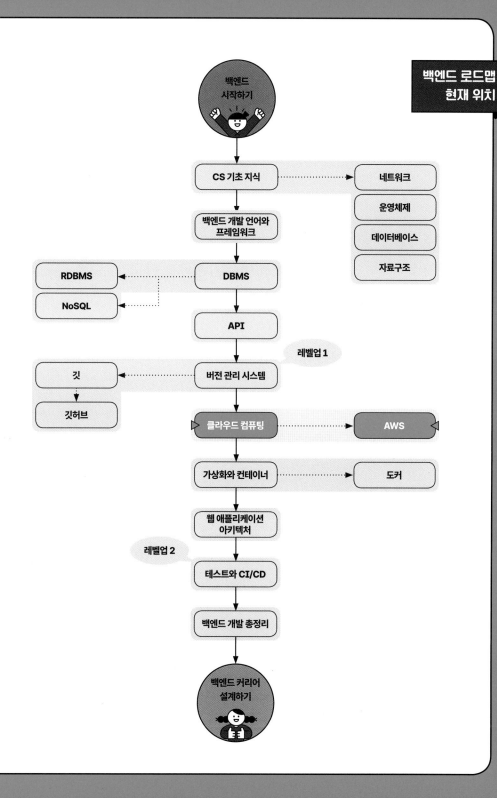

백엔드 로드맵
현재 위치

백엔드
시작하기

CS 기초 지식 ┈┈┈► 네트워크

운영체제

데이터베이스

백엔드 개발 언어와
프레임워크

자료구조

RDBMS ◄┈┈ DBMS

NoSQL ◄┈┈

API

레벨업 1

깃 ◄┈┈ 버전 관리 시스템

깃허브

클라우드 컴퓨팅 ┈┈┈► AWS

가상화와 컨테이너 ┈┈┈► 도커

웹 애플리케이션
아키텍처

레벨업 2

테스트와 CI/CD

백엔드 개발 총정리

백엔드 커리어
설계하기

# 7.1 클라우드 컴퓨팅의 개요

서버는 클라이언트의 요청을 받아 필요한 데이터나 서비스를 제공합니다. 시간에 관계없이 언제든지 요청을 받아 처리하기 때문에 24시간 내내 가동합니다. 만약 사용자가 많아지면 서버의 수를 늘리고 운영 및 관리 인원도 보강해야 하는데, 클라우드 컴퓨팅이 등장하면서 이러한 서버 관리의 부담이 획기적으로 줄어들었습니다.

## 7.1.1 클라우드 컴퓨팅의 개념

**클라우드 컴퓨팅**(cloud computing)은 언제 어디서든 인터넷을 통해 접속할 수 있는 컴퓨팅 환경으로, 간단히 '클라우드'라고도 합니다. 데이터, 소프트웨어, 컴퓨팅 자원 등을 인터넷을 통해 제공받아 사용하는 형태인 클라우드가 도입되기 전에 개인 또는 기업은 자체적으로 서버를 구축하고 운영하는 **온프레미스**(on-premise) 시스템을 사용했습니다. 그러나 클라우드가 보급됨으로써 자체 서버를 보유하지 않고 컴퓨팅 자원을 대여받아 사용할 수 있게 됐습니다.

● **온프레미스 시스템**

사용자가 직접 컴퓨팅 자원을 보유하고 관리하는 방식입니다. 자체적으로 서버, 스토리지, 네트워크 장비 등을 구입해 설치한 후 유지·보수, 업그레이드 등을 수행합니다. 온프레미스 시스템의 특징은 다음과 같습니다.

• 사용자가 보안과 데이터 소유권을 직접적으로 통제할 수 있습니다.

• 외부 네트워크와 연결하지 않아도 내부 네트워크에서 서버에 접근할 수 있습니다.

• 초기 투자 비용과 유지·보수 비용이 많이 들고, 자원의 확장성과 유연성이 제한될 수 있습니다.

● **클라우드 시스템**

IT 자원을 클라우드 서비스 제공 업체에 의뢰해 관리하는 방식입니다. 사용자는 인터넷을 통해 업체로부터 서버, 스토리지, 네트워크 장비 등을 대여받아 사용합니다. 클라우드 시스템의 특징은 다음과 같습니다.

- 사용한 자원에 대해서만 비용을 지불하므로 초기 비용이 크게 줄어들고, 복잡한 인프라 구축과 유지·보수의 부담을 덜 수 있습니다.

- 클라우드 서비스 제공 업체가 인프라 관리를 담당하므로 개발자는 서비스에만 집중할 수 있습니다.

- 확장성과 유연성이 뛰어나 서비스의 규모에 따라 필요한 자원을 신속하게 확장하거나 축소할 수 있습니다.

- 인터넷에 연결된 어느 장치에서나 접속이 가능하며, 업체가 제공하는 다양한 기능과 서비스를 이용할 수 있습니다.

그림 7-1 **온프레미스 시스템과 클라우드 시스템**

(a) 온프레미스 시스템: 자체 서버를 구축해 사용

(b) 클라우드 시스템: 업체의 서버를 대여받아 사용

## 7.1.2 클라우드 서비스의 종류

클라우드 서비스는 서비스의 제공 방식과 환경을 기준으로 공용 클라우드(public cloud), 사설 클라우드(private cloud), 하이브리드 클라우드(hybrid cloud)로 구분됩니다. 또한 서비스의 제공 범위에 따라 IaaS(Infrastructure as a Service), PaaS(Platform as a Service), SaaS(Software as a Service)로 구분하기도 합니다.

### 공용 클라우드, 사설 클라우드, 하이브리드 클라우드

클라우드 서비스는 서비스의 제공 방식과 환경에 따라 다음과 같이 나눌 수 있습니다. 이는 클라우드에서 제공하는 컴퓨팅 자원을 누가 소유하고 관리하는지, 네트워크 연결은 어떻게 하는지에 따라 구분한 것입니다.

● **공용 클라우드**

다수의 사용자가 공유하는 클라우드 환경으로, 클라우드 서비스 제공 업체가 소유하고 관리합니다. 다양한 조직이나 개인이 인터넷을 통해 클라우드에 접근해 컴퓨팅 자원을 사용합니다. 대표적으로 아마존의 AWS(Amazon Web Services), 마이크로소프트의 애저 (Azure), 구글의 GCP(Google Cloud Platform) 등이 있습니다.

● **사설 클라우드**

단일 조직이나 기업이 사용하는 클라우드 환경으로, 조직이나 기업 자체가 소유하고 운영합니다. 조직이나 기업의 보안 및 관리에 필요한 다양한 요구 사항을 충족하기 위해 자체 클라우드를 사설 데이터 센터에 구축하거나, 외부 클라우드 서비스 제공 업체로부터 전용 자원을 배정받아 사용합니다.

● **하이브리드 클라우드**

공용 클라우드와 사설 클라우드를 조합한 형태입니다. 단일 조직이나 기업이 자체 데이터 센터에서 사설 클라우드를 운영하면서 필요에 따라 공용 클라우드의 자원을 이용합니다. 사설 클라우드와 공용 클라우드 간에 데이터와 애플리케이션을 유연하게 이동하며 운영함으로써 효율성과 확장성을 극대화할 수 있습니다.

그림 7-2 **공용 클라우드, 사설 클라우드, 하이브리드 클라우드**

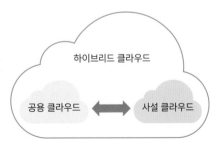

## IaaS, PaaS, SaaS

클라우드 서비스의 컴퓨팅 자원을 어느 범위까지 제공하는지에 따라 다음과 같이 나눌 수 있습니다. IaaS의 I는 인프라, PaaS의 P는 플랫폼, SaaS의 첫 글자 S는 소프트웨어를 의미합니다.

- **인프라:** 네트워크 장비, 데이터 스토리지, 서버 등 컴퓨터 시스템을 구성하는 물리적 요소를 말합니다. 직접적인 인프라는 아니지만 가상화 기술도 여기에 포함됩니다.
- **플랫폼:** 소프트웨어 개발 및 실행 환경을 제공하는 기술적 기반을 말합니다. 일반적으로 운영체제, 미들웨어, 런타임 등이 포함됩니다.
- **소프트웨어:** 컴퓨터에 명령을 내려 작업을 수행하는 프로그램으로, 애플리케이션과 데이터의 집합이 포함됩니다.

다음 그림은 IaaS, PaaS, SaaS의 자원 제공 범위를 보여줍니다. IaaS가 가장 한정된 자원을 제공하고, SaaS가 가장 포괄적인 자원을 제공하며, PaaS는 그 중간입니다.

그림 7-3 **IaaS, PaaS, SaaS의 자원 제공 범위**

- **IaaS**

클라우드 서비스 제공 업체가 가상 인프라를 제공하는 모델로, 플랫폼과 소프트웨어를 지원하고 실행하기 위한 기반을 제공합니다. 개발은 로컬에서 하고 웹 애플리케이션 배포와 운영을 위한 컴퓨팅 자원을 클라우드 서비스로부터 제공받습니다. IaaS의 대표적인 예는 AWS, 애저, GCP 등입니다.

- **PaaS**

  웹 애플리케이션을 구축하고 실행할 수 있는 인프라와 플랫폼을 제공합니다. 개발자는 자신이 사용한 개발 언어와 프레임워크에 따라 웹 애플리케이션을 빌드하고 배포할 수 있는 다양한 개발 도구와 서비스를 제공받습니다. PaaS에서 개발자는 소스 코드에만 집중하고 서버 구성 및 관리, 스케일링(scaling, 시스템의 처리 능력을 축소하거나 확장하는 것), 보안 등의 작업을 고려하지 않아도 됩니다. PaaS의 대표적인 예는 헤로쿠(Heroku), 구글 앱 엔진(Google App Engine), 애저 앱 서비스(Azure App Service) 등입니다.

- **SaaS**

  클라우드 서비스 제공 업체가 아예 웹 애플리케이션을 제공하는 모델입니다. 웹 애플리케이션을 클라우드 서버에서 바로 실행할 수 있어 사용자는 웹 브라우저 또는 모바일 앱을 통해 웹 애플리케이션에서 필요한 작업을 수행합니다. SaaS의 대표적인 예는 세일즈포스(Salesforce), 구글 워크스페이스(Google Workspace), 마이크로소프트 365(Microsoft 365) 등입니다.

# 7.2 클라우드 서비스: AWS

AWS는 아마존의 공용 클라우드 서비스입니다. 아마존은 대규모 서버와 네트워크 인프라를 보유하고 있으며, 사용자는 AWS에서 필요한 만큼의 서버 용량, 데이터 스토리지, 네트워크 대역폭 등을 선택해 사용할 수 있습니다. AWS의 대표적인 서비스는 Amazon EC2, Amazon S3, Amazon RDS, AWS IAM 등입니다.

## 7.2.1 Amazon EC2: 가상 서버 서비스

**Amazon EC2**(Amazon Elastic Compute Cloud)는 원격으로 제어할 수 있는 서버 컴퓨터를 빌리는 서비스입니다. 가상의 서버 컴퓨터를 프로비저닝(provisioning)하고 실행할 수 있게 하는 것으로, 프로비저닝이란 필요할 때 바로 사용할 수 있도록 인프라 구성 및 관리 작업을 자동화하는 것을 말합니다.

그림 7-4 **Amazon EC2 로고**

Amazon EC2에서 사용자는 손쉽게 컴퓨팅 자원을 빌리고, 사용한 만큼만 비용을 지불합니다. 탄력적이라는 의미의 'Elastic'이 이름에 포함된 것도 사용한 만큼만 돈을 내고 컴퓨팅 자원의 성능과 용량을 자유롭게 조절할 수 있기 때문입니다.

그림 7-5 Amazon EC2 서버 구축 과정

서버 구축 필요 → AWS 회원 가입 → EC2 인스턴스 생성 → 웹 애플리케이션 배포 → 서버 운영 시작

Amazon EC2로 만든 서버 객체를 **EC2 인스턴스**(EC2 instance)라고 합니다. Amazon EC2는 다양한 사양(CPU, 메모리, 스토리지 등)의 인스턴스 유형과 다양한 운영체제(윈도우, 맥 OS, 리눅스 등)를 지원합니다. 따라서 사용자는 자신의 필요에 맞게 서버를 세팅할 수 있습니다.

그림 7-6 Amazon EC2의 다양한 인스턴스 유형과 운영체제 이미지

| 인스턴스 유형 ▼ | FAQ | 시작하기 | 리소스 ▼ | | | |
|---|---|---|---|---|---|---|
| 인스턴스 | vCPU* | 시간당 CPU 크레딧 | 메모리 (GiB) | 스토리지 | | 네트워크 성능 |
| t2.nano | 1 | 3 | 0.5 | EBS 전용 | | 낮음 |
| t2.micro | 1 | 6 | 1 | EBS 전용 | | 낮음에서 중간 |
| t2.small | 1 | 12 | 2 | EBS 전용 | | 낮음에서 중간 |
| t2.medium | 2 | 24 | 4 | EBS 전용 | | 낮음에서 중간 |
| t2.large | 2 | 36 | 8 | EBS 전용 | | 낮음에서 중간 |
| t2.xlarge | 4 | 54 | 16 | EBS 전용 | | 중간 |
| t2.2xlarge | 8 | 81 | 32 | EBS 전용 | | 중간 |

▼ **애플리케이션 및 OS 이미지(Amazon Machine Image)** 정보
AMI는 인스턴스를 시작하는 데 필요한 소프트웨어 구성(운영 체제, 애플리케이션 서버 및 애플리케이션)이 포함된 템플릿입니다. 아래에서 찾고 있는 항목이 보이지 않으면 AMI를 검색하거나 찾아보십시오.

🔍 수천 개의 애플리케이션 및 OS 이미지를 포함하는 전체 카탈로그 검색

**Quick Start**

| macOS | Ubuntu | Windows | Red Hat | SUSE Linux | 🔍 더 많은 AMI 찾아보기 AWS, Marketplace 및 커뮤니티의 AMI 포함 |
|---|---|---|---|---|---|
| Mac | ubuntu® | Microsoft | RedHat | SUSE | |

Amazon Machine Image(AMI)

Ubuntu Server 20.04 LTS (HVM), SSD Volume Type
ami-07d16c043aa8e5153 (64비트(x86)) / ami-0d4a2b7c3a596df97 (64비트(Arm))
가상화: hvm   ENA 활성화됨: true   루트 디바이스 유형: ebs
프리 티어 사용 가능 ▼

EC2 인스턴스를 구성할 때는 어떤 서버로 쓸 것인지 용도를 결정해야 하며, 서버에 설치할 운영체제도 그에 따라 달라집니다. 많이 사용되는 서버의 용도는 다음과 같습니다.

- **웹 서버:** 클라이언트로부터 HTTP 요청을 받아 정적인 웹 페이지를 제공하는 서버입니다. 주로 HTML, CSS, 자바스크립트, 이미지 등의 정적인 파일을 제공합니다.
- **API 서버:** 클라이언트로부터 API 요청을 받아 응답하는 서버입니다. 주로 JSON 또는 XML 형식의 데이터를 다루며, 클라이언트와 서버 간의 상호작용을 위한 인터페이스를 제공합니다.
- **프록시 서버:** 클라이언트와 서버 사이에서 중계 역할을 수행하는 서버입니다. 클라이언트와 서버 간의 통신 중계, 보안, 로드 밸런싱, 캐싱 등의 기능을 수행합니다.
- **FTP 서버:** 파일 업로드 및 다운로드 서비스를 제공하는 서버입니다.

Amazon EC2 서비스를 사용하면 개발자는 필요에 따라 EC2 인스턴스를 시작, 중지, 다시 시작, 종료 및 스케일링할 수 있습니다. 또한 보안 그룹, 네트워크 접근 제어 목록(ACL, Access Control List), 가상 사설 네트워크(VPC, Virtual Private Cloud) 등을 구성하여 웹 애플리케이션의 보안을 강화할 수 있습니다.

Amazon EC2는 다른 AWS 서비스와 통합하기에도 용이합니다. 예를 들어 EC2 인스턴스에서 실행되는 웹 애플리케이션에 대해 Amazon S3, Amazon RDS 등의 스토리지 및 데이터베이스 서비스를 사용할 수 있습니다. 또한 Amazon CloudWatch(아마존 클라우드워치)를 사용하면 인스턴스 및 웹 애플리케이션을 모니터링할 수 있고, AWS Auto Scaling을 사용하면 인스턴스 수를 자동으로 조정할 수 있습니다.

## 7.2.2 Amazon S3: 스토리지 서비스

**Amazon S3**(Amazon Simple Storage Service)는 파일을 저장하는 데 사용되는 스토리지 서비스입니다. 이는 클라우드상에 큰 창고를 제공하는 것과 같으며, 이 창고는 전 세계 어디서든 접근할 수 있습니다.

그림 7-7 **Amazon S3 로고**

Amazon S3에는 실제 파일이 보관되는 여러 개의 바구니가 존재합니다. 이를 **S3 버킷**(S3 bucket)이라고 하며, 각 버킷 안에 원하는 만큼의 파일을 보관할 수 있습니다. S3 버킷의 특징은 다음과 같습니다.

- 버킷은 빈 상태에서 시작합니다.

- 버킷에 보관하는 파일의 개수, 크기, 유형의 제한이 없습니다.

- 필요한 사용자에게만 버킷 단위 또는 버킷 내 파일 단위의 접근 권한을 부여합니다.

- 파일의 안전성을 보장하는 다양한 보안 및 암호화 기술을 제공합니다.

이와 같이 S3 버킷은 안전하고 신뢰성이 높은 데이터 저장 및 관리 기능을 제공합니다. S3 버킷에 파일을 저장하거나 꺼낼 때의 비용은 파일의 크기와 저장 기간에 따라 달라집니다.

그림 7-8 **S3 버킷의 역할**

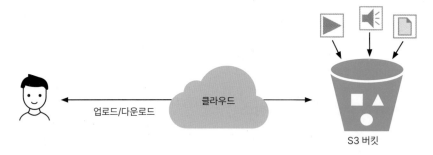

Amazon S3는 실제로 다음과 같이 활용됩니다.

- **웹 사이트 호스팅:** Amazon S3는 웹 사이트 호스팅을 지원합니다. HTML, CSS, 자바스크립트, 이미지 파일 등을 S3 버킷에 저장하면 웹 브라우저에서 해당 콘텐츠를 사용할 수 있습니다.

- **미디어 콘텐츠 호스팅:** Amazon S3는 웹 애플리케이션의 각종 사진, 배너 이미지, 음악, 영상 등과 같은 미디어 콘텐츠를 저장하고 관리하기 위한 기능을 제공합니다. 이를 통해 사용자는 손쉽게 미디어 파일을 업로드 및 다운로드하고 웹 페이지에 노출할 수 있습니다.

- **데이터 백업 및 복원:** Amazon S3는 데이터 백업 및 복원을 위한 솔루션을 제공합니다. 서비스 운영 중에 발생하는 데이터의 손실을 방지하기 위해 Amazon S3에 데이터를 백업하고 필요시 복원할 수 있습니다.

- **데이터 저장 및 분석:** Amazon S3는 대량의 데이터를 저장하고 분석하는 데에도 많이 사용됩니다. 머신러닝, 데이터 분석, 비즈니스 인텔리전스 등 다양한 분야에서 데이터를 수집하고 저장하는 데 Amazon S3를 활용합니다.

### 7.2.3 Amazon RDS: 데이터베이스 서비스

Amazon RDS(Amazon Relational Database Service)는 관계형 데이터베이스를 구축하고 관리할 수 있도록 도와주는 클라우드 서비스입니다.

그림 7-9 Amazon RDS 로고

Amazon RDS는 자동차 공장에 비유할 수 있습니다. 자동차를 만들려면 엔진, 변속기, 타이어 등 수많은 부품이 필요한데, 각 부품을 직접 만들기보다 이미 만들어진 부품을 가져다 조립하는 것이 효율적입니다. 이와 마찬가지로 Amazon RDS를 사용하면 데이터베이스를 만드는 데 필요한 부품을 직접 설계하고 개발할 필요 없이 이미 준비된 데이터베이스 관리 시스템을 조립해 사용할 수 있습니다. 이렇게 함으로써 개발자는 데이터베이스에 관한 전문 지식이 부족하더라도 쉽게 데이터베이스를 구축하고 관리할 수 있습니다.

이러한 Amazon RDS를 통해 다음과 같은 작업을 할 수 있습니다.

- **데이터베이스 생성:** Amazon RDS를 사용하면 몇 번의 클릭으로 관계형 데이터베이스를 생성할 수 있습니다. Amazon RDS는 다양한 관계형 데이터베이스 엔진(MySQL, PostgreSQL, Oracle 등)을 지원하며, 각 엔진의 최신 버전을 사용할 수 있습니다.

- **데이터 백업 및 복원:** Amazon RDS는 자동 백업 기능을 제공해 일관된 시점의 스냅숏을 생성하고 보관합니다. 이를 통해 데이터의 손실을 방지하고, 필요시 스냅숏을 이용해 데이터베이스를 복원할 수 있습니다. 또한 수동으로 백업하고 보존 기간을 설정할 수 있습니다.

- **데이터베이스 모니터링:** Amazon RDS는 데이터베이스 인스턴스의 성능, 용량, 연결 등을 모니터링하는 기능을 제공합니다. 이를 통해 CPU, 메모리, 디스크 사용량 등을 실시간으로 확인하고 성능 문제를 식별해 대응할 수 있습니다.

- **자원 자동 조정:** Amazon RDS는 데이터베이스 인스턴스의 크기와 용량을 필요에 따라 자동으로 조정할 수 있습니다. 즉 트래픽의 변동에 따라 자동으로 자원을 확장하거나 축소해 데이터베이스의 성능과 효율성을 유지할 수 있습니다.

그림 7-10 **Amazon RDS에서 데이터베이스 엔진을 선택하는 모습**

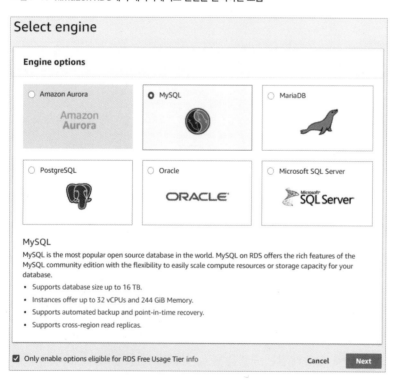

이처럼 Amazon RDS는 개발자가 클라우드상에서 관계형 데이터베이스를 쉽게 관리하고 운영할 수 있도록 다양한 기능을 제공합니다. Amazon RDS를 사용하면 데이터베이스 생성, 백업, 복원, 모니터링 등의 작업을 간편하게 수행하고, 안전하면서 확장 가능한 데이터베이스 환경을 구축할 수 있습니다.

## 7.2.4 AWS IAM: 보안 및 접근 권한 제어

**AWS IAM**(AWS Identity and Access Management)은 AWS 자원에 접근하고 사용할 수 있는 사용자의 권한을 제어합니다.

그림 7-11 **AWS IAM 로고**

AWS IAM을 통해 할 수 있는 작업은 다음과 같습니다.

- **사용자 권한 관리:** 각 사용자에게 고유한 자격 증명(사용자 이름과 비밀번호 또는 액세스 키)을 부여합니다. 이를 통해 사용자에게 권한을 부여하거나 사용자의 권한을 제한합니다.

- **사용자 역할 관리:** AWS 자원에 접근하는 서비스 또는 특정 사용자 계정에 역할을 부여하는데, 이를 **IAM 롤**(IAM role)이라고 합니다. 일시적으로 사용되는 IAM 롤은 사용자에게 인증서를 주거나 시간 기반 권한 등의 다양한 조건을 설정함으로써 특정 작업에 대한 권한을 제한합니다.

- **사용자 그룹 관리:** 비슷한 역할이나 권한을 가진 사용자를 그룹으로 묶어 관리합니다. 그룹을 사용하면 여러 사용자에게 동일한 권한을 일괄적으로 부여하거나 사용자들의 권한을 제거할 수 있어 보안 관리에 효율적입니다.

- **자원 접근 정책 관리:** AWS 자원에 대한 접근 권한을 세부적으로 제어하는 정책을 작성하고 관리하며, 이러한 정책은 JSON 형식으로 작성됩니다. 정책은 사용자, 그룹, 롤 단위로 적용되며, 이를 통해 누가 어떤 작업을 수행할 수 있는지를 명시합니다.

- **암호 정책:** 사용자가 강력한 암호를 사용하도록 강제하는 정책을 설정합니다. 이를 통해 사용자 계정의 보안성을 높이고, 사용자가 특정 자원에 무단으로 접근하는 것을 방지할 수 있습니다.

- **MFA 관리:** AWS IAM은 추가 인증 수단으로 MFA(Multi-Factor Authentication)를 지원합니다. MFA는 사용자의 신원을 확인하기 위해 여러 가지 인증 요소를 사용하는 보안 메커니즘으로, 사용자가 비밀번호뿐만 아니라 MFA를 통해 접근해야 하므로 계정 보안을 강화할 수 있습니다.

이처럼 AWS IAM을 적절히 설정하면 AWS 자원에 대한 접근을 최소한의 권한으로 제한함으로써 보안을 강화할 수 있습니다. 또한 중앙에서 사용자의 접근 권한을 관리함으로써 자원 관리의 효율성을 높일 수 있습니다.

# 7.3

# AWS 서버
# 구축 방법

AWS 서비스 중 하나인 Amazon EC2를 활용한 서버 구축 방법을 알아봅시다. 실습은 하지 않고 전체적인 구조와 순서 위주로 소개할 테니 클라우드 인프라 환경 구축에 대한 큰 틀을 이해하기 바랍니다. AWS 서버 구축은 EC2 인스턴스 생성 → EC2 인스턴스 접속 → 웹 애플리케이션 배포 순으로 진행됩니다.

## 7.3.1 EC2 인스턴스 생성

Amazon EC2 서비스를 이용하려면 AWS 사이트(**https://aws.amazon.com**)에서 계정을 생성하고 지역을 '아시아 태평양(서울)'로 변경해야 합니다.

그림 7-12 **지역 설정**

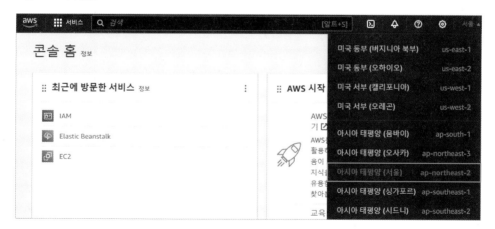

그리고 검색창에서 'EC2'를 검색해 EC2 대시보드로 이동하고 [인스턴스 시작]을 클릭하면 인스턴스 생성에 필요한 정보를 입력할 수 있습니다.

그림 7-13 **EC2 인스턴스 시작**

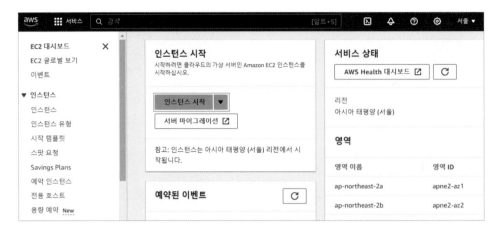

인스턴스 생성은 인스턴스 이름 입력 → 운영체제 선택 → 인스턴스 유형 선택 → 키 페어
생성 → 보안 그룹 설정 → 스토리지 구성 순으로 진행합니다.

● **인스턴스 이름 입력**

하나의 사용자 계정에 여러 개의 EC2 인스턴스를 생성할 수 있습니다. 따라서 인스턴스
생성 단계에서는 각각의 인스턴스를 구별할 수 있도록 고유한 이름을 설정합니다.

그림 7-14 **EC2 인스턴스 이름 입력**

**이름 및 태그** 정보

이름

| inbroz-ec2-instance | | 추가 태그 추가 |

● **운영체제 선택**

어떤 운영체제의 서버 컴퓨터를 사용할 것인지 결정합니다. 다음 그림에서는 무료 서
비스인 프리 티어(free tier)를 사용하기 위해 우분투 서버(Ubuntu Server 20.04 LTS, SSD
Volume Type)를 선택했습니다. '프리 티어 사용 가능' 표시가 없는 운영체제 이미지를 선
택하면 과금이 발생할 수 있습니다.

그림 7-15 EC2 운영체제 이미지 선택

운영체제 이미지

운영체제를 설치하고 실행하기 위한 이미지 파일을 말하며, 여기에는 운영체제의 설치 파일, 설정 정보, 구성 정보 등이 포함됩니다. EC2 인스턴스에 우분투 이미지를 사용해 운영체제를 설치하면 사용자는 EC2 서버에 접속해 우분투 운영체제를 사용할 수 있습니다.

## ● 인스턴스 유형 선택

인스턴스 유형에서는 인스턴스의 성능을 결정합니다. 다음 그림에서는 무료인 프리 티어로 사용할 수 있는 **t2.micro** 인스턴스 유형을 선택했습니다. t2.micro는 하나의 vCPU(가상 CPU)와 1GiB(1기비바이트, $1024^3$바이트)의 메모리를 가진 인스턴스를 뜻합니다.

그림 7-16 EC2 인스턴스 유형 선택

## 키 페어 생성

**키 페어**(key pair)란 암호화와 관련된 보안 시스템에서 사용하는 키로, 공개 키와 개인 키의 쌍으로 구성됩니다. 인증된 사용자가 EC2 인스턴스에 안전하게 접속하기 위해 사용하며, 해당 키 페어가 존재하는 경로에서만 EC2 인스턴스에 원격으로 접속할 수 있습니다.

새로이 키 페어를 생성하면 .pem 파일이 다운로드되며, 이 파일을 원격 접속을 수행할 로컬 컴퓨터의 특정 경로로 옮기면 키 페어로 원격 접속할 수 있습니다. 키 페어를 분실하면 동일한 키 페어를 다시 생성할 수 없으니 보관에 유의해야 합니다.

그림 7-17 키 페어 생성

- **보안 그룹 설정**

보안 그룹은 EC2 인스턴스로 들어오는 트래픽 중 어떤 트래픽을 허용할 것인지 결정하는 단위입니다. 보안 그룹을 생성할 때는 보안 그룹의 이름을 짓고 설명을 추가합니다. 보안 그룹이 많으면 각 보안 그룹의 이름과 설명을 보고 구분할 수 있어야 관리하기에 편합니다.

그림 7-18 **보안 그룹의 이름과 설명 작성**

**방화벽(보안 그룹)** 정보
보안 그룹은 인스턴스에 대한 트래픽을 제어하는 방화벽 규칙 세트입니다. 특정 트래픽이 인스턴스에 도달하도록 허용하는 규칙을 추가합니다.

◉ 보안 그룹 생성      ○ 기존 보안 그룹 선택

보안 그룹 이름 - 필수

> launch-wizard-2

이 보안 그룹은 모든 네트워크 인터페이스에 추가됩니다. 보안 그룹을 만든 후에는 이름을 편집할 수 없습니다. 최대 길이는 255자입니다. 유효한 문자는 a~z, A~Z, 0~9, 공백 및 ._-:/()#,@[]+=&;{}!$*입니다.

설명 - 필수 정보

> launch-wizard-2 created 2023-03-10T06:51:46.878Z

새로 만든 보안 그룹에는 **인바운드**(inbound) 규칙을 설정합니다. 네트워크 보안 설정에서 사용되는 인바운드 규칙은 네트워크로 들어오는 트래픽에 대한 제어를 정의합니다. 다음 그림은 SSH, HTTP, HTTPS 프로토콜에 대해 인바운드 규칙을 설정하는 것을 보여 줍니다. 22번, 80번, 443번 포트로 들어오는 트래픽에 대해 접근을 허용하는 인바운드 규칙을 설정했습니다.

그림 7-19 **보안 그룹 인바운드 규칙 설정**

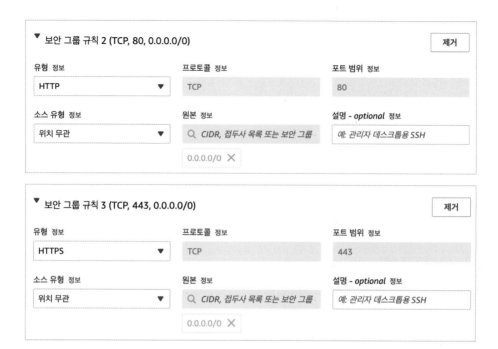

## ● 스토리지 구성

서버 컴퓨터의 저장 용량을 설정합니다. 프리 티어 무료 옵션에서는 최대 30GB까지 사용 가능합니다.

그림 7-20 **스토리지 구성**

## 7.3.2 EC2 인스턴스 접속

EC2 인스턴스에 웹 애플리케이션을 배포하려면 SSH 프로토콜을 사용해 EC2 인스턴스에 원격으로 접속한 후 웹 애플리케이션의 실행 환경을 구성해야 합니다.

- **SSH 원격 접속**

  SSH는 네트워크를 통해 원격으로 다른 컴퓨터에 접속하기 위한 프로토콜로, 대개 원격 서버에 로그인하거나 파일을 전송하는 데 사용됩니다. SSH 클라이언트를 사용하면 EC2 인스턴스에 원격으로 접속해 서버에 명령을 내리고 서버 내 파일에 접근할 수 있습니다.

- **웹 애플리케이션 실행 환경 구성**

  EC2 인스턴스에서 웹 애플리케이션을 실행할 수 있도록 필요한 소프트웨어 패키지를 설치하는 과정입니다. 웹 애플리케이션을 자바와 스프링 부트로 개발했다면 EC2 인스턴스에 JDK를 설치해야 합니다. 또한 깃허브에 있는 소스 코드를 복제해 가져오려면 깃도 설치해야 합니다.

## 7.3.3 웹 애플리케이션 배포

웹 애플리케이션 실행 환경 구성을 마치면 원격 저장소의 소스 코드를 복제해 가져와 빌드한 후 실행합니다.

- **소스 코드 가져오기**

  깃이나 깃허브 같은 원격 저장소에 저장된 웹 애플리케이션의 소스 코드를 서버로 가져옵니다. 이때 깃 클라이언트나 SSH 명령어를 사용해 원격 저장소의 소스 코드를 복제해 가져옵니다.

- **소스 코드 빌드**

  가져온 소스 코드를 빌드해 실행 가능한 상태의 웹 애플리케이션 또는 빌드 파일을 만듭니다. 이 단계에서는 빌드 도구인 메이븐(Maven)이나 그레이들(Gradle) 등을 사용해 파일 간 의존성을 고려해 소스 코드를 컴파일 및 패키징합니다.

- **각종 설정 파일 수정**

  빌드된 웹 애플리케이션의 설정 파일을 수정합니다. 이 단계에서는 웹 애플리케이션이 서버에서 원활하게 실행될 수 있도록 각종 설정을 확인 및 변경하고, 데이터베이스 연결 정보 등을 설정 파일에 반영합니다.

- **최종 실행**

  빌드된 웹 애플리케이션 또는 빌드 파일을 실행합니다. 스프링 부트로 개발한 웹 애플리케이션의 경우 빌드 파일이 *.jar이므로 **java -jar 빌드파일명.jar**과 같이 실행 명령을 내리면 웹 애플리케이션 배포가 마무리되고 서비스할 수 있는 상태가 됩니다.

> **컴공선배의 조언** 🗨
>
> 웹 애플리케이션 배포 단계는 사용하는 빌드 도구나 원격 저장소에 따라 달라질 수 있습니다. 또한 자동화된 배포 도구나 CI/CD 파이프라인(소프트웨어 개발 프로세스를 자동화해 효율적으로 개발·테스트·배포하는 방법)을 사용하는 경우에도 달라질 수 있습니다.

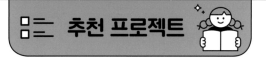

**선수 지식: Amazon EC2, Amazon RDS**

이 장에서는 Amazon EC2 인스턴스를 생성해 서버에 웹 애플리케이션을 배포하는 과정에서 한 발 더 나아가 Amazon RDS로 데이터베이스를 구성하고 연동한 후 API 테스트까지 진행하는 실습을 추천합니다. 이렇게 실습하면 클라우드상에 API 서버를 구성하는 전 과정을 경험했다고 할 수 있습니다.

❶ Amazon EC2 인스턴스 생성하기

❷ Amazon RDS 생성하고 매개변수 그룹 생성 및 적용하기

❸ 백엔드 프로젝트에 DB 연동하기

❹ Amazon EC2 인스턴스에 원격으로 접속해 git clone 명령으로 소스 코드 가져오기

❺ Amazon EC2 인스턴스에 API 서버 띄우기

❻ 포스트맨(Postman)을 이용해 API 테스트하기

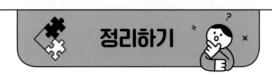

서버 구동을 위한 인프라 환경이 클라우드로 옮겨가는 것이 대세임은 분명합니다. 그러나 온프레미스 시스템과 클라우드 시스템 중에서 꼭 클라우드 시스템이 우위에 있다고 말하기는 어렵습니다.

개발자는 서버 인프라 환경을 구축하는 목적을 생각해보고, 그에 따라 최선의 시스템을 선택해야 합니다. 작은 규모더라도 체계적으로 서버 실행 환경을 구축하는 것이 목표라면 온프레미스 시스템을 선택하는 것이 유리하고, 대규모 웹 애플리케이션을 효율적으로 관리하는 것이 목표라면 클라우드 시스템을 선택하는 것이 유리합니다.

또한 같은 클라우드 환경이라도 웹 애플리케이션의 규모나 여러 가지 상황에 따라 복잡하지만 정교한 환경, 단순하지만 강력한 환경을 모두 구성해볼 수 있습니다. 따라서 어떤 환경을 구축하기 전에 각각의 환경을 구축했을 때의 장단점을 수시로 고민하는 것이 개발자로서 바람직한 자세입니다.

# 가상화와
# 컨테이너

최근 웹 애플리케이션의 수가 늘어나고 이를 운영하는 서버 컴퓨터의 사양이 좋아지면서 하나의 서버를 여러 가상 서버로 나눠 운영하는 사례가 증가하고 있습니다. 이 장에서는 이를 위한 컨테이너 기술이 무엇인지, 어떻게 작동하는지 알아봅니다.

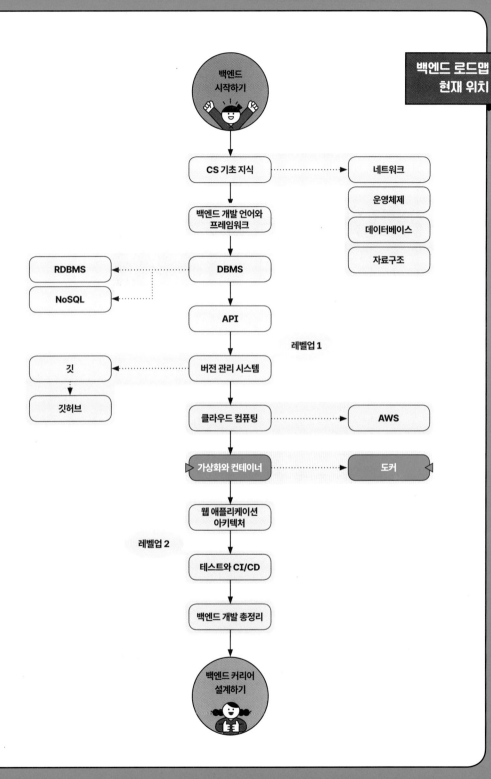

백엔드
시작하기

CS 기초 지식

네트워크

운영체제

데이터베이스

자료구조

백엔드 개발 언어와
프레임워크

RDBMS

NoSQL

DBMS

API

레벨업 1

깃

깃허브

버전 관리 시스템

클라우드 컴퓨팅

AWS

가상화와 컨테이너

도커

웹 애플리케이션
아키텍처

레벨업 2

테스트와 CI/CD

백엔드 개발 총정리

백엔드 커리어
설계하기

**8.1** 가상화와 컨테이너의 개요

### 8.1.1 가상화의 개념

**가상화**(virtualization)란 하나의 물리적인 서버를 여러 개의 가상 서버로 분할해 사용하는 기술입니다. 가상화 기술이 등장하기 전의 전통적인 서버 구조에서는 하나의 서버로 여러 웹 애플리케이션을 실행하면 서로 충돌하는 문제가 발생했습니다. 여러 웹 애플리케이션이 각기 다른 운영체제나 라이브러리를 사용했기 때문입니다. 그러나 가상화 기술이 도입되면서 하나의 서버로 다수의 웹 애플리케이션을 운영할 수 있게 됐습니다. 가상화 기술은 기업의 서버 활용도를 높여주고 개인 사용자에게는 안정적인 개발 환경을 제공합니다.

### 8.1.2 가상화의 종류

가상화는 크게 개발 환경 가상화, 머신 가상화, 운영체제 수준 가상화로 나뉩니다. 각 기술은 서버의 용도, 성능, 유연성, 관리 및 보안 측면에 차이가 있습니다.

● **개발 환경 가상화**

개발자가 웹 애플리케이션을 개발할 때 필요한 환경을 가상으로 구축하게 하는 기술입니다. 이 방식의 경우 한 컴퓨터에서 여러 웹 애플리케이션을 개발하더라도 각각의 개발 환경을 구성할 수 있습니다. 즉 개발 환경마다 관련 라이브러리나 패키지를 독립적으로 관리해 일관된 개발 환경을 유지할 수 있습니다. 대표적인 예로 파이썬 개발을 위한 가상 환경을 만들어주는 가상 환경 관리자인 아나콘다(anaconda)가 있습니다.

● **머신 가상화**

**가상 머신**(VM, Virtual Machine)으로 하나의 서버에서 여러 운영체제를 실행할 수 있게 하는 기술입니다. 이 방식은 웹 애플리케이션마다 다른 운영체제를 사용해야 하는 경우나 특정 웹 애플리케이션을 특정 운영체제에서만 실행할 수 있는 경우에 유용합니다. 대표적인 가상 머신 소프트웨어로 버추얼박스(VirtualBox), VMware, 시트릭스(Citrix), WSL(Windows Subsystem for Linux) 등이 있습니다.

● **운영체제 수준 가상화**

호스트 운영체제(실제 하드웨어 본체에 설치한 운영체제) 위에 격리된 컨테이너를 여러 개 만들어 각각의 컨테이너 안에서 웹 애플리케이션을 실행하는 기술입니다. 하나의 운영체제상에서 격리된 컨테이너를 여러 개 생성하고 각각의 컨테이너에서 웹 애플리케이션을 실행하기 때문에 다른 웹 애플리케이션과 충돌하는 것을 방지할 수 있습니다. 컨테이너 기술을 활용한 대표적인 서비스에는 도커, 쿠버네티스 등이 있습니다.

## 8.1.3 컨테이너의 개념

**컨테이너**(container)는 가상화 기술 중 하나로, 격리된 여러 개의 실행 환경을 제공하는 기술입니다. 앞서 언급했듯이 운영체제 수준 가상화를 기반으로 하며, 웹 애플리케이션을 실행하는 데 필요한 라이브러리, 실행 파일, 구성 파일 등이 포함된 패키지로 이뤄져 있습니다.

### 가상 머신과 컨테이너

컨테이너는 언뜻 보기에 머신 가상화의 가상 머신과 비슷한 것 같습니다. 둘 다 가상화 기술을 사용해 여러 개의 실행 환경을 구성하게 해주지만 둘 사이에 중요한 차이점이 있습니다.

● **가상 머신**

가상 머신은 하이퍼바이저(hypervisor)라는 소프트웨어 계층을 사용해 호스트 운영체제 위에 게스트 운영체제를 설치하고 실행하는 방식입니다. 각 가상 머신은 자체적인 게스트 운영체제와 웹 애플리케이션을 가지며, 본 시스템으로부터 물리적인 하드웨어 자원(CPU, 메모리, 스토리지 등)을 할당받아 사용합니다.

● **컨테이너**

컨테이너는 호스트 운영체제 위에서 동작합니다. 다시 말해 운영체제 수준 가상화 기술을 사용해 호스트 운영체제 위에 격리된 실행 환경을 만듭니다. 이처럼 격리된 실행 환경을 컨테이너라고 하며, 각 컨테이너는 독립된 파일 시스템, 네트워크 인터페이스, 프로세스 등을 기반으로 동작합니다. 컨테이너에는 자체적인 게스트 운영체제가 없고 호스트 운영체제의 자원을 공유받아 실행하므로 웹 애플리케이션을 더 빠르게 실행하고, 본 시스템의 물리적인 자원을 더 효율적으로 활용합니다.

그림 8-1 **가상 머신과 컨테이너**

가상 머신과 컨테이너의 장단점은 다음과 같이 정리할 수 있습니다.

- 가상 머신은 각각의 게스트 운영체제와 해당 운영체제 위에서 동작하는 소프트웨어 스택 (운영체제 관련 소프트웨어)을 복제해야 하기 때문에 컴퓨팅 자원(메모리, 디스크 등)을 더 많이 사용합니다. 반면에 컨테이너는 여러 개의 웹 애플리케이션이 호스트 운영체제 하나를 공유하기 때문에 가상 머신보다 컴퓨팅 자원을 덜 사용합니다.

- 가상 머신은 각각의 운영체제와 소프트웨어 스택을 복제해야 하기 때문에 시작 시간(웹 애플리케이션을 구동하기까지 걸리는 시간)이 느립니다. 반면에 컨테이너는 시작 시간이 빠릅니다.

- 가상 머신은 더 많은 컴퓨팅 자원을 필요로 하므로 가볍지 않고, 이식성이 낮으며, 배포와 관리가 어렵습니다. 반면에 컨테이너는 가볍고, 이식성이 뛰어나며, 배포와 관리가 용이합니다.

개발자는 가상 머신과 컨테이너의 장단점을 이해하고 용도와 목적에 맞는 기술을 선택해야 합니다.

## 컨테이너를 사용하는 이유

컨테이너는 여러 개의 서버가 필요한 상황에서 각 서버를 독립적으로 운영하는 효과를 내기 위해 사용합니다. 컨테이너를 사용할 때의 장점은 다음과 같습니다.

- 하나의 서버로 다양한 용도와 환경, 기능을 충족해야 할 때 여러 개의 컨테이너로 나눠 구현할 수 있습니다.
- 각 서버가 컨테이너별로 관리되므로 소프트웨어나 라이브러리를 설치할 때 의존성을 고려하지 않아도 되고, 컨테이너별로 소프트웨어를 간단히 설치할 수 있습니다.
- 서버를 이전하거나 서버에 여러 소프트웨어를 다시 설치해야 할 때 컨테이너 이미지를 받아 간편하게 이전 및 설치할 수 있습니다.

컨테이너 이미지는 컨테이너 실행에 필요한 모든 것이 포함된 패키지를 말하며, **8.2절 컨테이너 플랫폼: 도커**에서 자세히 설명하겠습니다.

# 8.2

# 컨테이너 플랫폼:
# 도커

## 8.2.1 도커의 개념

2013년에 출시된 **도커**(Docker)는 컨테이너 기술을 이용해 웹 애플리케이션을 배포하고 실행하는 오픈 소스 플랫폼으로, 컨테이너 기술의 대중화를 이끄는 핵심 기술로 자리 잡았습니다. 도커는 웹 애플리케이션을 실행하는 데 필요한 모든 환경을 패키징해 컨테이너 이미지를 만들고, 이 이미지를 이용해 컨테이너를 생성합니다.

그림 8-2 **도커 로고**

예를 들어 자바와 스프링 부트로 개발한 웹 애플리케이션이 있다면, 이 웹 애플케이션을 만들고 실행하는 데 필요한 요소(JDK, JAR 파일 등)를 포함해 하나의 이미지로 만든 후, 이 이미지를 활용해 컨테이너를 생성하고 해당 컨테이너에서 웹 애플리케이션을 실행합니다.

도커는 컨테이너 기술의 장점을 최대한 활용할 수 있도록 컨테이너 간 통신을 위한 네트워크 구성 기능, 여러 컨테이너를 동시에 관리하기 위한 오케스트레이션 기능, 컨테이너 이미지를 저장하고 관리하는 기능 등을 제공합니다. 또한 가상 머신과 달리 호스트 운영체제를 공유하기 때문에 빠르고 가볍습니다. 하지만 컨테이너 내부에 설치된 웹 애플리케이션이 호스트 운영체제를 공유하므로 호스트 운영체제의 제한을 받을 수 있다는 것이 단점입니다.

그림 8-3 **도커와 컨테이너**

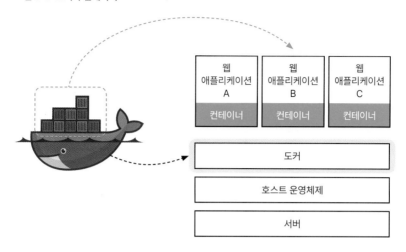

## 8.2.2 **도커의 구조**

도커의 구조는 크게 클라이언트와 서버로 나뉩니다. 사용자가 도커 클라이언트를 통해
'docker'로 시작되는 도커 명령어를 입력하면 도커 호스트(도커 서버)의 도커 데몬(도커 엔
진)에 명령이 전달돼 컨테이너 생성 및 실행, 컨테이너 이미지 관리 등의 작업이 수행됩니다.

그림 8-4 **도커의 구조**

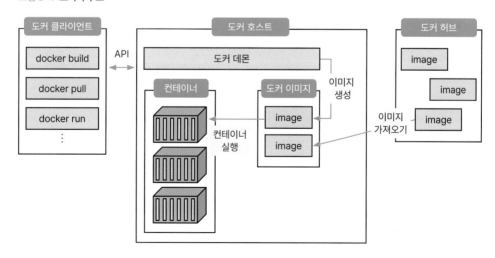

도커 클라이언트와 도커 데몬은 API를 통해 요청을 주고받습니다. 도커 클라이언트는 개발자가 API를 사용해 명령을 내릴 수 있도록 CLI(Command Line Interface) 환경을 제공합니다. 도커 데몬은 API로 들어온 명령을 수행하는데, 이때 도커드(dockerd)라는 프로세스를 통해 동작합니다. 도커드는 컨테이너와 컨테이너 이미지 관리의 주체입니다.

도커가 대중화되면서 최근에는 **도커 허브**(Docker Hub)와 같은 컨테이너 레지스트리(container registry, 컨테이너 이미지 저장소)도 등장했습니다. 이를 통해 다양한 웹 애플리케이션과 미들웨어, 프레임워크 등이 컨테이너 이미지로 제공돼 사용자가 웹 애플리케이션을 쉽게 배포하고 실행할 수 있게 됐습니다.

## 8.2.3 컨테이너 이미지

컨테이너 이미지는 컨테이너 실행에 필요한 모든 것이 포함된 패키지로, 웹 애플리케이션 실행에 필요한 모든 소스 코드, 런타임, 라이브러리, 환경 변수 등의 구성 요소가 들어 있습니다. 컨테이너 이미지는 한 번 만들면 다른 서버 환경에서도 동일하게 사용할 수 있어 호환성이 좋습니다.

컨테이너 이미지를 만들고 이를 이용해 컨테이너를 실행하는 과정은 다음 그림과 같이 진행됩니다. 그림에 나타냈듯이 도커에서 만든 컨테이너 이미지를 '도커 이미지'라고 합니다.

그림 8-5 **도커 이미지 생성과 실행**

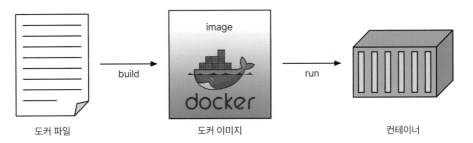

도커 이미지는 **도커 파일**(Dockerfile)이라는 텍스트 파일을 이용해 만듭니다. 도커 파일에는 웹 애플리케이션의 구성과 실행 방법을 정의하는 명령어가 작성돼 있으며, 이를 빌드하면 도커 이미지가 생성되고 도커 이미지를 실행하면 컨테이너가 실행됩니다.

컨테이너 이미지는 개발자나 운영 팀에 많은 이점을 안겨줍니다. 컨테이너 이미지를 사용하면 웹 애플리케이션 배포와 관리가 훨씬 쉬워지고, 어떤 서버 환경에서 웹 애플리케이션을 실행하더라도 일관된 결과를 얻을 수 있습니다.

## 8.2.4 컨테이너의 주요 명령어

컨테이너와 관련된 주요 명령어는 도커에서 사용하므로 도커 명령어라고도 합니다. 이러한 명령어로 도커 컨테이너를 생성·실행·관리·모니터링합니다.

● **docker run**

도커 컨테이너를 생성하고 실행하는 명령입니다. 컨테이너 이미지를 기반으로 컨테이너를 만들고, 옵션 값을 입력해 컨테이너 실행 시 여러 조건을 설정할 수 있습니다.

```
> docker run [컨테이너_이미지_이름] [옵션]
```

● **docker start**

중지된 컨테이너를 시작하는 명령입니다. 컨테이너가 중지된 상태에서 시작하고 싶을 때 사용합니다.

```
> docker start 컨테이너_이름
```

● **docker stop**

실행 중인 컨테이너를 중지하는 명령입니다. 컨테이너를 안전하게 중지하고 종료합니다.

```
> docker stop 컨테이너_이름
```

● **docker restart**

실행 중인 컨테이너를 재시작하는 명령입니다. 컨테이너를 중지하고 다시 시작합니다.

```
> docker restart 컨테이너_이름
```

- **docker rm**

  컨테이너를 삭제하는 명령입니다. 컨테이너를 중지해야만 삭제할 수 있습니다.

  ```
  > docker rm 컨테이너_이름
  ```

- **docker ps**

  실행 중인 컨테이너 목록을 보여주는 명령입니다. 현재 실행 중인 컨테이너의 상태를 확인할 수 있습니다.

  ```
  > docker ps
  ```

- **docker logs**

  컨테이너의 로그를 확인하는 명령입니다. 컨테이너에서 발생한 로그 메시지를 보여주므로 디버깅 및 모니터링할 때 사용합니다.

  ```
  > docker logs 컨테이너_이름
  ```

- **docker exec**

  실행 중인 컨테이너 내부에서 명령을 실행합니다. 컨테이너에 접속해 특정 명령을 실행하거나 컨테이너끼리 상호작용할 수 있습니다.

  ```
  > docker exec 옵션 컨테이너_이름(또는 ID) 실행할_명령
  ```

- **docker build**

  도커 이미지를 생성하는 명령입니다. 도커 파일을 빌드해 이미지를 만들고 태그를 지정(해당 도커 이미지의 버전 지정)합니다.

  ```
  > docker build -t 도커_이미지_이름:tag
  ```

- **docker pull**

  도커 이미지를 다운로드하는 명령입니다. 도커 허브와 같은 도커 이미지 저장소에서 도커 이미지를 가져옵니다.

  ```
  > docker pull 도커_이미지_이름:tag
  ```

## 8.2.5 컨테이너 실행 과정

도커에서 컨테이너로 'Hello from Docker!'라는 메시지를 출력하는 웹 애플리케이션의 실행 과정을 살펴봅시다. 여기서 사용하는 도커 이미지의 이름은 **hello-world**이며, 도커 클라이언트의 명령은 다음과 같습니다.

```
> docker run hello-world
```

이 명령을 실행하면 다음과 같은 순서로 도커가 동작합니다.

❶ 도커가 실행되면서 도커 데몬이 시작됩니다.

❷ 도커 데몬은 **hello-world**라는 도커 이미지를 로컬 저장소에서 찾습니다. 이미지가 없는 경우 도커 허브에서 해당 이미지를 찾아 다운로드합니다.

❸ 도커 데몬은 찾은 이미지를 기반으로 새로운 컨테이너를 생성하고 실행합니다.

❹ 컨테이너가 실행되면 **hello-world** 이미지에 포함된 실행 파일이 동작하고, 'Hello from Docker!'라는 메시지와 함께 몇 가지 정보를 출력합니다.

❺ 명령 실행을 완료하면 컨테이너가 종료됩니다.

그림 8-6  컨테이너로 'Hello from Docker!'를 출력한 결과

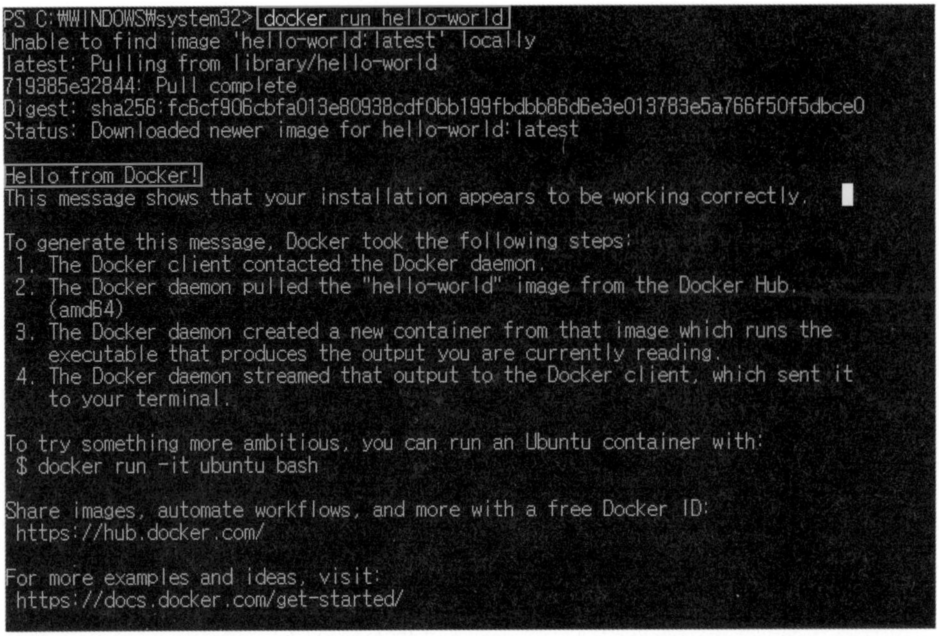

```
PS C:\WINDOWS\system32> docker run hello-world
Unable to find image 'hello-world:latest' locally
latest: Pulling from library/hello-world
719385e32844: Pull complete
Digest: sha256:fc6cf906cbfa013e80938cdf0bb199fbdbb86d6e3e013783e5a766f50f5dbce0
Status: Downloaded newer image for hello-world:latest

Hello from Docker!
This message shows that your installation appears to be working correctly.

To generate this message, Docker took the following steps:
 1. The Docker client contacted the Docker daemon.
 2. The Docker daemon pulled the "hello-world" image from the Docker Hub.
    (amd64)
 3. The Docker daemon created a new container from that image which runs the
    executable that produces the output you are currently reading.
 4. The Docker daemon streamed that output to the Docker client, which sent it
    to your terminal.

To try something more ambitious, you can run an Ubuntu container with:
 $ docker run -it ubuntu bash

Share images, automate workflows, and more with a free Docker ID:
 https://hub.docker.com/

For more examples and ideas, visit:
 https://docs.docker.com/get-started/
```

# 8.3 컨테이너 오케스트레이션

도커의 등장으로 다양한 개발 환경에서 만든 웹 애플리케이션을 손쉽게 컨테이너에 올려 실행할 수 있어 기존의 복잡한 서버 세팅 과정을 거치지 않고도 가상화 기술을 구현할 수 있게 됐습니다. 이에 따라 컨테이너와 이를 운영하는 서버 컴퓨터가 늘어나 거대한 서버 클러스터(server cluster, 여러 서버를 하나의 시스템으로 묶은 것)가 형성됐습니다.

이러한 서버 클러스터에서 다수의 컨테이너를 관리하는 프로세스를 **컨테이너 오케스트레이션**(container orchestration)이라고 합니다. 앞에서 설명했듯이 컨테이너는 웹 애플리케이션을 실행하는 데 사용하는 경량의 가상화된 환경이고, 컨테이너 오케스트레이션은 이러한 컨테이너의 생성·배포·관리·확장을 자동화하는 데 사용하는 도구입니다. 대표적인 컨테이너 오케스트레이션에는 쿠버네티스(Kubernetes), 도커 스웜(Docker Swarm), 아파치 메소스(Apache Mesos) 등이 있습니다.

그림 8-7 **쿠버네티스, 도커 스웜, 아파치 메소스 로고**

컨테이너 오케스트레이션은 대규모 컨테이너 기반 웹 애플리케이션을 관리하는 데 필수적인 도구입니다. 컨테이너 오케스트레이션을 사용하면 컨테이너를 보다 쉽게 관리하고 확장할 수 있을 뿐만 아니라 다수의 컨테이너를 안정적으로 운영할 수 있습니다.

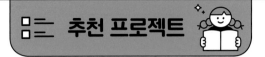

## 추천 프로젝트

**선수 지식: 도커, Amazon EC2**

이 장에서는 컨테이너의 개념과 대표적인 컨테이너 생성 플랫폼인 도커에 대해 알아봤습니다. 개념을 이해했다고 하더라도 눈으로만 익히고 넘어가는 것과 실제로 해보는 것은 천지차이입니다. 직접 경험해봐야 자기 지식으로 만들 수 있으니 다음 과정을 따라 서버 컴퓨터에 컨테이너를 실행하는 것까지 실습해보기 바랍니다.

❶ 자신의 컴퓨터에 도커 데스크톱(Docker Desktop) 설치하기

❷ 'Hello Backend Roadmap!'이라는 메시지가 출력되도록 도커 파일 작성하기

❸ 도커 파일로 도커 이미지 만든 후 컨테이너 생성하고 실행하기

❹ 도커 허브(**https://hub.docker.com**)에 가입해 리포지터리 생성하기

❺ 도커 허브에 만든 리포지터리에 도커 이미지 올리기(push)

❻ Amazon EC2에서 도커 허브의 리포지터리에 있는 도커 이미지를 내려받아 (pull) 컨테이너 실행하기

이 장에서는 운영체제 수준 가상화 기술인 컨테이너의 개념을 살펴보고, 대표적인 컨테이너 플랫폼인 도커를 자세히 다뤘습니다. 도커를 처음 사용할 때는 어려워하는 사람이 많습니다. 하지만 실제로 도커 이미지를 만들고 실습해보면 컨테이너가 무엇인지, 도커를 이용해 컨테이너를 어떻게 작동하는지 쉽게 이해할 수 있습니다. 그러니 앞에서 제시한 〈추천 프로젝트〉를 꼭 해보세요. 가상화의 개념을 자연스럽게 이해할 수 있을 것입니다.

도커에 대해 더 깊이 알고 싶다면 도커 허브와 같은 도커 이미지 저장소를 검색해 이미 만들어져 있는 도커 이미지를 내려받아 사용해보세요. 그리고 단일 서버에서 여러 컨테이너를 하나의 서비스로 정의해 컨테이너 묶음으로 관리할 수 있는 도커 컴포즈(Docker Compose)를 활용해 컨테이너 실행 시 여러 컨테이너 작업을 한 번에 실행해보기 바랍니다.

# 웹 애플리케이션
# 아키텍처

서버를 구축할 때는 온프레미스 환경으로 구축할 것인지, 클라우드 환경으로 구축할 것인지, 서버에 사용할 메모리나 CPU를 어느 정도 사양으로 할 것인지, 하나의 서버에 모든 기능을 몰아서 구축할 것인지, 아니면 여러 서버로 분산할 것인지 등을 고려해야 합니다. 이 장에서는 이러한 결정을 하는 데 필요한 서버 설계 방법론인 웹 애플리케이션 아키텍처를 다룹니다. 웹 애플리케이션 아키텍처가 왜 중요한지 이해하고, 대표적인 웹 애플리케이션 아키텍처를 살펴봅니다.

백엔드
시작하기

CS 기초 지식 ┄┄┄┄┄┄┄▶ 네트워크

운영체제

백엔드 개발 언어와
프레임워크

데이터베이스

자료구조

RDBMS ◀┄┄┄┄ DBMS

NoSQL ◀┄┄┄┄

API

레벨업 1

깃 ◀┄┄┄┄┄┄ 버전 관리 시스템

깃허브

클라우드 컴퓨팅 ┄┄┄┄┄┄┄▶ AWS

가상화와 컨테이너 ┄┄┄┄┄┄┄▶ 도커

웹 애플리케이션
아키텍처

레벨업 2

테스트와 CI/CD

백엔드 개발 총정리

백엔드 커리어
설계하기

**9.1**

# 웹 애플리케이션
# 아키텍처의 개요

### 9.1.1 애플리케이션과 웹 애플리케이션의 차이

애플리케이션은 특정한 목적을 수행하기 위해 운영체제 위에 설치해 사용하는 프로그램을 말합니다. 흔히 사용하는 한컴 오피스, 카카오톡, 포토샵 같은 프로그램이 바로 애플리케이션입니다.

한편 웹 애플리케이션은 크롬, 마이크로소프트 엣지, 사파리 등과 같은 웹 브라우저 위에서 작동하는 프로그램을 말합니다. 일반 애플리케이션과 비교했을 때 웹 애플리케이션은 다음과 같은 장점이 있습니다.

- **우수한 접근성:** 웹 브라우저가 있는 환경이라면 어디서든 접속할 수 있습니다.
- **만족도 높은 사용자 경험:** 일반 애플리케이션과 달리 다운로드를 할 필요가 없어 익숙지 않은 사람도 쉽게 사용할 수 있습니다.
- **우수한 확장성 및 유지·보수성:** 일반 애플리케이션은 기능이 업데이트됐을 때 최신 버전을 다운로드해야 하지만 웹 애플리케이션은 그러한 과정이 필요 없습니다. 개발자 입장에서는 사용자에게 추가 동작을 요구하지 않고 기능을 더하거나 유지·보수를 할 수 있습니다.

이러한 장점으로 많은 기업은 서비스를 개발할 때 애플리케이션보다 웹 애플리케이션으로 제작하고 있습니다.

### 9.1.2 웹 애플리케이션 아키텍처의 개념

개발 언어와 프레임워크, 데이터베이스 등의 다양한 도구와 기술을 사용해 웹 애플리케이션을 설계하고 구현하는 방법론을 **웹 애플리케이션 아키텍처**(web application architecture)라고 합니다. 건축가가 설계도를 바탕으로 건물을 짓듯이 백엔드 개발자는 웹 애플리케이션 아키텍처를 바탕으로 프로그래밍을 합니다.

웹 애플리케이션 아키텍처에는 웹 애플리케이션을 구성하는 각 모듈이 어떤 기능을 수행하는지, 어떻게 상호작용하는지 등이 정의돼 있습니다. 예를 들어 네이버와 같은 웹 애플리케이션을 만든다고 합시다. 이 웹 애플리케이션은 사용자에게 보여줄 화면을 담당하는 클라이언트 모듈, 화면에 표시할 데이터를 제공하는 서버 모듈, 데이터를 모아두는 공간인 데이터베이스 모듈로 구성됩니다. 웹 애플리케이션 아키텍처에는 이러한 모듈을 도식화해 각 영역이 상호작용하는 방법을 구체적으로 정의한 내용이 담겨 있습니다.

### 9.1.3 웹 애플리케이션 아키텍처의 중요성

웹 애플리케이션 아키텍처는 그 설계에 따라 웹 애플리케이션의 유지·보수성과 확장성 등이 결정되기 때문에 매우 중요합니다.

**유지·보수성**

간단한 게시판을 개발한다고 가정해봅시다. 이 게시판에 적용한 아키텍처의 이름은 A 아키텍처이며, 다음 그림과 같이 A 아키텍처는 모든 데이터를 단일 서버에서 처리합니다.

그림 9-1 **A 아키텍처**

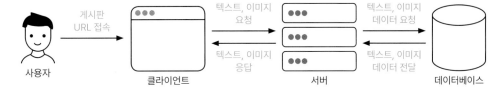

A 아키텍처는 유지·보수를 할 때 문제가 있습니다. 예를 들어 게시글의 이미지를 불러오는 데 오류가 발생했다고 합시다. A 아키텍처는 이미지와 텍스트 처리를 한 서버에서 수행하기 때문에 이미지를 불러오는 부분을 수정하려면 전체 코드의 흐름을 뜯어고쳐야 합니다. 게다가 수정 과정에서 잘못하면 정상적으로 작동하던 원래 코드에 새로운 오류가 발생할 가능성도 있습니다.

이러한 문제를 해결하기 위해 다음 그림과 같이 A 아키텍처를 변경해 새로운 B 아키텍처를 만들었습니다. B 아키텍처의 경우 오류가 발생했을 때 유연하게 대처할 수 있도록 이미지 서버와 텍스트 서버를 분리했습니다. 이처럼 목적에 맞게 서버를 분리함으로써 각 서버가 맡은 책임을 명확하게 규정합니다. 가령 이미지를 수정할 일이 생기면 텍스트 서버를 중단하거나 건드리지 않고 이미지 서버에서 오류가 발생한 부분만 수정하면 됩니다.

그림 9-2 **B 아키텍처**

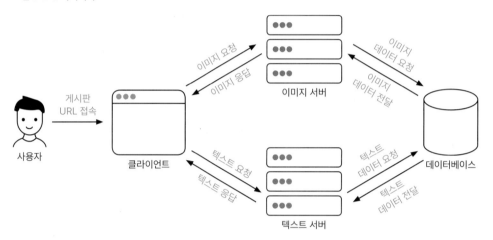

이렇게 아키텍처를 설계하면 사용자 입장에서도 편리합니다. A 아키텍처는 이미지에 문제가 발생했을 때 이를 수정하기 위해 전체 서비스를 중단해야 하므로, 오류를 수정하는 동안 웹 애플리케이션이 제공하는 모든 서비스를 이용할 수 없습니다. 반면에 B 아키텍처는 이미지 서버의 문제를 해결하기 위해 전체 서비스를 중단할 필요가 없습니다. 이미지 서버만 일시적으로 중단하면 되기 때문에 게시글 내에 포함된 이미지만 일시적으로 보이지 않고 게시글의 텍스트는 읽을 수 있습니다. 이처럼 잘 설계된 웹 애플리케이션 아키텍처는 유지·보수에 유연합니다.

## 확장성

게시판에 댓글 기능을 새로 추가하는 경우를 생각해봅시다. A 아키텍처로 게시판을 구현했다면 단일 서버에서 새로운 로직을 작성해야 합니다. 이 과정에서 기존 로직과 충돌하지 않도록 전체적인 흐름을 다시 파악한 후 작성해야 하니 시간과 비용이 많이 소요됩니다. 또한 단일 서버에서 감당하는 기능이 많아지면 코드의 양이 늘고 복잡해질 뿐만 아니라, 각 기능이 서로 영향을 주지 않고 정상적으로 작동하는지 테스트하기도 매우 번거롭습니다.

그러나 B 아키텍처로 게시판을 구현했을 때는 기존의 이미지 서버와 텍스트 서버를 건드리지 않고 따로 댓글 서버를 추가하면 됩니다. 이렇게 하면 좀 더 유연하고 비용이 덜 드는 방식으로 새로운 기능을 추가할 수 있습니다. 이처럼 잘 설계된 아키텍처는 유지·보수는 물론이고 웹 애플리케이션의 확장에도 매우 유리합니다.

# 9.2 웹 애플리케이션 아키텍처의 종류

웹 애플리케이션 아키텍처의 개념과 중요성을 이해했을 테니, 다음으로 많은 서비스에서 채택하고 있는 웹 애플리케이션 아키텍처의 종류를 알아봅시다.

## 9.2.1 모놀리식 아키텍처

**모놀리식 아키텍처**(monolithic architecture)는 하나의 대규모 응용 프로그램으로 구성된 전통적인 소프트웨어 아키텍처입니다. 이것의 가장 큰 특징은 아키텍처가 단일 애플리케이션으로 이뤄진다는 것입니다. 다시 말해 모든 기능이 하나의 코드 안에 있으며, 대표적인 예로 **3 티어 아키텍처**(3 tier architecture)를 들 수 있습니다.

그림 9-3 **3 티어 아키텍처**

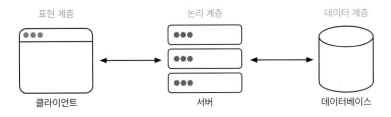

| 표현 계층 | 논리 계층 | 데이터 계층 |
|---|---|---|
| 클라이언트 | 서버 | 데이터베이스 |

어디서 많이 본 것 같지 않나요? **그림 9-1**의 A 아키텍처와 상당히 유사합니다. 즉 A 아키텍처는 3 티어의 일종이라고 볼 수 있습니다.

3 티어는 다음과 같이 3개의 계층으로 구성됩니다.

- **표현 계층(presentation tier)**: 사용자와 직접 접촉하는 계층으로, 웹 애플리케이션의 사용자 인터페이스 요소가 이 계층에 포함됩니다.

- **논리 계층(logic tier)**: 웹 애플리케이션의 비즈니스 로직이 실행되는 계층입니다. 웹 브라

우저로부터 사용자의 요청을 받아 처리하는 웹 애플리케이션 서버가 이 계층에 포함됩니다.

- **데이터 계층(data tier):** 웹 애플리케이션의 데이터 저장소에 접근해 데이터를 불러오거나 저장하는 계층입니다. 어느 데이터베이스에 접근해 데이터를 회수하고 저장할지 등의 데이터 접근 경로는 논리 계층에서 결정합니다.

3 티어 아키텍처로 설계된 웹 애플리케이션의 동작 과정은 다음과 같습니다.

❶ 사용자가 표현 계층을 통해 논리 계층에 특정 데이터를 요청합니다. **www.naver.com**과 같은 URL을 입력해 웹 사이트에 접속하거나 특정 링크를 클릭하는 행위가 이에 해당합니다.

❷ 논리 계층은 요청받은 데이터가 무엇인지 파악하고 데이터 계층과 통신해 실제 데이터를 받아옵니다.

❸ 논리 계층은 받아온 데이터를 표현 계층에 응답으로 전송합니다.

❹ 표현 계층은 응답받은 데이터를 사용자가 볼 수 있도록 화면에 출력합니다.

그림 9-4 **3 티어 아키텍처의 동작 과정**

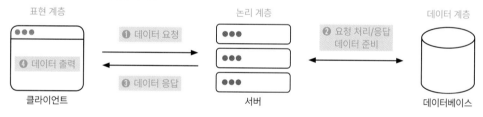

현재 많은 사람이 사용하고 있는 상당수의 웹 애플리케이션은 이러한 3 티어 아키텍처를 통해 구현됐습니다.

## 모놀리식 아키텍처의 단점

모놀리식 아키텍처가 만능이었다면 세상의 모든 웹 애플리케이션이 이 방식을 채택했을 것입니다. 하지만 현실의 요구 사항과 환경은 그리 단순하지 않습니다. 시간이 갈수록 사용자가 요구하는 서비스가 복잡해지고, 수많은 변수가 있으며, 예측할 수 없는 상황이 발생해 모놀리식 아키텍처로 대처하기에는 한계가 있습니다. 즉 모놀리식 아키텍처는 다음과 같은 단점이 있습니다.

- **높은 결합도:** 코드 내 모든 모듈이 서로 강하게 결합돼 있습니다. 따라서 한 모듈을 변경하면 전체 시스템에 영향을 미칠 수 있습니다.

- **높은 복잡성:** 시스템의 크기가 커질수록 코드의 복잡도가 증가하며, 이는 웹 애플리케이션의 유지·보수와 개발을 어렵게 만듭니다.

- **단일 데이터베이스:** 하나의 데이터베이스를 사용해 모든 데이터를 처리합니다. 이 경우 데이터베이스 스키마(데이터의 논리적인 저장 구조)를 변경하기가 어렵습니다.

- **전체 시스템의 중단 가능성:** 전체 시스템이 단일 프로세스 내에서 실행되므로 시스템의 어느 한 부분에 문제가 발생하면 전체 시스템이 중단될 가능성이 있으며, 이는 시스템의 신뢰성을 떨어뜨립니다.

- **개발 프로세스의 복잡성:** 모든 개발자가 하나의 코드를 공유하기 때문에 코드에 변경 사항이 생기면 모든 개발자와 공유하고 테스트해야 하는데, 이는 개발 프로세스를 복잡하게 만듭니다.

모놀리식 아키텍처는 기본적으로 아키텍처를 구성하는 각 모듈이 단일 모듈로 구성되기 때문에 대규모 웹 애플리케이션을 제작하거나, 변경될 가능성이 큰 웹 애플리케이션을 개발할 때는 장점보다 단점이 더 부각될 수 있습니다. 그러나 한편으로는 기업 수준에서 제공하는 대규모 서비스가 아니라 단순한 서비스라면 모놀리식 아키텍처를 채택하는 것이 유리합니다. 웹 애플리케이션 제작 시 설계에 들이는 시간과 비용을 절감할 수 있고, 보유한 인력에 따라 문제 상황에 더 유연하게 대처할 수 있기 때문입니다. 따라서 아키텍처를 선택할 때는 서비스의 규모와 제작 환경을 고려해야 합니다.

## 9.2.2 마이크로서비스 아키텍처

**마이크로서비스 아키텍처**(MSA, MicroService Architecture)는 모놀리식 아키텍처와 달리 웹 애플리케이션을 여러 개의 작은 서비스 단위로 분해해 각각의 서비스를 독립적으로 개발·배포·운영하는 방식입니다. 쉽게 말해 하나의 큰 웹 애플리케이션을 여러 개의 작은 웹 애플리케이션으로 분해해 설계하는 것입니다.

**9.1절 웹 애플리케이션 아키텍처의 개요**에서 B 아키텍처로 설계했던 게시판을 다시 생각해봅시다. 이 게시판에 기능을 추가해 유튜브와 같은 동영상 스트리밍 서비스를 제공하려면 어떻게 해야 할까요? 이를 마이크로서비스 아키텍처로 설계하면 다음 그림과 같이 게시판을 만들 수 있습니다.

그림 9-5 **마이크로서비스 아키텍처**

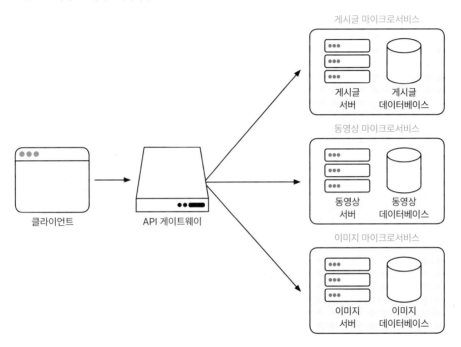

단순히 클라이언트-서버-데이터베이스의 3 티어 구조로 설계되는 모놀리식 아키텍처와 달리 마이크로서비스 아키텍처는 각각의 서비스에 서버와 데이터베이스를 따로 구축합니다. 이러한 서비스 하나하나를 마이크로서비스라고 하며, 모든 마이크로서비스는 API 게이트웨이와 연결됩니다.

사용자 입장에서는 특정 웹 사이트에 접속하는 행위가 3 티어 방식과 다르지 않습니다. 그러나 마이크로서비스 아키텍처의 경우 사용자가 요청한 데이터, 즉 어떤 서비스를 요청하는지를 API 게이트웨이가 파악하고 해당 마이크로서비스에 요청을 전달합니다. 예컨대 사용자가 웹 사이트에서 동영상을 시청한다면 동영상 마이크로서비스가 해당 서비스를 책임지고 처리하며, 게시글을 읽는다면 게시글 마이크로서비스가 해당 서비스를 책임지고 처리합니다.

모놀리식 아키텍처는 모든 기능을 하나의 시스템(서버–데이터베이스)으로 구현하기 때문에 모든 기능이 단일 서버와 데이터베이스에 종속돼 기능의 확장이나 유지·보수에 취약합니다. 반면에 마이크로서비스 아키텍처는 각 서비스마다 독립된 시스템의 분산 구조이므로 모놀리식 아키텍처와 대조적인 장점을 얻을 수 있습니다.

마이크로서비스 아키텍처의 장점은 다음과 같습니다.

- **관심사 분리:** 각 서비스가 한 가지 기능을 수행하도록 설계됐으므로 개발 및 유지·보수가 쉽고 확장성과 유연성이 뛰어납니다. 서비스 단위로 관심사가 분리되기 때문입니다.

- **분산 데이터 관리:** 각 서비스는 자체 데이터베이스를 가지기 때문에 데이터의 무결성과 안정성이 보장됩니다. 또한 데이터베이스의 스키마 변경에도 매우 유연하게 대처할 수 있습니다.

- **개발과 배포의 용이성:** 각 서비스를 독립적으로 개발해 배포할 수 있습니다. 각각의 마이크로서비스는 서로의 동작에 아무런 영향을 주지 않습니다. 또한 모놀리식 아키텍처가 모든 서비스에 대해 동일한 기술 스택을 적용하는 것과 달리 마이크로서비스 아키텍처는 각 서비스마다 최선의 기술 스택을 선택할 수 있습니다.

- **높은 탄력성:** 하나의 서비스에 장애가 발생하더라도 다른 서비스가 정상적으로 작동합니다.

마이크로서비스 아키텍처에서 가장 중요한 것은 하나의 웹 애플리케이션을 서비스 단위로 나눠 개발한다는 것입니다. 개발자 입장에서는 자신이 맡은 마이크로서비스가 제공해야 하는 비즈니스 로직에만 집중할 수 있어 전체 서비스의 품질이 향상됩니다. 또한 서비스 단위에서 고려해야 하는 외부 조건이 적기 때문에 개발 생산성이 향상됩니다.

## 9.2.3 서버리스 아키텍처

**서버리스 아키텍처**(serverless architecture)는 특정 서비스를 구현하기 위한 서버가 존재하지 않는 아키텍처를 말합니다. 이는 실제 서버가 존재하지 않는다는 의미가 아니라 개발자가 서버를 신경 쓰지 않아도 된다는 것을 의미합니다.

보통 웹 애플리케이션을 개발한다고 하면 백엔드 개발이 필수입니다. 클라이언트가 데이터를 요청하면 서버에서 데이터베이스에 접근해 데이터를 받아와 응답합니다. 이러한 백엔드 개발에 들어가는 기술, 장비, 인력 비용은 웹 애플리케이션의 규모가 커질수록 증가합니다. 그러나 규모가 크지 않은 웹 애플리케이션을 개발하거나 백엔드 개발에 많은 노력을 기울일 수 없는 상황이라면 BaaS, FaaS와 같은 클라우드 기반의 서버리스 아키텍처를 사용할 수 있습니다.

### BaaS

**BaaS**(Backend as a Service)는 클라우드 서비스 제공 업체가 관리하는 백엔드 서비스입니다. 웹 애플리케이션 개발 시 요구되는 복잡한 백엔드의 기능을 개발자가 직접 구현하지 않고 클라우드 업체가 제공하는 서비스를 이용해 쉽게 구현할 수 있습니다. 업체는 서버 개발에 필요한 데이터베이스, 인증, 스토리지, 메시징 등의 기능을 제공하고, 개발자는 이러한 서비스를 활용해 웹 애플리케이션을 구축하는 것입니다. 대표적인 BaaS는 파이어베이스(Firebase), AWS 앱싱크(AWS AppSync), 애저 코스모스 DB(Azure Cosmos DB) 등입니다.

그림 9-6 **백엔드 개발에 필요한 기능을 클라우드 서비스 업체가 제공하는 BaaS**

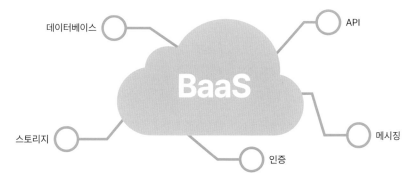

개발자는 BaaS가 제공하는 API를 통해 서비스를 구현함으로써 BaaS를 이름 그대로 백엔드 서버처럼 사용할 수 있습니다. 또한 백엔드 구축에 필요한 인프라, 즉 서버의 사양이나 개수, 네트워크 선정 등의 기술적인 부분을 지원받을 수 있습니다.

BaaS는 자체적인 백엔드 서버를 굳이 구축할 필요가 없거나 백엔드 서버 구축에 들이는 비용을 아껴야 하는 경우에 좋은 선택지입니다. 생산성을 향상하면서도 적은 비용으로 서버를 구축할 수 있기 때문입니다.

그러나 단점도 있습니다. BaaS로 구현할 수 있는 기능은 BaaS가 제공하는 API에 한정됩니다. 자체적으로 서버를 구축할 때와 비교해 제한적인 기능만 사용할 수 있어 기능 구현에 한계가 있습니다. 뿐만 아니라 기존의 백엔드 서버에 작성했던 코드를 API를 사용한 코드로 대체해야 하기 때문에 코드 수정 및 유지·보수로 인한 배포가 잦아 사용자에게 강제적인 업데이트를 강요할 수도 있습니다.

## FaaS

**FaaS**(Function as a Service)는 개발 프로젝트를 여러 개의 함수로 쪼개(또는 하나의 함수로 만들기도 함) 매우 거대하고 분산된 클라우드 컴퓨팅 환경에 미리 준비해둔 함수를 등록하고, 이러한 함수가 실행되는 횟수와 실행된 시간만큼 비용을 내는 방식입니다. 클라우드 서비스 업체가 제공하는 서버 기능을 단순하게 이용하는 것이 BaaS라면, FaaS는 개발자가 사용할 기능을 함수 단위로 나눠 구현해 등록하고 클라우드가 이를 서비스하는 형태입니다. AWS 람다(AWS Lambda)는 FaaS의 대표적인 서비스 중 하나입니다.

FaaS는 서버가 항상 켜져 있는(always-on) 상태로 매번 각각의 API 요청에 응답을 반환하는 것이 아니라, 사용자가 등록해둔 함수가 특정 요인에 의해 실행돼 해당 함수가 백엔드의 기능을 수행하게 합니다. 결국 복잡한 백엔드 서버 코드를 구현하지 않고 단순히 서비스에 필요한 함수의 코드 스크립트만 작성해 등록하면 됩니다.

그림 9-7 **클라우드에 함수를 등록하고 이벤트를 발생시켜 함수를 호출하는 FaaS**

이러한 구조 덕분에 FaaS는 함수가 호출된 만큼만 사용료가 발생하므로 비용이 많이 절약됩니다. 또한 함수를 등록하는 클라우드 업체 측에서 인프라 장비에 대한 구성 작업을 모두 관리하기 때문에 개발자가 신경 쓸 필요가 없습니다. 그러나 모든 코드를 함수로 쪼개 작업하다 보니 함수에서 사용할 수 있는 자원에 제한이 있습니다.

**선수 지식: 자바스크립트+Node.js 또는 자바+스프링 부트**

웹 애플리케이션 아키텍처를 처음 배울 때는 어떤 상황에 어떤 아키텍처가 최적인지 판단하기 어렵습니다. 그러니 지금 단계에서는 개념만 이해하고 넘어가도 됩니다.

대신 이 장에서는 하나의 서버에 하나의 데이터베이스를 연결하는 것이 아니라 여러 서버를 하나의 데이터베이스에 연결하는 실습을 합니다. 웹 애플리케이션 아키텍처에 관한 직접적인 실습은 아니지만, 하나의 데이터베이스에 하나의 서버만 실행할 수 있는 것이 아니라 여러 서버를 실행할 수 있다는 것을 확인합니다.

❶ 게시판 만들고 게시글 생성, 조회, 수정, 삭제 기능 구현하기

❷ 게시판 사본 만들기

❸ 원본 게시판의 게시글 생성 API 주석 처리하기

❹ 사본 게시판의 게시글 조회, 수정, 삭제 API 주석 처리하기

❺ 원본 게시판을 8080번 포트로 실행하기

❻ 사본 게시판을 9090번 포트로 실행하기

❼ 포스트맨을 사용해 게시글 조회는 8080번 포트로 호출하고, 게시글 생성은 9090번 포트로 호출하기(하나의 데이터베이스에 여러 서버를 연결해 실행하는 과정)

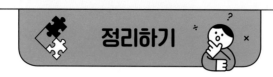

웹 애플리케이션 아키텍처는 입문자가 공부할 때 복잡하고 추상적으로 이해해야 할 부분이 있어 어렵게 느껴집니다. 대부분이 실제 서비스를 운영하는 과정에서 얻은 경험적 지식을 바탕으로 하는 내용이기 때문에 이제 막 백엔드 개발에 입문한 사람이 이해하지 못하는 것은 어찌 보면 당연합니다.

그럼에도 이 장에서 습득해야 할 것이 있습니다. '이 애플리케이션은 어떤 아키텍처로 구성했을 것 같다'고 어림짐작할 수 있을 정도로 최소한의 개념과 각 아키텍처의 방향성을 파악해야 합니다. 예컨대 수십만 명의 동시 접속자를 처리하기 위해 어떤 아키텍처를 선택했는지 또는 대규모 데이터를 처리하기 위해 어떤 구성 요소와 기술을 도입했는지에 대해 기본적으로 이해하고 호기심을 갖는 것만으로도 큰 도움이 됩니다.

웹 애플리케이션 아키텍처는 시간이 갈수록 변화하고 발전하는 분야입니다. 따라서 지금 당장 모든 것을 완벽하게 이해하기보다는 여러 아키텍처 사례를 통해 각각의 구성 전략과 그에 따른 장단점을 파악하는 것이 중요합니다. 이렇게 기초를 잘 다져놓으면 나중에 실제로 웹 애플리케이션을 설계할 때 필요한 전략을 선택하고 적용할 수 있을 것입니다.

# 테스트와
# CI/CD

드디어 백엔드 로드맵의 마지막 주제에 이르렀습니다. 지금까지 백엔드 개발을 위한 소스 코드 작성 및 관리, 이를 운영할 서버 관련 지식, 개발 설계 및 구현 방법론인 웹 애플리케이션 아키텍처를 살펴 봤습니다. 이 장에서는 개발 프로젝트의 효율성과 운영 안정성을 보장하기 위한 테스트와 CI/CD에 대해 알아봅니다.

백엔드
시작하기

CS 기초 지식 ┈┈┈► 네트워크

운영체제

데이터베이스

자료구조

백엔드 개발 언어와
프레임워크

RDBMS ◄┈┈ DBMS

NoSQL ◄┈┈

API

레벨업 1

깃 ◄┈┈ 버전 관리 시스템

깃허브

클라우드 컴퓨팅 ┈┈┈► AWS

가상화와 컨테이너 ┈┈┈► 도커

웹 애플리케이션
아키텍처

레벨업 2

테스트와 CI/CD

백엔드 개발 총정리

백엔드 커리어
설계하기

# 10.1 테스트의 개요

백엔드 개발 과정에는 다양한 변수가 존재하고, 그에 따라 즉각 대응하고 수정해야 상황이 필연적으로 발생합니다. 예상했던 것보다 시간과 비용이 많이 들 수도 있고, 의외의 부분에서 결함이나 오류가 발생할 수도 있습니다. 배포하고 난 뒤 웹 애플리케이션을 운영하는 과정에서 오류가 발생할 수도 있습니다.

이처럼 웹 애플리케이션은 언제 어디서든 오류가 발생할 가능성이 있기 때문에, 신뢰할 수 있고 보다 경제적인 방법으로 개발하기 위한 방법론이 연구되고 있습니다. 그리고 테스트는 그중에서 많은 개발자가 중요하게 생각하는 방법론입니다.

## 10.1.1 테스트의 개념

**테스트**(test)는 테스트 코드를 작성해 웹 애플리케이션의 기능, 동작, 성능 등을 확인하고 검증하는 것을 말합니다. 개발자가 작성한 코드가 테스트를 통과하면 예상대로 동작한다는 의미이고, 테스트를 통과하지 못하면 결함이나 오류가 있다는 의미입니다.

테스트가 왜 필요한지 예를 통해 살펴봅시다. 이메일 주소와 이름을 입력하는 회원 가입 API가 있다고 합시다. 회원 가입 API는 로그인 API의 응답으로 이메일 주소와 이름을 받아 활용합니다. 그런데 기획이 바뀌어 이름이 필요하지 않게 됐다면 어떻게 해야 할까요?

만약 기존 기능에 새로운 값을 추가했다면 수정한 API만 테스트하면 됩니다. 그러나 이 경우처럼 이름을 제거할 때는 신중해야 합니다. 이름을 어느 곳에서 불러다 쓰고 있을지 모르니 무턱대고 회원 가입 API와 로그인 API에서 이름을 제거해서는 안 됩니다. 또한 이름을 제거한 뒤에는 로그인과 회원 가입 외의 기존 기능이 정상적으로 동작하는지 테스트해야 합니다.

이처럼 한 가지 기능을 바꾸는 것만도 신경 써야 할 것이 많은데, 하물며 여러 개발자와 협업하면서 프로젝트를 업데이트하는 상황이라면 예상할 수 없는 리스크가 곳곳에 존재합니다. 자신의 컴퓨터에서 잘 동작하던 것이 서버에 배포하고 나서 정상적으로 동작하지 않는 경우도 있습니다.

이에 대비하기 위한 것이 바로 테스트입니다. 개발자가 일일이 코드를 실행해보지 않고도 코드가 잘 동작하리라는 것을 보장받을 수 있도록, 발생 가능한 테스트 케이스(test-case, 특정 기능 또는 시나리오의 검증을 위해 설계된 테스트의 단위)를 코드로 작성해 실행함으로써 예상치 못한 부작용을 잡아냅니다.

## 10.1.2 테스트의 이점

테스트를 통해 얻는 이점은 다음과 같이 크게 세 가지 관점에서 생각해볼 수 있습니다.

### ● 기능적 요구 사항 충족 확인

테스트는 개발자가 작성한 코드가 정확하게 동작하는지 스스로 확인하는 데 매우 중요한 역할을 합니다. 여기서 '정확하게 동작한다'는 말은 초기의 설계 사항을 충족하는지, 제품 자체의 기능적 요구 사항을 충족하는지를 의미합니다.

한편 다음과 같은 의문이 드는 독자도 있을 것입니다. 테스트 코드는 꼭 작성해야 할까? 테스트 코드를 작성하지 않고도 기능적 요구 사항을 충족했는지 확인할 수 있지 않을까?

물론 테스트 코드를 작성하지 않고도 기능적 요구 사항을 충족했는지 확인할 수 있습니다. 그러나 웹 애플리케이션은 항상 잠재적인 내결함성을 가지고 있다는 사실을 간과하면 안 됩니다. 즉 당장의 기능적 요구 사항을 충족했다고 하더라도 이후에 발견된 버그나 오류를 수정할 때, 유지·보수 단계에서 새 코드를 추가할 때, 기존 코드를 개선할 때 잘 작동하던 기능이 계속 잘 작동하리라는 것을 보장받기 위한 수단이 필요합니다.

테스트 코드는 이러한 수단으로서의 역할을 합니다. 개발자가 미처 확인하지 못한 부분까지 검사해 모든 코드가 안정적으로 실행될 것임을 보장합니다.

### ● 초기의 요구 사항 파악을 위한 도구

테스트 코드는 역으로 웹 애플리케이션을 설계하는 단계에서 활용되기도 합니다. 개발에서 가장 중요한 것은, 기능적 요구 사항을 충족하기 위한 비즈니스 로직이 담긴 코드를 작성하기 전에 기능적 요구 사항을 최대한 분석해 최적의 설계를 하는 것입니다.

테스트 코드 작성은 이러한 설계의 도구가 되기도 합니다. 기능적 요구 사항을 설계하고 실제 코드를 작성하기 전에 먼저 테스트 코드를 작성함으로써 기존에 설계했던 요구 사항 항목을 재정리할 수 있으며, 설계 단계에서 미처 발견하지 못했던 예상 밖의 케이스를 찾아낼 수도 있습니다.

● **협업을 위한 문서**

테스트 코드를 작성하면 기능적 요구 사항을 구현하는 코드를 작성했던 사람이 아닌 다른 사람이 코드를 유지·보수해야 하는 경우에 유용합니다. 테스트 코드는 타인이 작성한 코드의 기능적 요구 사항이나 코드의 전반적인 흐름을 이해하는 데 도움을 주는 일종의 문서 역할을 하기 때문입니다.

# 10.2 테스트의 종류

테스트는 테스트를 하는 대상 개체에 따라 단위 테스트, 통합 테스트, 시스템 테스트로 구분됩니다. 이는 소프트웨어 공학에서 말하는 V 모델을 통해 확인할 수 있습니다.

그림 10-1 **V 모델**

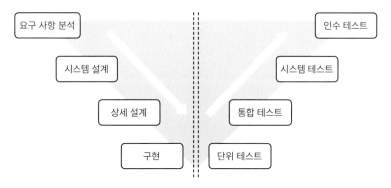

V 모델은 요구 사항 분석부터 구현까지 소프트웨어 개발의 전체 생명주기를 나타내는 모델입니다. 이 모델에서 테스트는 테스트를 하는 대상 개체에 따라 단위 테스트, 통합 테스트, 시스템 테스트로 나뉩니다. 참고로 마지막의 인수 테스트는 최종적으로 개발을 완료한 웹애플리케이션이 사용자 관점에서 잘 동작하는지 평가하는 것으로, 대상 개체의 단위에 따른 테스트 분류에서는 제외됩니다.

## 10.2.1 단위 테스트

**단위 테스트**(unit testing)는 소스 코드를 구성하는 가장 작은 단위의 개체를 테스트하는 것입니다. 요리사가 모든 재료의 신선도, 맛, 소비 기한 등을 확인하듯이 단위 테스트에서는 소스 코드를 이루는 가장 작은 단위의 개체, 즉 개별 함수, 클래스, 메서드 등을 테스트하고 각 개체가 정상적으로 동작하는지 확인합니다.

단위 테스트를 하면 웹 애플리케이션을 구성하는 개별 개체가 정상적으로 동작한다는 것을 확인할 수 있어 버그를 추적하기가 쉽습니다. 웹 애플리케이션을 실행했을 때 버그가 발생하는 경우 각 개체가 단위 테스트를 통과했다는 가정하에 버그를 추적하기 때문에, 단위 테스트를 통과한 부분은 제외하고 나머지만 추적합니다. 따라서 여러 기능이 결합된 복잡한 흐름을 역추적하는 과정을 최대한 단순화할 수 있습니다.

단위 테스트는 코드를 수정하거나 추가할 때도 큰 도움이 됩니다. 기존 기능을 수정하거나 새 기능을 추가한 후 단위 테스트를 돌려보기 때문에, 기존 기능이 테스트를 통과한다면 기존 기능에 영향을 주지 않았다는 것을 확인할 수 있습니다.

그리고 단위 테스트의 경우 개발자가 개별 코드를 작성하기 전에 테스트 코드를 어떻게 작성할지 고민하게 됩니다. 이는 개별 기능을 구현할 때 테스트하기 용이한 방식으로 코드를 작성하도록 유도합니다. 즉 각각의 기능을 최대한 개별적으로 동작하는 코드로 작성하게 됩니다. 다시 말해 기능을 구성하는 코드 상호 간의 결합도와 의존성을 낮추는 효과가 있어 전반적인 코드의 품질이 향상됩니다.

다음 코드는 자바스크립트로 작성한 add() 함수입니다.

```javascript
function add(a, b) {
  return a + b;
}
```

이 add() 함수를 테스트하기 위한 테스트 코드는 다음과 같습니다.

```javascript
import add from './add'; // add 함수가 포함된 파일 가져오기

test('adds 1 + 2 to equal 3', () => {
  expect(add(1, 2)).toBe(3); // 테스트 코드 부분
});
```

이 테스트 코드는 add() 함수에 1과 2를 전달했을 때 결과가 3이 나오는지 확인합니다. expect(add(1, 2)).toBe(3);이 실제 테스트를 수행하는 코드이며, 코드를 실행했을 때 테스트를 통과한다면 add() 함수가 제대로 동작한 것입니다. 만약 add() 함수에 문제가 있어

1과 2를 더했을 때 3이 아닌 다른 값이 반환된다면 이 테스트를 통과하지 못하게 됩니다. 이처럼 단위 테스트는 코드의 각 부분이 제대로 동작하는지 확인하는 데 사용됩니다.

## 10.2.2 통합 테스트

**통합 테스트**(integration testing)는 모듈 간의 상호작용을 테스트하는 것입니다. 단위 테스트가 개별 코드를 테스트하는 것이라면, 통합 테스트는 개별 코드를 결합한 기능이 잘 동작하는지 확인하는 것입니다. 통합 테스트는 요리를 할 때 각각의 재료를 섞은 후 맛을 확인하는 것과 비슷합니다. 아무리 재료가 좋더라도 원하는 맛이 나지 않을 수 있듯이, 각각의 코드 부분이 제대로 동작한다고 해도 모든 코드가 함께 실행될 때 원하는 결과가 나오지 않을 수도 있습니다. 통합 테스트는 이러한 경우를 잡아내는 데 중요한 역할을 합니다.

통합 테스트의 대표적인 예로 백엔드 프로젝트 패키지와 해당 패키지에서 사용하는 데이터베이스 간 연동이 잘 이뤄지는지 테스트하는 것을 들 수 있습니다. 백엔드 프로젝트와 데이터베이스는 하나의 모듈이고, 이러한 모듈 사이에 통신이 잘되는지 테스트하는 것입니다.

또한 백엔드 프로젝트에서 작성한 API가 잘 동작하는지 테스트하는 것도 통합 테스트라고 볼 수 있습니다. API를 구성하는 컨트롤러, 서비스, 리포지터리, 데이터베이스 등의 각 계층을 모듈로 보고, 모듈 간의 상호작용이 정상적으로 이뤄진다면 API가 제대로 동작하는 것입니다.

백엔드 서비스에서 REST API 엔드포인트의 통합 테스트를 위한 예를 살펴봅시다. 이를 위해 Node.js와 Express.js, 그리고 테스트 프레임워크로 제스트(Jest)와 슈퍼테스트(supertest)를 사용합니다. 테스트할 API 엔드포인트는 /users이며, GET 요청을 통해 모든 사용자를 조회하는 경우입니다.

테스트할 서버 코드는 다음과 같습니다.

— server.js

```
const express = require('express');
const app = express();
let users = [
  { id: 1, name: 'John Doe' },
  { id: 2, name: 'Jane Doe' }
```

```
  ];
  app.get('/users', (req, res) => {
    res.json(users);
  });
  module.exports = app;
```

/users 엔드포인트가 제대로 동작하는지 확인하는 통합 테스트 코드는 다음과 같습니다.

server.test.js

```
  const request = require('supertest');
  const app = require('./server');

  describe('GET /users', () => {
    it('should return a list of users', async () => {
        const res = await request(app).get('/users');

        expect(res.statusCode).toEqual(200);
        expect(res.body).toHaveProperty('users');
        expect(res.body.users).toHaveLength(2);
    });
  });
```

이 테스트 코드는 /users 엔드포인트에 GET(데이터 조회) 요청을 보내고 응답으로 오는 상태 코드가 200(성공 응답)인지, 응답 본문에 users 속성이 있는지, users 배열의 길이가 2인지 확인합니다. 이와 같이 서버의 여러 API 엔드포인트를 테스트하면 각 엔드포인트가 제대로 작동하는지 확인할 수 있습니다.

## 10.2.3 시스템 테스트

**시스템 테스트**(system testing)는 통합 테스트 이후에 진행하는 테스트입니다. 개발한 웹 애플리케이션이 사용자의 요구 사항을 충족하는지 확인할 뿐만 아니라 전체적인 성능, 안정성, 보안 등의 측면도 테스트합니다.

시스템 테스트는 실제 사용자가 직접 사용하는 것처럼 테스트를 진행하기 때문에 사용자 입장에서 해당 기능이 제대로 동작하고 요구 사항에 부합하는지 확인할 수 있습니다. 이는 마치 건물의 구조뿐만 아니라 실제로 거주하는 데 필요한 인테리어, 가구 배치 등을 함께 고려하는 것과 같습니다. 또한 이 과정에서는 웹 애플리케이션이 다양한 하드웨어와 운영 체제에서 원활하게 동작하는지도 확인할 수 있습니다.

결론적으로 시스템 테스트는 전체 웹 애플리케이션이 사용자의 요구 사항을 충족하는지, 여러 환경에서도 원활하게 동작하는지 확인합니다. 이러한 과정을 통해 최종적으로 상용 단계로 넘어가기 전에 발생할지도 모를 예외나 문제 상황을 최대한 확인하고 예방할 수 있습니다.

# 10.3 테스트 주도 개발

테스트를 하면 품질이 더 우수하고 유지·보수하기 좋은 웹 애플리케이션을 개발할 수 있습니다. 테스트의 이러한 장점을 적용한 소프트웨어 개발 방법론도 있는데, 테스트 주도 개발과 행동 주도 개발이 그것입니다.

## 10.3.1 테스트 주도 개발

**테스트 주도 개발**(TDD, Test-Driven Development)은 말 그대로 테스트가 개발을 주도하는 방식입니다. 테스트 주도 개발은 기본적으로 빨강, 초록, 리팩터링이라는 세 단계로 이뤄집니다.

- **빨강(red)**: 아직 구현되지 않은 기능에 대해 테스트를 작성하는 단계로, 이는 도로를 만들기 전에 도로 지도를 그리는 것과 같습니다. 이 상태로 테스트를 돌리면 당연히 실패합니다.

- **초록(green)**: 빨강 단계에서 실패한 테스트를 통과시키기 위한 코드를 작성하는 단계로, 이는 도로 지도에 따라 실제 도로를 만드는 것과 같습니다. 이 단계에서는 테스트를 통과하는 것이 목표이므로 코드가 완벽하지 않을 수도 있습니다.

- **리팩터링(refactoring)**: 테스트를 통과한 코드를 개선하는 단계로, 이는 만들어진 도로를 보완하고 더 나은 도로로 개선하는 것과 같습니다. 이 단계에서는 코드의 품질을 향상하는 것이 목표입니다.

테스트 주도 개발은 이 세 단계를 반복하면서 개발을 진행합니다. 개발 초기부터 테스트 코드를 작성하기 때문에 웹 애플리케이션의 품질을 높이고 버그를 줄일 수 있습니다.

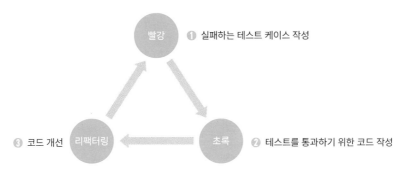

그림 10-2 **테스트 주도 개발**

빨강 ❶ 실패하는 테스트 케이스 작성

❸ 코드 개선 리팩터링 ← 초록 ❷ 테스트를 통과하기 위한 코드 작성

## 10.3.2 행동 주도 개발

**행동 주도 개발**(BDD, Behavior-Driven Development)은 테스트 주도 개발을 기반으로 하되, 사용자의 행동을 중심으로 테스트를 하는 개발 방법론입니다. 웹 애플리케이션이 어떻게 '행동'해야 하는지에 초점을 맞추는데, 이는 실제 사용자 관점에서 웹 애플리케이션을 바라보는 것과 같습니다.

행동 주도 개발에서는 '사용자 스토리'라는 개념을 사용해 테스트를 작성합니다. 사용자 스토리는 '사용자로서 나는 이러한 기능을 원한다. 따라서 웹 애플리케이션을 실행해 이러한 이득을 얻고 싶다'라는 형식으로 작성합니다. 즉 실제 사용자의 요구 사항을 반영한 테스트 케이스를 작성하는 것입니다.

이 방식은 실제로 사람들이 웹 애플리케이션을 어떻게 사용하는지 관찰해 가장 많이 나타나는 사용 흐름을 분석하고, 그에 따라 웹 애플리케이션의 구조나 기능을 개선합니다. 이해를 돕기 위해 행동 주도 개발 방식에서 테스트 케이스를 어떻게 작성하는지 예를 들어보겠습니다. 먼저 다음과 같이 사용자 스토리를 작성합니다.

> 사용자로서 나는 A 기능을 쉽게 사용하고 싶어. 그래서 A 기능에 대한 접근성을 높여주는 버튼을 메인 화면에 배치하길 원해.

이러한 사용자 스토리를 바탕으로 자바스크립트 테스트 프레임워크인 제스트와 행동 주도 개발 프레임워크인 큐컴버(Cucumber)를 사용해 테스트 코드를 작성하겠습니다. 먼저 큐컴버를 사용해 작성한 테스트 시나리오는 다음과 같습니다.

Feature: 메인 화면에서 A 기능 사용하기

　　Scenario: 사용자가 메인 화면에서 A 기능 버튼을 클릭한다
　　　Given  메인 화면이 로딩된다
　　　When 사용자가 A 기능 버튼을 클릭한다
　　　Then  A 기능 화면으로 이동한다

사용자 스토리에 맞는 주요 요구 사항을 특징(Feature)으로 정의하고, 특징을 충족하기 위한 시나리오(Scenario)를 작성합니다. 이때 현재 주어진 환경(Given), 사용자의 행위(When), 그에 따른 기대 결과(Then) 등을 작성합니다.

그림 10-3 **테스트 시나리오의 구성 요소**

| Given | When | Then |
| 주어진 환경 | 행위 | 기대 결과 |

테스트 시나리오를 바탕으로 제스트를 이용해 다음과 같이 테스트 코드를 작성합니다.

────────────────────────────────────────────── 테스트 코드

```
const { Given, When, Then } = require("@cucumber/cucumber");
const { expect } = require("chai");

let mainPage;
let aFeaturePage;

Given("메인 화면이 로딩된다", function () {
  mainPage = new MainPage();
  expect(mainPage.isLoaded()).to.be.true;
});

When("사용자가 A 기능 버튼을 클릭한다", function () {
  aFeaturePage = mainPage.clickAFeatureButton();
});

Then("A 기능 화면으로 이동한다", function () {
  expect(aFeaturePage.isLoaded()).to.be.true;
});
```

이 테스트 코드는 사용자가 메인 화면에서 A 기능 버튼을 클릭하면 A 기능 화면으로 이동한다는 시나리오를 테스트합니다. 이를 통해 실제 사용자의 요구 사항에 맞게 웹 애플리케이션이 제대로 동작하는지 확인할 수 있습니다.

이처럼 행동 주도 개발은 실제 웹 애플리케이션을 사용할 때의 흐름을 바탕으로 테스트 코드를 작성하므로 사용자 중심의 웹 애플리케이션을 개발할 수 있습니다. 또한 개발자를 비롯해 웹 애플리케이션 개발에 관련된 이해관계자들이 원활하게 소통하고 협업할 수 있습니다.

# 10.4

# CI/CD

이미 배포한 소스 코드에 새로운 API를 추가하거나 기존 API를 수정했다면 소스 코드를 다시 빌드 및 테스트한 후 재배포해야 합니다. 그런데 이는 생각보다 자주 일어나는 일입니다. 따라서 이러한 과정을 자동화하지 않으면 그때마다 수동으로 서버에 들어가 작업해야 하며, 재배포가 잦을수록 실수가 발생할 가능성도 높아집니다. 이에 소스 코드를 안정적으로 빌드하고 배포하기 위해 CI/CD라는 자동화 방법론이 탄생했습니다.

## 10.4.1 CI/CD의 개념

**CI/CD**(Continuous Integration/Continuous Delivery 또는 Continuous Deployment)는 '지속적 통합/지속적 배포'라는 의미입니다. 먼저 **CI**는 소스 코드의 변경 사항을 자동으로 빌드 및 테스트해 통합하는 것으로, 이를 통해 소스 코드의 품질을 높이고 빠른 시간 내에 버그를 해결할 수 있습니다.

**CD**는 웹 애플리케이션을 지속적으로 개발하고 테스트해 언제든지 배포 가능한 상태로 유지하는 것을 말합니다. CD는 'Continuous Delivery'의 약자이기도 하고 'Continuous Deployment'의 약자이기도 합니다.

Continuous Delivery의 경우에는 개발된 웹 애플리케이션이 자동화된 빌드-테스트-배포 프로세스를 거쳐 언제든지 배포 가능한 상태로 유지됩니다. 이때 배포를 할지 말지는 수동으로 결정합니다. 즉 배포 결정을 해야 배포됩니다.

그림 10-4  수정한 소스 코드를 자동으로 통합하는 모습

```
dev-ci-cd
succeeded yesterday in 3m 41s

✓  ✓  Build with Gradle

 1   ▶ Run ./gradlew clean build
 7   Downloading https://services.gradle.org/distributions/gradle-7.6-bin.zip
 8   ............10%...........20%...........30%...........40%...........50%...........60%.....
 9
10   Welcome to Gradle 7.6!
11
12   Here are the highlights of this release:
13    - Added support for Java 19.
14    - Introduced `--rerun` flag for individual task rerun.
15    - Improved dependency block for test suites to be strongly typed.
16    - Added a pluggable system for Java toolchains provisioning.
17
18   For more details see https://docs.gradle.org/7.6/release-notes.html
19
20   Starting a Gradle Daemon (subsequent builds will be faster)
21   > Task :clean
22   > Task :compileJava
23   > Task :processResources
24   > Task :classes
25   > Task :resolveMainClassName
26   > Task :bootJar
27   > Task :jar
28   > Task :assemble
29   > Task :compileTestJava
30   > Task :processTestResources NO-SOURCE
31   > Task :testClasses
```

한편 Continuous Deployment는 Continuous Delivery에서 한 걸음 더 나아간 개념으로, 개발된 웹 애플리케이션이 실시간으로 배포되는 것을 의미합니다. 수정한 웹 애플리케이션이 테스트를 통과하면 자동으로 운영 환경에 배포돼 사용자에게 제공됩니다. 이는 자동화된 배포 파이프라인이 구축돼 있기 때문에 개발자의 개입 없이도 가능한 일입니다. Continuous Deployment는 개발과 운영 사이의 경계를 완전히 없애고 빠른 피드백과 신속한 배포를 실현합니다.

그림 10-5 **수정한 소스 코드를 자동으로 배포하는 모습**

```
✓  ✔  Beanstalk Deploy
  1   ▶ Run einaregilsson/beanstalk-deploy@v21
 14   Beanstalk-Deploy: GitHub Action for deploying to Elastic Beanstalk.
 15   https://github.com/einaregilsson/beanstalk-deploy
 16
 17   ***** Input parameters were: *****
 18          Application: sluv-dev
 19          Environment: Sluvdev-env
 20        Version Label: github-action--2023-04-05T01-51-45-321Z
 21   Version description:
 22           AWS Region: ap-northeast-2
 23                 File: Dockerrun.aws.json
 24   Existing bucket Name: null
 25         AWS Access Key: 20 characters long, starts with A
 26         AWS Secret Key: 40 characters long, starts with a
 27   Wait for deployment: true
 28    Recovery wait time: 180
```

소스 코드를 빌드-테스트-배포하는 과정을 거쳐 개발을 추진하는 프로세스를 **CI/CD 파이프라인**(CI/CD pipeline)이라고 합니다. 이 과정에서 개발자는 반복적인 빌드-테스트-배포 작업을 자동화하고, 재배포 과정에서 버그를 빠르게 찾아 수정할 수 있습니다. 따라서 웹 애플리케이션의 릴리즈 사이클이 단축되고 개발자의 높은 생산성이 유지됩니다.

그림 10-6 **CI/CD 파이프라인**

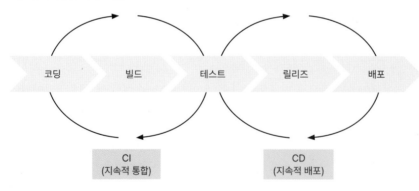

## 10.4.2 CI/CD 도구

CI/CD 도구는 CI/CD 파이프라인을 구축하는 데 사용하는 도구로, CI를 제공하는 CI 도구, CD를 제공하는 CD 도구, 둘 다 제공하는 CI/CD 도구가 있습니다.

- **CI 도구**

  대표적인 CI 도구는 젠킨스(Jenkins), 깃허브 액션(Github Actions), 트래비스 CI(Travis CI), 서클CI(CircleCI) 등입니다. CI 도구로는 빌드 및 테스트 작업을 자동화하고, CD 도구와 함께 사용해 CI/CD 파이프라인을 구축합니다.

  - **젠킨스:** 가장 인기 있는 오픈 소스 CI 도구로, 다양한 플러그인을 제공하므로 기능을 확장할 수 있습니다.

  - **깃허브 액션:** 깃허브에서 제공하는 자체 CI 도구로, 소스 코드가 변경되면 이를 감지하고 자동으로 빌드 및 테스트를 진행합니다.

  - **트래비스 CI:** 깃허브와 통합해 사용할 수 있는 CI 도구로, 설정이 간단하고 다양한 개발 언어와 프레임워크를 지원합니다.

  - **서클CI:** 클라우드 기반의 CI 도구로, 빠른 속도와 쉬운 설정, 유연한 확장성이 장점이며 도커와 통합할 수 있어 편리합니다.

- **CD 도구**

  대표적인 CD 도구는 AWS 코드디플로이(AWS CodeDeploy)입니다.

  - **AWS 코드디플로이:** AWS에서 제공하는 CD 도구로, 웹 애플리케이션의 배포를 자동화해 개발자가 빠르고 안정적으로 배포할 수 있습니다.

- **CI/CD 도구**

  대표적인 CI/CD 도구는 깃랩 CI/CD(GitLab CI/CD), 젠킨스 X(Jenkins X)입니다.

  - **깃랩 CI/CD:** 깃랩에서 제공하는 통합 CI/CD 도구로, 코드 저장소와 통합해 빌드-테스트-배포를 자동화합니다.

  - **젠킨스 X:** 쿠버네티스 위에서 동작하는 통합 CI/CD 도구로, 클라우드 네이티브 애플리케이션의 빌드-테스트-배포를 자동화합니다.

  **NOTE** 깃랩

  깃랩(GitLab)은 깃허브와 마찬가지로 웹 기반 버전 관리 저장소를 제공하는 플랫폼입니다.

이 중에서 젠킨스+AWS 코드디플로이, 깃허브 액션+AWS 코드디플로이, 깃랩 CI/CD가 대중적으로 많이 사용되고 있습니다.

그림 10-7 **많이 사용하는 CI/CD 도구**

(a) 젠킨스/깃허브 액션 + AWS 코드디플로이                 (b) 깃랩 CI/CD

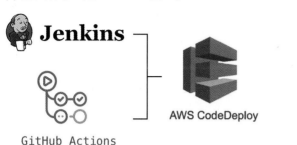 

## 10.4.3 데브옵스와 CI/CD의 차이

CI/CD는 데브옵스와 비교되곤 합니다. 데브옵스와 CI/CD는 둘 다 웹 애플리케이션 개발 프로세스를 개선하는 데 도움이 되지만 접근 방식이 서로 다릅니다. 데브옵스는 문화와 프로세스에 중점을 두고 CI/CD는 도구와 자동화에 중점을 두는데, 이 두 가지 접근 방식을 함께 사용하면 개발 프로세스를 극적으로 개선할 수 있습니다.

● **데브옵스**

**데브옵스**(DevOps)는 'Development'와 'Operations'의 합성어로, 웹 애플리케이션 개발 팀과 운영 팀의 협력, 소통을 강조하는 문화와 방법론을 의미합니다. 개발 팀과 운영 팀 사이의 갈등과 불협화음을 해소해 웹 애플리케이션 개발 및 배포 프로세스를 개선하는 것이 목표이며, 이를 통해 개발 팀과 운영 팀이 원활하게 협업할 수 있도록 프로젝트의 초기부터 끝까지 연속적인 개선과 배포를 지원합니다. 개발 문화, 개발 조직, 개발 프로세스, 개발 도구 등 다양한 측면이 데브옵스에 포함될 수 있습니다.

● **CI/CD**

앞에서 언급했듯이 지속적 통합과 지속적 배포를 의미합니다. CI/CD는 일련의 도구와 프로세스를 사용해 웹 애플리케이션 개발 프로세스를 자동화하는 방법으로, 이를 통해 개발자는 코드 변경 및 배포를 자주 하는 데 따르는 부담을 덜 수 있습니다. 데브옵스가 보다 넓은 개발 문화와 개발 방법론을 포함한다면, CI/CD는 데브옵스를 실현하기 위한 구체적인 프로세스와 도구의 일부분이라고 볼 수 있습니다.

**선수 지식: 자바스크립트+Node.js(또는 자바+스프링 부트), 깃허브 액션, AWS 코드디플로이**

테스트의 진가는 기존 코드를 변경하고 테스트를 돌려봤더니 실패로 나왔을 때 발휘됩니다. 혼자 개발할 때는 전체 코드가 머릿속에 있기 때문에 테스트의 필요성을 못 느낄 수도 있지만, 일주일만 지나도 코드를 잊어버리게 마련입니다. 게다가 다른 사람과 같이 코드를 수정하는 경우라면 이는 심각한 문제가 됩니다.

그러므로 이 장에서는 다음과 같은 실습을 추천합니다. ❶~❹는 기존 코드를 변경했을 때 미리 작성해둔 테스트 코드로 오류를 찾는 실습입니다. 이러한 과정을 통해 기존 코드를 수정한 후 다른 곳에 영향을 끼치는 부수 효과를 테스트 코드로 쉽게 확인할 수 있음을 알게 됩니다.

그리고 ❺는 깃허브 액션과 AWS 코드디플로이를 사용해 CI/CD가 어떻게 동작하는지 알아보는 실습입니다. 미리 작성해둔 테스트 코드가 CI를 진행하는 과정 중에 자동으로 수행되고, 이를 모두 통과하면 자동으로 CD가 진행되는 것을 확인할 수 있습니다.

❶ 게시글 생성 시 '제목은 최소 1자, 최대 100자'라는 원칙으로 소스 코드를 작성하고, 이에 대한 유효성 검사를 하는 단위 테스트 코드를 다음 a, b, c에 맞게 작성하기

    a. 제목 값에 0자리를 넣었을 때 return false가 나오는 것이 정상인 테스트 코드 작성하기

    b. 제목 값에 120자리를 넣었을 때 return false가 나오는 것이 정상인 테스트 코드 작성하기

    c. 제목 값에 50자리를 넣었을 때 return true가 나오는 것이 정상인 테스트 코드 작성하기

❷ 게시글의 실제 제목 값에 0자리, 120자리, 50자리를 넣어 테스트 통과하기

❸ 게시글 생성 시 제목을 최대 100자리에서 150자리로 바꾸고, 유효성 검사를 하는 단위 테스트 코드는 그대로 두기

❹ 게시글의 제목 값에 120자리를 넣어 테스트하기. 실제 코드는 return true가 돼 문제없이 동작하지만 테스트는 실패함

→ 실제 코드는 제목을 최대 100자리에서 150자리로 바꿨기 때문에 120자를 입력하면 return true가 나옵니다. 그러나 테스트 코드는 바꾸지 않았기 때문에 120자 제목을 입력하면 return false가 나오는 것이 정상이라고 인지하며, 실제 결과 return true와 테스트 결과 return false가 상이해 실패가 되는 것입니다. 게시판이 여러 개인데 한 게시판의 최대 제목 글자 수만 변경하고 나머지를 변경하지 않았다면 이러한 테스트 과정에서 발견할 수 있습니다.

❺ '깃허브 액션과 AWS 코드디플로이로 CI/CD 구축하기'를 구글링해 Amazon EC2에 CI/CD 환경 구축하기

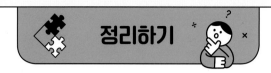

이 장에서는 테스트의 개념과 종류를 알아보고, 빌드-테스트-배포를 자동으로 처리할 수 있는 CI/CD도 살펴봤습니다. 주니어 개발자라면 자신이 작성한 코드가 정상적으로 동작할지 두려움이 앞설 것입니다. 이럴 때 테스트 방법론을 공부해 적용하면 객관적으로 코드를 검증할 수 있습니다.

그리고 개인적으로 프로젝트를 진행해 자기 혼자만을 위한 서비스를 만들었더라도 꼭 배포하고 운영해보기 바랍니다. 처음에는 수동으로 빌드 및 배포하고, 그다음에 CI/CD 도구를 사용해 빌드 및 배포해보세요. CI/CD 도구를 사용하면 편리하다는 사실뿐만 아니라 안정적인 배포가 가능하다는 것을 몸소 깨닫게 될 것입니다.

여기까지 이해했는데 부족함이 느껴져 좀 더 깊이 알고 싶다면 서버를 모니터링하는 방법인 'Application Performance Monitoring'과 운영 중인 서비스를 끊김 없이 배포하는 '무중단 배포'를 추가로 공부해보기 바랍니다.

# 백엔드 개발
# 총정리

백엔드 로드맵의 탐색을 마쳤으니 2~10장에서 살펴본 기술들이 어떻게 연계돼 동작하는지 총정리해봅니다. 자바+스프링 부트 조합으로 개발한 웹 애플리케이션을 클라우드 서버에 배포해 프론트엔드에서 직접 호출할 수 있도록 만드는 과정을 프로젝트로 진행합니다.

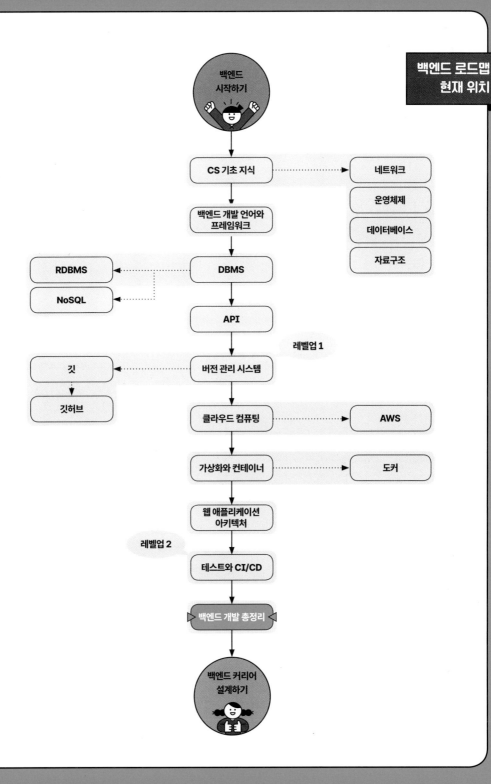

백엔드
시작하기

CS 기초 지식 ·············▶ 네트워크

운영체제

데이터베이스

자료구조

백엔드 개발 언어와
프레임워크

RDBMS ◀········ DBMS

NoSQL ◀········

API

레벨업 1

깃 ◀············· 버전 관리 시스템

깃허브

클라우드 컴퓨팅 ·············▶ AWS

가상화와 컨테이너 ·············▶ 도커

웹 애플리케이션
아키텍처

레벨업 2

테스트와 CI/CD

백엔드 개발 총정리

백엔드 커리어
설계하기

# 11.1 프로젝트 소개

이 장에서 진행하는 프로젝트는 다음 그림과 같이 크게 세 단계로 나눠 개발합니다. 실습이 아니므로 프로그래밍과 각종 설정에 대한 자세한 내용을 생략하고 전체적인 순서 위주로 설명하겠습니다. 가벼운 마음으로 읽되 백엔드 개발의 전 과정을 머릿속에 숙지하기 바랍니다.

그림 11-1 **프로젝트 개발 순서**

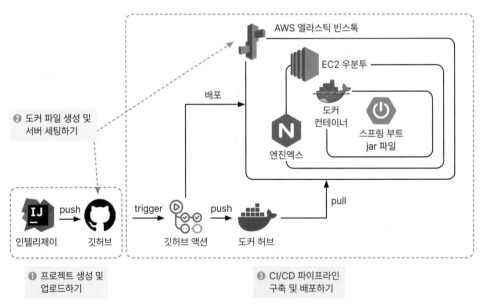

**❶ 프로젝트 생성 및 업로드하기:** 인텔리제이 IDEA에서 자바+스프링 부트 조합으로 웹 애플리케이션을 개발하고 깃허브에 업로드합니다(push).

**❷ 도커 파일 생성 및 서버 세팅하기:** 도커 컨테이너를 사용할 수 있도록 도커 파일을 생성하고, 클라우드에 웹 애플리케이션을 배포할 수 있도록 AWS 서버 환경을 세팅합니다.

❸ **CI/CD 파이프라인 구축 및 배포하기:** 깃허브 액션으로 **워크플로**(workflow) 파일을 작성해 CI/CD 파이프라인을 구축합니다. 워크플로 파일에는 도커 이미지를 빌드하고 도커 허브에 업로드하는(push) 작업, AWS 서버에서 도커 이미지를 가져와(pull) 컨테이너를 생성하고 실행하는 작업이 명시되고, 그 밖에도 서버 실행에 필요한 실행 조건과 이벤트 등이 포함됩니다.

이러한 단계를 거치고 나면 이후로는 깃허브 저장소의 코드가 변경되거나 새로 업로드돼 코드가 병합되면 워크플로에 정의된 작업 흐름에 따라 자동으로 빌드−테스트−배포가 진행됩니다. 즉 깃허브 액션을 사용하면 깃허브 저장소에서 일어나는 다양한 이벤트에 알아서 반응하도록 워크플로를 구성하고, 트리거(trigger)를 통해 워크플로의 내부 작업을 실행할 수 있습니다.

프로젝트를 진행하기 위해 설치해야 할 프로그램과 웹 서비스는 다음과 같습니다.

● **프로그램**

 • **통합 개발 환경:** 인텔리제이 IDEA

 • **개발 언어+프레임워크:** 자바+스프링 부트

 • **데이터베이스:** MySQL

 • **버전 관리 시스템:** 깃

 • **컨테이너 플랫폼:** 도커

● **웹 서비스**

 • **코드 외부 저장소:** 깃허브

 • **CI 도구:** 깃허브 액션

 • **클라우드 서비스(CD 기능 포함):** AWS

 • **컨테이너 이미지 저장소:** 도커 허브

다음 절부터는 프로젝트 개발 순서에 따라 설명하겠습니다. 이때 앞의 프로그램이 모두 설치돼 있고 웹 서비스도 모두 계정을 만들었다고 가정할 것입니다.

# 프로젝트 생성 및 업로드하기

## 11.2.1 프로젝트 생성하기

스프링 부트 프로젝트는 spring initializr 사이트(**https://start.spring.io**)에서 만들 수 있습니다. 프로젝트의 각종 설정을 지정하고 필요한 도구를 추가한 후 [GENERATE] 버튼을 클릭하면 프로젝트 압축 파일이 자동으로 다운로드됩니다.

그림 11-2 **스프링 부트 프로젝트 생성하기**

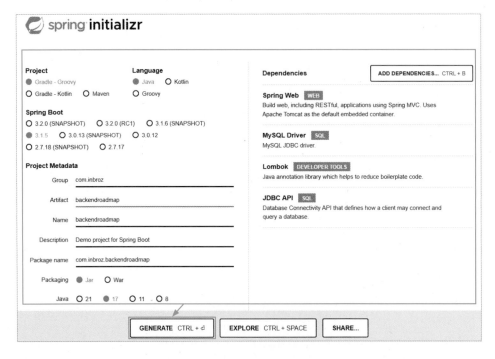

압축을 풀고 인텔리제이로 열면 빈 프로젝트가 열립니다.

## 11.2.2 디렉터리 구조 잡기

이 프로젝트에서 개발할 API는 다음과 같습니다.

- **회원 조회:** GET /api/v1/users

- **회원 상태 변경:** PATCH /api/v1/users/{id}/status

- **상품 조회:** GET /api/v1/products

- **상품 추가:** POST /api/v1/products

- **주문 내역 조회:** GET /api/v1/orders

다음 그림은 이 API를 구현하기 위한 프로젝트의 디렉터리 구조를 보여줍니다.

그림 11-3 **프로젝트의 디렉터리 구조**

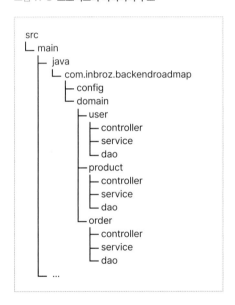

프로젝트의 기본 패키지(com.inbroz.backendroadmap) 아래에 있는 config, domain 디렉터리
는 다음과 같은 역할을 합니다.

- **config:** 웹 애플리케이션의 설정 파일 또는 설정 관련 클래스를 저장합니다.

- **domain:** 웹 애플리케이션의 주요 도메인 모델을 구성하는 클래스를 저장합니다. 이 프로
  젝트의 도메인 모델은 user, product, order입니다.

user, product, order 도메인 모델은 각각 controller(컨트롤러), service(서비스), dao(다오) 영역으로 나눠 구현합니다.

- **controller:** 클라이언트의 요청을 받아 처리하고 응답을 반환합니다. 실질적인 비즈니스 로직은 service가 구현하기 때문에 controller는 단순히 클라이언트의 요청을 받아 해당 요청을 처리할 service 객체의 메서드를 호출하고 그 결과를 반환하는 역할만 합니다.

- **service:** 실질적인 비즈니스 로직, 즉 API의 핵심 기능을 처리합니다. controller가 서비스를 호출하면 데이터 검증, 변환, 연산 등의 작업을 수행한 후 그 결과를 controller에 전달합니다.

- **dao:** 데이터베이스와의 통신을 담당하는 영역으로, 데이터베이스에 접근해 데이터를 조작하는 역할을 수행합니다. service 계층으로부터 받은 요청에 따라 데이터베이스에 접근해 데이터를 생성·조회·수정·삭제한 후 결과 데이터를 service에 반환합니다.

그림 11-4 **인텔리제이에서 본 프로젝트의 디렉터리**

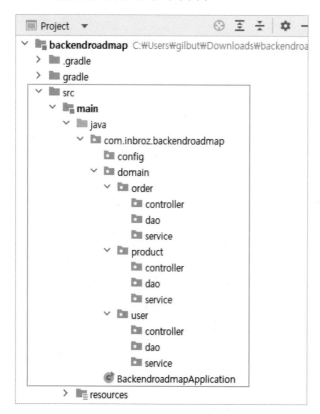

### 11.2.3 데이터베이스와 연동하기

스프링 부트 프로젝트와 MySQL을 연동하려면 데이터베이스에 대한 정보를 application.yml 파일에 작성해야 합니다. 그런데 프로젝트의 src>main>resources 디렉터리에는 기본적으로 application.properties 파일만 있습니다. 따라서 다음 그림과 같이 파일의 확장자를 application.properties에서 **application.yml**로 변경해야 합니다.

그림 11-5 **application.properties**의 확장자를 yml로 변경

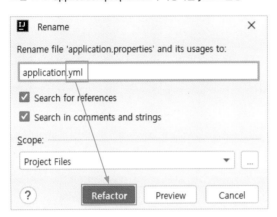

스프링 부트 웹 애플리케이션의 설정 파일인 application.yml은 웹 애플리케이션의 동작 방식, 외부 자원과의 연결 등을 정의하는 데 사용됩니다. 이 파일을 다음과 같이 작성하면 스프링 부트 프로젝트와 MySQL 데이터베이스가 연동됩니다.

application.yml

```
spring:
datasource:
  url: jdbc:mysql://localhost:3306/inbroz_db
  username: root
  password: inbroz
  driver-class-name: com.mysql.cj.jdbc.Driver
```

- **url:** 데이터베이스의 주소를 지정합니다. 앞의 코드에서는 localhost 서버의 3306번 포트에서 실행 중인 inbroz_db라는 MySQL 데이터베이스에 연결했습니다.

- **username:** 데이터베이스의 사용자 이름을 작성합니다.

- **password:** 데이터베이스의 접근 비밀번호를 작성합니다.

- **driver-class-name:** 사용할 JDBC 드라이버의 클래스 이름을 지정합니다. 앞의 코드에서는 com.mysql.cj.jdbc.Driver로 지정했습니다.

## 11.2.4 API 구현하고 깃허브에 업로드하기

스프링 부트 프레임워크를 이용해 본격적으로 API를 구현합니다. API의 세부 코드는 프로그래밍 영역이니 여기서는 다루지 않겠습니다.

API를 성공적으로 개발했다면 API 테스트 도구인 포스트맨을 통해 API 요청과 응답을 테스트해볼 수 있습니다. 다음 그림은 포스트맨으로 회원 조회 API를 보내고 정상적으로 응답 메시지를 받은 경우입니다.

그림 11-6 **회원 조회 API 테스트**

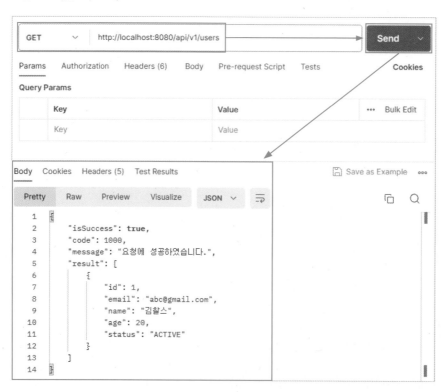

완성된 스프링 부트 프로젝트를 깃허브 외부 저장소에 업로드합니다.

# 11.3 도커 파일 생성 및 서버 세팅하기

## 11.3.1 도커 파일 작성하기

스프링 부트 웹 애플리케이션을 컨테이너 환경에서 실행하려면 도커 파일을 작성해야 합니다. 도커 파일은 도커 이미지를 생성하기 위한 설정 정보를 담은 텍스트 파일로, 스프링 부트 프로젝트의 루트 디렉터리(src)에 **Dockerfile**이라는 이름으로 만듭니다. 다음은 도커 파일 코드입니다.

Dockerfile

```
FROM eclipse-temurin:17-jdk
CMD ["./gradlew", "clean", "build"]
ARG JAR_FILE_PATH=build/libs/server-0.0.1-SNAPSHOT.jar
COPY ${JAR_FILE_PATH} app.jar
ENTRYPOINT ["nohup", "java", "-jar", "app.jar", "2>&1", "&"]
```

각 구문의 의미는 다음과 같습니다.

- **FROM:** 자바 17(eclipse-temurin 17 JDK)을 기반으로 하는 자바 웹 애플리케이션을 컨테이너화합니다.

- **CMD:** 컨테이너가 시작될 때 실행할 명령어를 정의합니다. 여기서는 ./gradlew clean build 명령이 실행됩니다.

- **ARG:** 도커 이미지를 빌드할 때 전달할 인수를 정의합니다. 여기서는 JAR_FILE_PATH라는 변수를 정의하고 build/libs/server-0.0.1-SNAPSHOT.jar로 해당 변수 값을 설정합니다.

- **COPY:** 호스트에서 컨테이너로 파일을 복사합니다. 여기서는 JAR_FILE_PATH에 정의한 경로에 있는 server-0.0.1-SNAPSHOT.jar 파일을 app.jar로 복사합니다.

- **ENTRYPOINT:** 컨테이너가 시작될 때 실행될 기본 실행 파일을 정의합니다. 여기서는 nohup java -jar app.jar 2>&1 & 명령이 실행되는데, 이 명령은 app.jar 파일을 백그라운드에서 실행하고, 표준 출력 및 오류를 nohup.out 파일로 리디렉션합니다.

## 11.3.2 **AWS 서버 세팅하기**

깃허브에 업로드한 웹 애플리케이션을 클라우드 서버에 배포하기 위해 **AWS 엘라스틱 빈스톡** (EB, Elastic Beanstalk) 서비스를 이용하겠습니다. 엘라스틱 빈스톡은 AWS에서 웹 애플리케이션을 개발·배포·관리하기 위한 PaaS입니다. **7.1.2절 클라우드 서비스의 종류**에서 살펴봤듯이 PaaS는 클라우드에서 웹 애플리케이션을 실행하기 위한 인프라(네트워크, 스토리지, 서버, 가상화)와 플랫폼(운영체제, 미들웨어, 런타임)을 제공하는 완전 관리형 서비스입니다.

그림 11-7 **AWS 엘라스틱 빈스톡 로고**

엘라스틱 빈스톡의 특징은 다음과 같습니다.

- 웹 애플리케이션을 실행하는 데 필요한 인프라를 자동으로 프로비저닝합니다. 개발자는 엘라스틱 빈스톡에서 서버 인스턴스, 로드 밸런서, 데이터베이스 등과 같은 컴포넌트를 선택할 수 있습니다.

- 웹 애플리케이션을 실행하는 데 필요한 환경, 즉 컨테이너 실행 환경을 제공합니다. 엘라스틱 빈스톡을 이용하면 웹 애플리케이션이 사용하는 개발 언어, 프레임워크, 웹 서버, 데이터베이스와 로그 파일 위치 등을 설정할 수 있습니다.

- 배포 프로세스를 자동화해 개발자가 쉽게 웹 애플리케이션을 배포할 수 있도록 지원하는데, 이는 CD 기능을 포함하고 있다는 뜻입니다. 웹 애플리케이션의 코드를 압축하고, 배포하고, 구성을 업데이트하며, 필요에 따라 서버의 규모를 조정하는 스케일링을 관리합니다.

- 웹 애플리케이션의 모니터링과 로그 수집 기능을 제공합니다. 개발자는 엘라스틱 빈스톡 콘솔에서 웹 애플리케이션의 상태와 성능을 모니터링하고 로그를 볼 수 있습니다.

- 다른 AWS 서비스와 통합할 수 있습니다. Amazon RDS와 통합해 데이터베이스를 프로비저닝하고 웹 애플리케이션에 연결할 수 있으며, Amazon S3와 통합해 웹 애플리케이션에 대한 정적 파일을 호스팅할 수도 있습니다.

엘라스틱 빈스톡 서비스는 AWS 사이트(**https://aws.amazon.com**)의 검색창에서 'Elastic Beanstalk'을 검색해 이용할 수 있습니다. 다음과 같은 화면이 나타나면 [애플리케이션 생성] 버튼을 클릭해 애플리케이션 생성을 시작합니다.

그림 11-8 **엘라스틱 빈스톡 애플리케이션 생성하기**

엘라스틱 빈스톡 애플리케이션은 6단계, 즉 환경 구성 → 서비스 액세스 구성 → 네트워킹, 데이터베이스 및 태그 설정 → 인스턴스 트래픽 및 크기 조정 구성 → 업데이트, 모니터링 및 로깅 구성 → 검토를 거쳐 설정합니다. 자세한 설정 방법은 생략하겠습니다.

그림 11-9 엘라스틱 빈스톡 애플리케이션 설정하기

### 11.3.3 AWS 인증 키 발급받기

같은 AWS 서비스가 아닌 외부의 깃허브 액션에서 AWS 서비스에 명령을 내리려면 권한을 받아야 합니다. 이를 위해 **7.2.4절 AWS IAM: 보안 및 접근 권한 제어**에서 살펴봤던 IAM 서비스를 이용합니다.

AWS 사이트(**https://aws.amazon.com**)의 검색창에서 'IAM'을 검색해 IAM 대시보드에 들어갈 수 있습니다. 여기서 [액세스 관리]−[사용자] 메뉴의 [사용자 생성] 버튼을 클릭해 액세스 키(access key)와 비밀 액세스 키(secret access key)를 발급받습니다.

그림 11-10 액세스 키, 비밀 액세스 키 발급받기

마찬가지로 자세한 설정 방법은 생략하겠습니다. 액세스 키와 비밀 액세스 키를 발급받으면 csv 파일로 내려받아 관리하는 것을 추천합니다.

그림 11-11 액세스 키, 비밀 액세스 키 발급 완료

# 11.4 CI/CD 파이프라인 구축 및 배포하기

## 11.4.1 깃 허브 저장소에 환경 변수 등록하기

깃 허브에서 AWS 서비스에 접근하려면 발급받은 AWS IAM 액세스 키와 비밀 액세스 키를 등록해야 합니다. 또한 깃 허브에서 도커 허브에 접근하려면 도커 허브의 아이디와 비밀번호도 등록해야 하는데, 이를 '환경 변수를 등록한다'고 일컫습니다.

환경 변수는 깃허브 저장소의 [Settings]–[Security]–[Secrets and variables]–[Actions] 메뉴에서 [New repository secret] 버튼을 클릭해 등록할 수 있습니다.

그림 11-12 환경 변수 등록하기

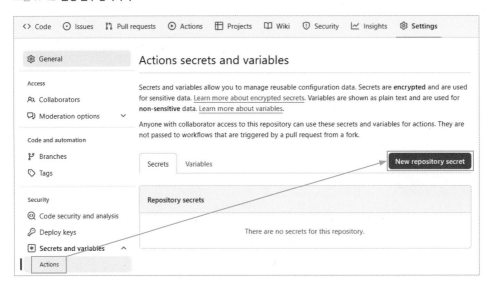

다음과 같이 4개의 환경 변수를 등록합니다.

```
AWS_ACCESS_KEY_ID : AWS_IAM_액세스_키_ID
AWS_SECRET_ACCESS_KEY : AWS_IAM_비밀_액세스_키
DOCKERHUB_USERNAME : 도커허브_아이디
DOCKERHUB_TOKEN : 도커허브_비밀번호
```

## 11.4.2 워크플로 파일 작성하기

깃허브 액션은 깃허브 저장소의 .github/workflows 디렉터리에 워크플로, 즉 작업 흐름을 정의합니다. 깃허브 저장소에서 일어나는 다양한 이벤트에 알아서 반응하도록 빌드, 테스트, 배포 등의 단계를 명시하고, 웹 애플리케이션이 실행되는 조건과 이벤트를 지정합니다.

워크플로 파일은 YAML(*.yml) 구문으로 작성합니다. 다음 코드는 develop라는 브랜치에 대해 CI/CD 파이프라인을 워크플로로 작성한 것입니다.

dev-ci-cd.yml

```
name: dev CI/CD

on:
  push:
    branches: [ develop ]

jobs:
  dev-ci-cd:
    runs-on: ubuntu-latest
    steps:
      - name: Checkout Latest Repo
        uses: actions/checkout@v3
        # 최신 저장소에서 체크아웃 ❶

      - name: Set up JDK 17
        uses: actions/setup-java@v3
        with:
          java-version: '17'
          distribution: 'temurin'
        # 자바 버전을 JDK 17로 설정 ❷
```

```yaml
    - name: Grant execute permission for gradlew
      run: chmod +x gradlew
      # gradlew 파일에 실행 권한 부여 ❸


    - name: Build with Gradle
      run: ./gradlew clean build
      # 그레이들로 빌드 ❹


    - name: Docker build
      run: |
        docker login -u ${{ secrets.DOCKERHUB_USERNAME }} -p
                ${{ secrets.DOCKERHUB_TOKEN }}
        docker build -t sluv-springboot-main-cicd .
        docker tag sluv-springboot-main-cicd sluv2323/
                sluv-springboot-main-cicd:latest
        docker push sluv2323/sluv-springboot-main-cicd:latest
      # 도커 이미지를 빌드하고 도커 허브에 업로드 ❺


    - name: Get timestamp
      uses: gerred/actions/current-time@master
      id: current-time
      # 현재 시간을 가져와 타임스탬프 생성 ❻


    - name: Run string replace
      uses: frabert/replace-string-action@master
      id: format-time
      with:
        pattern: '[:\.]+'
        string: "${{ steps.current-time.outputs.time }}"
        replace-with: '-'
        flags: 'g'
      # 타임스탬프를 형식에 맞게 변환 ❼


    - name: Beanstalk Deploy
      uses: einaregilsson/beanstalk-deploy@v21
      with:
        aws_access_key: ${{ secrets.AWS_ACCESS_KEY_ID }}
        aws_secret_key: ${{ secrets.AWS_SECRET_ACCESS_KEY }}
        application_name: sluv-dev
        environment_name: Sluvdev-env
```

```
        version_label: "github-action--${{ steps.format-
                                        time.outputs.replaced }}"
        region: ap-northeast-2
        deployment_package: Dockerrun.aws.json
        wait_for_environment_recovery: 180
      # AWS 엘라스틱 빈스톡에 배포 ❽
```

코드를 자세히 살펴보면 각 작업(jobs)이 단계(steps)별로 작성돼 있습니다.

❶ 최신 저장소에서 체크아웃합니다.

❷ 자바 버전을 JDK 17로 설정합니다.

❸ gradlew 파일에 실행 권한을 부여합니다.

❹ 그레이들로 빌드합니다.

❺ 도커 이미지를 빌드하고 도커 허브에 업로드합니다(push).

❻ 현재 시간을 가져와 타임스탬프를 생성합니다.

❼ 타임스탬프를 형식에 맞게 변환합니다.

❽ AWS 엘라스틱 빈스톡에 배포합니다.

이 워크플로 파일은 개발자가 develop 브랜치의 소스 코드를 변경하고 업로드할(push) 때마다 코드를 자동으로 빌드하고 테스트합니다. 또한 도커 이미지를 빌드한 후 엘라스틱 빈스톡에 업로드하고, 최종적으로 엘라스틱 빈스톡에서 컨테이너를 생성 및 실행합니다. 이를 통해 개발자는 웹 애플리케이션에 수정이 발생하더라도 안정적으로 배포할 수 있습니다.


## 11.4.3 Dockerrun.aws.json 파일 작성하기

깃허브 액션을 통해 도커 이미지를 도커 허브로 업로드할(push) 때는 **Dockerrun.aws.json** 파일을 작성해야 합니다. 이 파일은 엘라스틱 빈스톡에서 도커 컨테이너를 배포하기 위한 설정 파일로, 엘라스틱 빈스톡에 도커 이미지를 빌드하고 실행하는 방법에 관한 정보를 제공합니다. 도커 이미지, 환경 변수, 포트 번호, 자원 제한 등의 내용이 정의돼 있어 엘라스틱 빈스톡에서 도커 컨테이너를 쉽게 배포할 수 있습니다.

Dockerrun.aws.json 파일은 도커 파일(Dockerfile)과 같은 스프링 부트 프로젝트 루트 경로 (src)에 생성합니다. 이때 빌드한 프로젝트의 포트 번호는 ContainerPort 항목에 입력하고, 엘라스틱 빈스톡의 서버 포트 번호는 HostPort 항목에 입력합니다.

Dockerrun.aws.json

```json
{
  "AWSEBDockerrunVersion": "1",
  "Image": {
    "Name": "sluv2323/sluv-springboot-main-cicd:latest",
    "Update": "true"
  },
  "Ports": [
    {
      "ContainerPort": 8080,
      "HostPort": 5000
    }
  ]
}
```

## 11.4.4 배포 확인하기

이제 지정한 브랜치에 소스 코드를 추가하거나 수정하면 해당 소스 코드가 병합된 후 워크 플로에 명시된 작업(jobs)이 지정된 단계(steps)에 따라 자동으로 빌드-테스트-배포됩니다. **그림 11-13**은 소스 코드를 수정했을 때 깃허브 액션에서 구성한 CI/CD 파이프라인이 자동으로 동작해 성공적으로 배포를 마친 상태를 보여줍니다.

> **컴공선배의 조언** 💬
>
> 여기서는 로컬 DB를 사용했지만 실무에서는 원격 DB(온프레미스 DB 또는 클라우드 DB)를 주로 사용합니다. 11 장의 내용을 이해했다면 로컬 DB가 아닌 원격 DB를 연동할 경우 어떻게 실습하는지도 공부해보기 바랍니다.

그림 11-13 CI/CD 파이프라인으로 배포 완료

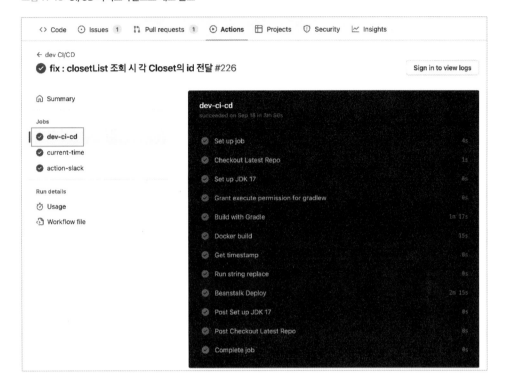

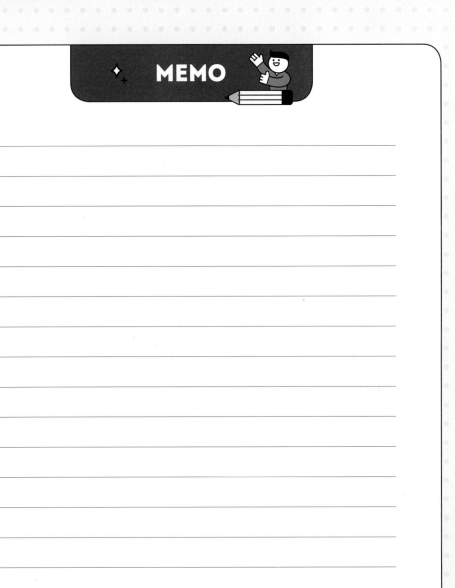

# 백엔드 전문가로
# 성장하기

# 백엔드 커리어 설계하기

지금까지 백엔드 개발자라면 알고 있어야 할 기본적인 개념을 살펴봤습니다. 마지막 장에서는 이러한 지식 중 특정 분야를 발전시켰을 때 담당할 수 있는 직무를 소개하겠습니다. 직무의 명칭은 회사마다 다를 수도 있고, 한 사람이 여러 직무를 맡아 수행하는 경우도 있습니다. 따라서 자신이 갖춘 지식을 바탕으로 어떤 업무를 할 수 있는지는 회사가 요구하는 조건과 비교해 판단해야 합니다.

백엔드 로드맵
현재 위치

백엔드
시작하기

CS 기초 지식 ·····▶ 네트워크

운영체제

데이터베이스

자료구조

백엔드 개발 언어와
프레임워크

RDBMS ◀····· DBMS

NoSQL ◀·····

API

레벨업 1

깃 ◀····· 버전 관리 시스템

깃허브

클라우드 컴퓨팅 ·····▶ AWS

가상화와 컨테이너 ·····▶ 도커

웹 애플리케이션
아키텍처

레벨업 2

테스트와 CI/CD

백엔드 개발 총정리

백엔드 커리어
설계하기

# 12.1 백엔드 개발자

**백엔드 개발자** 또는 백엔드 엔지니어는 구인 사이트에 가장 많이 올라오는 직군입니다. 백엔드 개발자가 통상적으로 하는 업무는 다음과 같습니다.

- API를 개발해 프론트엔드의 요청을 처리합니다.
- 데이터베이스를 설계하고 백엔드 개발 로직과 연동합니다.

그런데 관리자 페이지 개발이 가능한지 확인하는 회사도 있습니다. 또한 데브옵스 엔지니어를 별도로 두지 않은 경우 CI/CD 환경을 설정하고 관리하는 업무를 백엔드 개발자에게 맡기기도 합니다.

이처럼 회사에 따라서는 백엔드 개발자에게 기본적인 개발 실력뿐만 아니라 서버 세팅, 배포 관련 기술을 요구하거나 최소한의 보안 지식을 바라기도 합니다. 따라서 백엔드 개발자로 취업하려 한다면 회사마다 요구하는 역량이 다르다는 것을 알고 채용 공고의 직무 기술서(JD, Job Description)를 잘 읽어본 다음 지원해야 합니다.

그림 12-1 **백엔드 개발자의 업무**

백엔드 개발자에게 요구하는 역량은 **하드 스킬**(hard skill)과 **소프트 스킬**(soft skill)로 나눌 수 있습니다. 하드 스킬은 개발 언어, 프레임워크, 라이브러리, 개발 방법론에 대한 지식과 경험, 즉 직무 역량을 말합니다. 대개는 지원 서류를 작성하는 단계에서 자신이 할 수 있는 기술 스택을 밝히고, 기술 면접 때 이를 얼마나 이해하고 사용할 줄 아는지 검증받습니다.

**그림 12-2 하드 스킬과 관련된 직무 기술서**

- 알고리즘, 자료구조, 네트워크, 운영체제에 대한 기본 지식을 가진 분
- Java/Kotlin 언어 사용이 가능한 분
- Spring Boot에 익숙한 분
- JavaScript/TypeScript 언어 사용이 가능한 분
- Express.js 또는 NestJS에 익숙한 분
- RDBMS 또는 NoSQL 사용이 가능한 분
- ORM에 대한 이해도가 높은 분
- Restful API에 대한 이해도가 있는 분
- GraphQL 사용이 가능한 분
  ⋮

소프트 스킬은 협업 역량을 말합니다. 개발자라고 해서 개발만 잘하면 되는 것이 아니라 다른 개발자, 기획자, 디자이너, 프로젝트 매니저 등과 협업할 수 있어야 합니다. 지원 서류를 작성할 때 깃허브 활동이나 블로그 활동을 포함함으로써 소프트 스킬을 드러내고, 인성 면접에서 이를 확인받습니다.

**그림 12-3 소프트 스킬과 관련된 직무 기술서**

- 커뮤니케이션에 부담을 느끼지 않는 분
- 끊임없이 배우려는 자세를 가진 분
- 논리적 사고가 가능하고 설명이 가능한 분
- 유연하고 열린 사고가 가능한 분
- 책임감이 뛰어나고 주도적으로 문제를 해결하려는 분
  ⋮

백엔드 개발자의 성장 단계는 주니어, 미들급, 시니어로 나뉩니다.

- **주니어 개발자(0~3년차):** 개발 언어, 프레임워크, 라이브러리를 사용해 트러블 슈팅(trouble shooting, 문제가 발생했을 때 코드를 종합적으로 진단해 해결하는 것)을 할 수 있는 수준

- **미들급 개발자(3~7년차):** 프로젝트 매니저, 기획자 등의 직군과 개발 관련 지식을 바탕으로 회의할 수 있는 수준

- **시니어 개발자(7~10년차 이상):** 개발 중인 웹 애플리케이션의 산업군(예: 이커머스, 금융 등)에 대한 도메인 지식을 갖추고 프로젝트 전체를 관리하는 수준

성장 단계별로 필요한 역량은 다음 그림과 같습니다. 회사마다 차이가 있지만, 일반적으로 주니어 개발자에게는 기본적인 개발 지식을 요구하고, 미들급 개발자에게는 기본 개발 지식과 더불어 타 직군과의 협업 능력을, 시니어 개발자에게는 개발을 전체적으로 총괄할 수 있는 능력을 요구합니다.

그림 12-4 **성장 단계별 필요 역량**

보통은 백엔드 개발자로 시작해 다음 절부터 설명할 포지션으로 전문성을 강화해나갑니다.

**12.2**

# 아키텍트

**아키텍트**(architect)는 웹 애플리케이션의 전체 구조, 즉 아키텍처를 설계하는 사람으로, 개발하려는 웹 애플리케이션을 기획·설계·관리·감독합니다. 아키텍트의 역할은 구체적으로 다음과 같습니다.

- 개발하려는 웹 애플리케이션 분야의 특징과 사용자 요구 사항을 분석해 그 결과에 맞게 설계합니다.
- 설계에 따라 개발에 사용할 기술을 결정합니다.
- 개발이 설계대로 잘 진행되고 있는지 코드 품질 및 프로젝트 관리를 수행합니다.

그림 12-5 **아키텍트의 업무**

아키텍트에게 중요한 역량은 '큰 그림'을 그릴 줄 아는 설계 능력입니다. 아키텍트는 웹 애플리케이션을 구성하는 각 요소가 어떻게 작동하며 요소 간의 상호작용이 어떻게 이뤄지는지 이해하고, 각 요소가 전체 구조에 기능적·성능적으로 어떤 영향을 미치는지 고려해야 합니다.

아키텍트는 커뮤니케이션, 리더십, 문제 해결 능력, 의사 결정 능력 등의 소프트 스킬도 갖춰야 합니다. 비즈니스 요구 사항과 조직의 상황을 전반적으로 이해하고 통합해 기술적인 솔루션을 제공해야 하기 때문입니다.

아키텍트가 되려면 컴퓨터 과학, 정보 시스템, 소프트웨어 공학 등과 관련된 학위를 취득하거나 그에 준하는 경력이 필요합니다. 즉 개발 분야에 대한 깊이 있는 학습과 경험을 통해 전문적 지식을 쌓아야 합니다.

아키텍트는 다음과 같은 세부 직무로 구분할 수도 있습니다.

- **시스템 아키텍트(system architect):** 기업 전체의 IT 시스템 설계 및 구현을 담당합니다. 하드웨어, 소프트웨어, 네트워크 등의 기술을 이해하고, 전체 시스템이 비즈니스 목표를 효율적으로 달성할 수 있도록 지원합니다.

- **백엔드 아키텍트(backend architect):** 백엔드 시스템을 설계하고 개발합니다. 시스템의 성능, 안정성, 보안 등을 책임지고 다양한 백엔드 기술 스택을 다룹니다.

- **솔루션 아키텍트(solution architect):** 특정 비즈니스 문제를 해결하기 위한 솔루션을 설계하고 구현합니다. 비즈니스 요구 사항을 이해하고 적절한 기술 솔루션을 제시함으로써 요구 사항을 실현하는 역할을 합니다. 프로젝트 매니저, 개발 팀, 이해 당사자들과 밀접하게 협력합니다.

# 12.3

# DBA

DBA(DataBase Administrator, 데이터베이스 관리자)는 데이터베이스 설계, 구현, 유지·보수, 보안 등의 업무를 수행합니다. DBA의 업무는 크게 다음과 같이 구분됩니다.

- 개발하려는 웹 애플리케이션 분야의 특징과 사용자 요구 사항을 분석해 그 결과를 데이터베이스로 구현합니다.

- 기존 데이터베이스의 비효율적인 작동 방식이나 설계 등을 찾아내 성능을 개선하고 모니터링합니다.

- 다양한 상황에 대비해 데이터베이스 백업, 복구, 버전업 등의 작업을 수행함으로써 데이터베이스의 무결성과 가용성을 유지합니다.

그림 12-6 **DBA의 업무**

그런데 DBA 직무는 규모가 큰 프로젝트에서 필요로 합니다. 규모가 크지 않은 프로젝트의 경우에는 DBA를 따로 두지 않고 백엔드 개발자 중에서 데이터베이스에 특화된 경력을 가진 사람이 DBA의 역할을 맡기도 합니다.

참고로 데이터베이스와 관련해 '데이터 엔지니어', '데이터 분석가'라는 직무도 있습니다. 데이터 엔지니어와 데이터 분석가가 하는 일은 다음과 같습니다.

- **데이터 엔지니어:** 기업이 수집하는 대량의 데이터를 관리하고 구조화합니다. 즉 데이터가 원활하게 입출력될 수 있도록 파이프라인을 설계하고 구축합니다. 다양한 데이터베이스 시

스템, ETL(Extract Transform Load, 추출 변환 적재) 도구, 빅데이터 기술, 프로그래밍 언어를 이해하고, 데이터의 성질이나 환경적 특성에 맞는 적절한 파이프라이닝 도구를 선택해 활용합니다.

- **데이터 분석가:** 수집된 데이터를 분석해 큰 규모의 의사 결정에 도움이 되는 지표나 근거 등의 인사이트를 제공합니다. 다양한 통계 방법론, 데이터 시각화 도구, 데이터 분석에 특화된 프로그래밍 언어(예: R)를 사용해 각 요소를 결합하고 해석해 그 속에서 의미를 추론합니다.

DBA는 데이터베이스 구축 및 운영과 관련된 고도의 지식을 갖춰야 합니다. 그래서 데이터 엔지니어나 데이터 분석가 직무를 하다가 DBA로 발전하기도 합니다.

# 12.4 데브옵스 엔지니어

**데브옵스 엔지니어**(DevOps engineer)는 프로젝트에 참여하는 개발 팀과 운영 팀이 협력할 수 있도록 소프트웨어 개발의 생명주기 전반에 걸쳐 관여합니다. 개발 팀과 운영 팀은 필연적으로 입장 차이가 생길 수밖에 없습니다. 개발 팀은 새로운 기능을 개발하고 오류를 수정하는 데 집중하고, 운영 팀은 안정성과 빠른 성능을 유지하는 데 집중합니다.

데브옵스 엔지니어는 이러한 입장 차이를 조율해 개발부터 운영까지 하나의 통합된 프로세스로 묶고 이를 자동화합니다. 그럼으로써 일정을 준수하고, 높은 품질의 제품을 출시할 수 있도록 도우며, 반복적인 서비스 개선을 통해 문제를 해결합니다. 데브옵스 엔지니어가 하는 일은 구체적으로 다음과 같습니다.

- 코드 배포를 자동화합니다.
- 전반적인 개발 인프라를 자동화합니다.
- CI/CD 유지·보수, 서버 상태 모니터링 및 로깅 등의 작업을 수행합니다.

그림 12-7 **데브옵스 엔지니어의 업무**

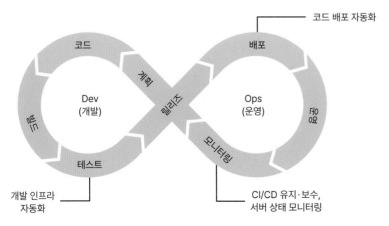

이를 위해 데브옵스 엔지니어는 클라우드, 인프라 등에 관한 지식 등을 갖춰야 합니다. 데브옵스 엔지니어가 클라우드 서비스와 관련된 전문적 지식을 확장해나간다면 '클라우드 아키텍트'로 성장할 수 있고, 인프라에 대한 경험과 지식을 확장해나간다면 '시스템 아키텍트'로 성장할 수 있습니다. 또한 마이크로서비스 아키텍처(MSA)의 전문적 지식을 쌓는다면 '마이크로서비스 아키텍트'의 직무를 맡을 수도 있습니다.

- **클라우드 아키텍트:** 웹 애플리케이션의 인프라 구축, 인프라 자동화 등에 적용되는 클라우드 컴퓨팅 기술 전반을 책임집니다. 프로젝트에 어떤 구조의 클라우드 아키텍처를 적용할지 전략을 수립하고 설계하며, 실질적인 적용까지 담당합니다. 비즈니스 요구 사항을 클라우드 솔루션으로 변환하는 역할을 한다고 볼 수 있습니다.

- **시스템 아키텍트:** 12.2절 아키텍트에서 설명했듯이 기업 전체의 IT 시스템 설계 및 구현을 담당합니다. 프로젝트 단위의 인프라를 설계하고 구축하는 것을 넘어 기업의 전반적인 IT 인프라를 구축하는 일을 합니다.

- **마이크로서비스 아키텍트:** 기존의 모놀리식 아키텍처에서 벗어나 마이크로서비스 아키텍처로 프로젝트를 진행하는 기업이 늘고 있습니다. 마이크로서비스 아키텍트는 마이크로서비스 아키텍처에 관한 전문적 지식을 가지고 프로젝트의 복잡한 요구 사항을 작은 단위의 서비스로 분해하도록 아키텍처를 설계하고 구현합니다.

# 12.5 프로젝트 매니저

**프로젝트 매니저**(PM, Project Manager)는 웹 애플리케이션 전체의 생명주기를 관리하는 역할을 합니다. 초기에 아이디어를 수집·선별하는 것부터 개발, 출시, 유지 관리에 이르기까지 모든 단계에 대한 책임을 집니다.

제품의 CEO 격인 프로젝트 매니저의 세부 업무는 다음과 같습니다.

- 개발할 웹 애플리케이션의 비전과 전략을 수립하고 이를 로드맵으로 변환합니다. 이 과정에서 시장 조사, 경쟁 제품 분석, 고객 인터뷰 등을 통해 정보를 수집하고 분석합니다.

- 전략 수립 이후 고객의 요구 사항, 비즈니스 목표, 기술적 한계 등을 고려해 요구 사항을 식별 및 정의하고 우선순위에 따라 정렬합니다.

- 도출된 요구 사항을 바탕으로 개발자, 디자이너, 마케터, 영업자 등과 협업해 개발을 주도합니다. 이해관계자들 사이에서 소통을 중재하면서 개발 과정을 지속적으로 모니터링하고 상황에 따라 개발의 방향성을 조정합니다.

- 개발이 완료되면 출시 계획을 수립하고 실행합니다.

- 출시 후에는 성과를 측정하고 분석해 지표화합니다. 이를 통해 웹 애플리케이션의 성공 여부를 평가하고, 개선 사항을 파악하며, 앞으로의 개발 전략을 발전시킵니다.

그림 12-8 **프로젝트 매니저의 업무**

# 12.6 풀스택 개발자

**풀스택 개발자**(full stack developer)는 프론트엔드 개발과 백엔드 개발을 모두 하는 개발자를 말합니다. 풀스택 개발자가 되면 백엔드와 프론트엔드가 어떻게 상호작용하는지 전반적인 흐름을 깊이 있게 이해하고 경험할 수 있습니다. 이를 통해 웹 애플리케이션의 전체적인 구조와 데이터 흐름을 설계하고 분석합니다.

풀스택 개발자는 구체적으로 다음과 같은 일을 합니다.

- 기본적으로 프론트엔드 개발과 백엔드 개발 업무를 모두 수행합니다. 초기의 요구 사항 분석부터 아키텍처 설계, 개발, 테스트, 유지·보수까지 수행할 수 있습니다.
- 프론트엔드 개발과 백엔드 개발이 분리돼 있는 경우 양측 개발자 간의 커뮤니케이션 간극을 줄이는 역할을 합니다. 전체 시스템에 대한 통합적인 이해를 바탕으로 전략적인 의사 결정을 합니다.

그림 12-9 **풀스택 개발자의 업무**

풀스택 개발자의 핵심 역량은 프론트엔드와 백엔드 스킬, 전체 시스템을 이해하고 다양한 이해관계자와 효과적으로 커뮤니케이션하는 능력 등이며, 때에 따라 네트워크 인프라 설계, CI/CD 및 테스트 환경을 위한 데브옵스 역량 등이 필요한 경우도 있습니다. 한 사람이 이렇게 폭넓은 지식을 갖추기는 쉽지 않습니다. 하지만 풀스택 개발자가 되면 그만큼 다양한 지식과 경험을 보유했다는 것이므로 한 기업의 총괄 개발 팀장이나 CTO 자리에 오르기도 합니다.

# 12.7

# CTO

최고 기술 경영자, 즉 **CTO**(Chief Technology Officer)는 기업에서 기술과 관련된 활동을 총괄하고 최종 의사 결정을 내리는 역할을 합니다. CTO가 하는 일은 구체적으로 다음과 같습니다.

- 웹 애플리케이션 개발을 위한 아키텍처 전략을 설정합니다. 여기서 전략이란 아키텍처의 기본적인 구조 및 해당 구조를 수립하고 지켜나가는 데 필요한 철학, 규칙 등을 의미합니다. 즉 개발을 위한 기본적인 로드맵을 만듭니다.

- 총괄 개발 팀장 역할을 하는 사람이 없을 때는 CTO가 실질적인 개발을 총괄하기도 합니다. 즉 개발 일정 관리, 개발 과정에서 발생하는 문제 해결, 개별 구성원 지원 및 개발 환경 조성, 개발 결과물 품질 관리 등을 수행합니다.

그림 12-10 **CTO의 업무**

CTO는 개발 기술에 관한 지식과 프로젝트 관리에 관한 지식을 갖추고 있어야 합니다. 다시 말해 학문적으로는 컴퓨터 과학과 경영학 지식이 필요합니다. 그러나 학문적 지식보다 더 중요한 것은 실무 경험입니다. 기술 및 경영 관리에 대한 지식과 경험을 바탕으로 사업 아이템에 기술을 적용해 시장의 니즈(needs)를 충족할 수 있는 방향성을 제시해야 합니다. 이러한 경영 능력과 실무 경험을 겸비한 CTO는 웹 애플리케이션 개발에 필요한 다방면의 설계와 청사진을 그릴 수 있습니다.

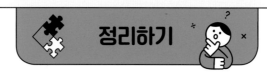

백엔드 로드맵 탐색을 마친 뒤 백엔드와 관련된 직무를 살펴봤습니다. 이 장에서는 총 7개의 직무로 나눴지만 실제 채용 공고를 보면 하드 스킬과 소프트 스킬을 다양하게 조합한 수많은 직무가 있습니다. 따라서 큰 범주에 '이러한 직무가 있구나' 하는 정도로 이해하기 바랍니다.

한창 학업 중이라 아직 취업 준비에 돌입하지 않았더라도 구인 사이트를 분기별 또는 반기별로 둘러보길 권합니다. 자신이 가고자 하는 분야 또는 기업이 요구하는 하드 스킬을 파악하고 키워드로 정리해보세요. 소프트 스킬도 마찬가지입니다. 이렇게 뽑아낸 키워드는 어떻게 공부해야 할지 막막하거나 어떤 기술 스택을 쌓아야 할지 갈팡질팡할 때 도움이 될 것입니다.

책을 마무리하면서 해주고 싶은 말이 있습니다. 개발의 세계에 첫발을 들여놓은 사람이라면 누구나 수많은 카테고리와 키워드, 지식을 마주하고 '내가 정말 개발자가 될 수 있을까?' 걱정하게 마련입니다. 대부분의 개발자가 처음부터 완벽하게 이해하고 개발을 하지는 않습니다. 걱정은 접어두고 코딩하는 행위 자체에 대한 거부감을 날려버리세요. 이 책은 필자진이 처음 개발을 접하고 막막했던 때를 회상하면서 '이러한 차례로 공부하면 어느 정도 감이 잡히겠지'라는 생각으로 집필했습니다. 그러니 개발자가 되고 싶다면 각 장에서 언급한 백엔드 개발의 필수 키워드를 파악하고 각자의 상황에 맞게 개발 언어부터 CI/CD와 테스트까지 연습해보세요. 그리고 어떤 분야의 어떤 직무를 맡고 싶은지도 생각해보기 바랍니다.

끝으로 개발자가 되기로 결심한 여러분에게 응원의 메시지를 보냅니다. 미래의 개발자 여러분을 환영합니다!